Frau Katharina v. Fries – Schratt
Ischl, Villa Felicitas.

Innigsten Dank für lieben Brief.
Sein berechtigt, komme aber leider
nicht zum Schreiben. Wann kommen
Sie nach Hinterbrühl? Auf baldiges
Wiedersehen hoffend, tausend herzliche
Grüße, auch von der (Kaiserin mit
Corfu).

Franzpepsch.

Expd. 20/9 94. B. Bramm... Manuscr...
Hofdimenat.

Georg Markus

Katharina
Schratt

Georg Markus

Katharina Schratt

Die heimliche Frau des Kaisers

Amalthea

Vorsatz vorne und hinten:
linke Seite: Brief Katharina Schratts an den Kaiser
rechte Seite: Brief Kaiser Franz Josephs an Katharina Schratt

© 1982 by Amalthea-Verlag, Wien – München
Alle Rechte vorbehalten
Lektorat: H. Rochus v. Zabuesnig
Schutzumschlaggestaltung unter Verwendung eines Photos
von Katharina Schratt und Franz Joseph
Satz: Filmsatz Schröter GmbH, München
Druck u. Binden: Druckerei Welsermühl, Wels/OÖ
Printed in Austria 1982
ISBN: 3-85002-162-9

»Da Ihre Briefe so hübsch geschrieben sind …«
Vorwort

Kaiser Franz Joseph in einem Brief an Katharina Schratt: »Ich benütze meine freien Augenblicke, um Ihre ganze Correspondenz von Anfang an wieder durchzulesen, was für mich die angenehmste Beschäftigung ist, da Ihre lieben Briefe so hübsch geschrieben sind und in ihrer historischen Reihenfolge so schöne Erinnerungen erwecken …«

Doch die Briefe der Schauspielerin an den Monarchen galten bisher als verschollen. Katharina Schratt und Franz Joseph sahen einander über drei Jahrzehnte nicht nur fast jeden Tag, sie hatten in dieser Zeit auch einen regen Briefkontakt. Ein Kontakt, der über diese beiden Menschen und deren Beziehung zueinander viel zu sagen hat.

Während ein Teil der Briefe des Kaisers an die Schratt bekannt ist, sollten die historisch wie persönlich interessanten Gegenstücke ein für allemal verborgen bleiben. Man erzählt sich, Franz Joseph hätte die Schratt-Briefe in der Nacht vor seinem Ableben auf Schloß Schönbrunn eigenhändig verbrannt.

Bei meiner Arbeit an vorliegender Biographie der Katharina Schratt wollte ich jedoch nichts unversucht lassen. Im Laufe meiner Recherchen zu diesem Buch kam mir zu Ohren, daß die Schauspielerin, ehe sie die Briefe an den Kaiser verschickte, Konzepte aufgesetzt und diese dann in Reinschrift übertragen hatte. Ein detektivisches Nachlaufspiel setzte ein – und war von Erfolg gekrönt: Die Konzepte der Briefe an Kaiser Franz Joseph tauchten auf und werden hier erstmals veröffentlicht.

Die Vorgeschichte: Anton von Kiss, der Sohn Katharina Schratts, besaß die Briefkonzepte, stimmte einer Veröffentlichung aber nie zu. Seine langjährige Wirtschafterin erbte nach seinem Tod die weit über hundert Schriftstücke. Der Besitzer eines Wiener Antiquariats kaufte ihr die Briefkonzepte vor etlichen Jahren ab und gab sie (mit hohem Gewinn) an die Handschriftensammlung der Wiener Nationalbibliothek weiter.

Dort lagerten die Dokumente. Als ich wegen einer Einsichtnahme im Rahmen dieser Biographie anfragte, wurde mir mitgeteilt, diese Briefe existierten überhaupt nicht, nach Monaten bekam ich dann allerdings die Nachricht, sie existierten doch, es fehle aber zur Einblicknahme jegliche rechtliche Grundlage. Nachdem es gelungen war, auch diese zu regeln, teilte man mir mit, die Konzepte seien verschwunden. Nach ausgedehnten Suchaktionen tauchten sie schließlich doch auf.

Als ich sie endlich in Händen hielt, traute ich meinen Augen nicht. Ein Teil der Konzepte war kaum leserlich. Katharina Schratt hatte die Briefe — einer ›Mode‹ der damaligen Zeit folgend und aus Gründen der Papiereinsparung — kreuz und quer aufgesetzt. Das sieht so aus:

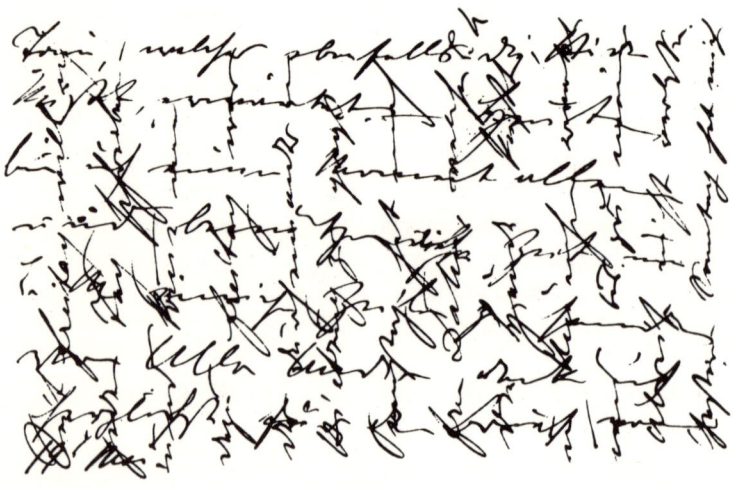

Seite eines Briefkonzepts Katharina Schratts
an Kaiser Franz Joseph I.

Es fand sich ein Experte, dem es gelang, diese Konzepte zu entziffern: Ernst Hübsch von der Handschriftensammlung der Wiener Stadtbibliothek nahm die Mühe auf sich. So ist es hier möglich, zum ersten Mal die Briefe der Katharina Schratt an den Kaiser zu veröffentlichen. Da es auch gelang, bisher geheimgehaltene Briefe Franz Josephs an die Schauspielerin ausfindig zu machen, liegt jetzt erstmals ein Großteil der gesamten Korrespondenz vor. Die interessantesten Stellen wurden ausgewählt und in diese Biographie eingearbeitet.

Durch Gespräche mit noch lebenden Zeitgenossen der Katharina Schratt – allen voran ihre Nichte Katharina Hryntschak – war es möglich, auch ein sehr persönliches Bild der Schauspielerin, die die wichtigste Vertraute des Kaisers von Österreich war, zu erhalten. Zusätzliche Recherchen sowie der Einblick in bisher unveröffentlichtes Dokumentationsmaterial runden dieses Bild ab.

Georg Markus
Wien, im August 1982

»Katharina Habsburg-Lothringen geb. Schratt«
Die Ehe mit dem Kaiser

Das Erzbischöfliche Ordinariat in Wien. Ein Barockpalais, vis-à-vis dem Stephansdom im Herzen der k. u. k. Haupt- und Residenzstadt gelegen, Mitte des 17. Jahrhunderts von Giovanni Coccapani erbaut. In dem prunkvollen und weitläufigen Gebäudekomplex, der den Kardinälen und Erzbischöfen von Wien als Amtssitz dient, befindet sich ein kleines Gotteshaus, die Andreaskapelle. Teile des alten Gemäuers dieser Kapelle sind gotischen Ursprungs und gehörten zum seinerzeitigen Pfarrhof von St. Stephan.

Wien, in den letzten Jahren der Monarchie. Ein alter Herr, von den Lasten eines sorgenreichen Lebens gezeichnet, und eine um 23 Jahre jüngere Frau betreten das Erzbischöfliche Palais. Ein Priester geleitet sie in die Andreaskapelle, wo die beiden getraut werden. Sie gehen eine Ehe ein, die »vor Gott« geschlossen, vor der Öffentlichkeit aber geheimgehalten wird. Dieses Paar konnte und durfte keine »normale« Hochzeit feiern. Denn er war der Kaiser von Österreich und sie die Tochter eines Schnittwarenhändlers aus Baden bei Wien, von Beruf Schauspielerin. Beide waren verwitwet. So unterschiedlich ihre Herkunft, ihr gesellschaftlicher Rang auch gewesen sind, zum Zeitpunkt dieser Eheschließung verband sie doch eine rund drei Jahrzehnte andauernde Romanze, wie sie in der Geschichte der österreichisch-ungarischen Monarchie einmalig war: die Liebe zwischen Kaiser Franz Joseph I. und der Hofschauspielerin Katharina Schratt.

»Gewissensehe« nennt die katholische Kirche diese Form der geheimgehaltenen Legalisierung einer Verbindung. Damals wie heute werden diese Gewissensehen äußerst selten eingegangen, denn normalerweise will man seinen Partner vor Zeugen und vor der Öffentlichkeit heiraten.

Diese Hochzeit mußte aber geheim bleiben. Wie kommt es, daß das Geheimnis um die Trauung heute, Jahrzehnte nach der Zeremonie, doch bekannt wird?

Um dies zu ergründen, versetzen wir uns in das Jahr 1934. Der Kaiser war seit 18 Jahren tot, Katharina Schratt lebte, mehr als 80 Jahre alt, völlig zurückgezogen in Wien. Die noch junge und doch schon wieder im Sterben befindliche Erste Republik hatte gerade einen Bürgerkrieg, der mehr als 300 Tote und 700 Verwundete forderte, überstanden. Die Sozialdemokratische Partei Österreichs war von der christlichsozialen Regierung verboten worden, ihre Führer wurden inhaftiert, neun von ihnen standrechtlich zum Tode verurteilt und hingerichtet, anderen gelang die Flucht ins Ausland, von wo sie im Untergrund weiterarbeiteten.

Vier Monate nach diesen als »Februarkämpfe« des Jahres 1934 in die Geschichte Österreichs eingegangenen Unruhen, wollte ein junges Paar heiraten. Dieses mußte seine Eheschließung ebenfalls geheimhalten, auch wenn in diesem Fall ganz andere Gründe ausschlaggebend waren als Jahrzehnte vorher für den Kaiser und die Schauspielerin: Der Wiener Medizinstudent Otto Wagner – er wurde später Primarius des St.-Josef-Spitals in Wien – entstammte einer konservativen, altösterreichischen Familie. Weder seine Eltern noch die seiner Braut, Edeltraut Dobrucka-Dobruty-Doliwa, Tochter polnischer Aristokraten, durften von dieser Hochzeit erfahren, zumal Otto Wagner sein Studium noch nicht abgeschlossen hatte. In der damaligen Zeit galt man deshalb als noch nicht »reif« für die Ehe. Trauzeuge dieser Hochzeit war der später namhafte Wiener Sozialreformer und Universitätsprofessor August Maria Knoll, zuvor auch Privatsekretär des österreichischen Bundeskanzlers Ignaz Seipel.

Die Eheschließung zwischen Otto Wagner und Edeltraut Dobrucka fand am 30. Juni 1934, ebenfalls in der Andreaskapelle des Wiener Erzbischöflichen Palais, statt. Bevor der Pfarrer die Trauung vornahm, hatte er in der der Kapelle angrenzenden Sakristei jenes Trauungsbuch auf den Tisch gelegt, in das Gewissensehen eingetragen werden. Dann verließ der Priester für wenige Minuten den Raum. Die drei Anwesenden sahen sich das aus dem Geheimarchiv des Erzbischöflichen Palais geholte Buch an und wurden Zeugen einer sensationellen Eintragung. Hier stand schwarz auf weiß, worüber in Österreich zwar seit Jahrzehnten gemunkelt wurde, was aber niemand wahrhaben wollte, geschweige denn beweisen konnte: Kaiser Franz Joseph und Katharina Schratt hatten geheiratet. Die Eintragung – mit den eigenhändigen Unterschriften – lautete auf die Namen: »Franz Joseph von Habsburg-Lothringen und Katharina Kiss de Ittebe, geb. Schratt«.

Im Katholischen Kirchenrecht/Abschnitt Eherecht ist unter dem Kapitel »Gewissensehe« zu lesen:

> »Die Gewissensehe (matrimonium conscientiae) ist die Ehe, die wohl in der ordentlichen Form, aber ohne Verkündung geschlossen und geheimgehalten wird. Sie kann nur vom Ordinarius (das ist in diesem Fall der Erzbischof von Wien, Anm. d. A.) gestattet werden. Der Eintrag dieser Ehe hat in einem besonderen, im Geheimarchiv der bischöflichen Kurie aufbewahrten Buch stattzufinden, nicht im Pfarr-, Ehe- und Taufbuch.«

Dieses im Geheimarchiv der bischöflichen Kurie aufbewahrte Buch lag also am 30. Juni des Jahres 1934 aufgeschlagen vor Otto Wagner, Edeltraut Dobrucka und deren Trauzeuge August Maria Knoll. Sie konnten die Eintragung – jeder für sich und unabhängig voneinander, wie sie später berichteten – klar und deutlich lesen.

Alle drei Zeugen dieser Eintragung sind heute tot. Doch sie berichteten zu ihren Lebzeiten mehreren ihnen nahestehenden Personen gegenüber von ihrer Beobachtung. August Maria Knoll erzählte davon seinen Söhnen Reinhold, Norbert und Wolfgang und seinem Schüler, dem heute bekannten Wiener Politologen und Universitätsprofessor Dr. Norbert Leser.

Dieser, vom Autor der vorliegenden Biographie befragt, meint über die Eheschließung:

> »Für mich gibt es an der Glaubwürdigkeit der Angaben meines Lehrers August Maria Knoll keine Zweifel, es sind ihm aus

dieser Behauptung niemals irgendwelche Vorteile erwachsen, er hat in der Öffentlichkeit auch nie Verwendung davon gemacht. Ich bin sicher, daß Kaiser Franz Joseph und Frau Schratt tatsächlich verheiratet waren.«

Institut für Philosophie der Universität Wien
(Sozialphilosophie)
1090 Wien, Währinger Straße 28/1
Telefon 34 32 91

Wien, am 28. 4. 1982

Univ.-Prof. Dr. Norbert Leser

EIDESSTATTLICHE ERKLÄRUNG

Mein verstorbener Lehrer, Univ.-Prof.Dr.August Maria Konll, erzählte mir in den fünziger Jahren, wiederholt (und zwar in Gegenwart seiner Frau und mehrerer Zeugen), daß er vor dem Zweiten Weltkrieg bei einer Gewissensehe in der Andreaskapelle des Erzbischöflichen Palais in Wien als Trauzeuge fungierte. Das Buch, in dem diese Trauungen eingetragen werden, lag am Tisch der Sakristei und es gelang ihm, in einem unbeobachteten Moment einen Blick hineinzuwerfen. Zu seiner großen Überraschung entdeckter er - inmitten der Eintragungen von Gewissensehen - die Schriftzüge von Kaiser Franz Joseph und Katharina Schratt. Ich habe seit dieser Mitteilung keinen Zweifel an der Richtigkeit der Angaben von Professor Knoll und an der Tatsache einer erfolgten Eheschließung gehegt, weil er in seinen Aussagen überaus präzise war, ein gutes Gedächtnis hatte und in keiner Weise zu Phantastereien neigte. Man konnte, wenn man seine Erzählung hörte, förmlich die Überraschung nachempfinden, die sich nach so langer Zeit noch bei ihm bemerkbar machte. Es wäre von seiten Knolls auch kein wie immer gearteter Grund denkbar, eine diesbezügliche Legende in die Welt zu setzen.

(o.Univ.-Prof.Dr.Norbert Leser)

Dr. Reinhold Knoll, Historiker und Assistent an der Universität Wien, ist, ebenfalls von seinem Vater informiert, von dieser Eheschließung nicht weniger überzeugt:

»Auch meinen Brüdern und mir hat unser Vater mehrmals von seiner Wahrnehmung im Trauungsbuch der Andreaskapelle erzählt. Es gab für ihn keinen Zweifel, daß Kaiser Franz Joseph und Katharina Schratt verheiratet waren.«

INSTITUT FÜR SOZIOLOGIE

RECHTS- UND STAATSWISSENSCHAFTLICHE FAKULTÄT DER UNIVERSITÄT WIEN

1080 WIEN, am 22. April 1982
ALSERSTRASSE 33
TELEFON 43 46 79, 43 51 08

Herrn
Georg   M a r k u s

Wien

Sehr verehrter Herr Markus!

Auf Ihre Anfrage über eine Verehelichung zwischen Franz Joseph I.
und der Hofschauspielerin Katharina Schratt, kann ich folgendes
mitteilen: Mein Vater, Univ.-Prof. Dr. August M. Knoll, erzählte
mir, er war im Juni 1934 Trauzeuge seines Freundes Otto Wagner,
später Primarius am St. Joseph-Spital in Wien, und dessen Gemahlin
Edeltraud Dobrucka. Aus verschiedenen Gründen, Otto Wagner studierte
noch, wollten beide eine Gewissensehe eingehen, also geheim in
St. Stephan heiraten. Vor Beginn der Zeremonie hatte der Priester
das Eintragungsbuch für Gewissensehen gebracht. Da der Geistliche
noch etwas zu erledigen hatte, blieb das Buch offen liegen und die
Anwesenden konnten auf der Seite die Eintragung folgender Eheschließung lesen: "Franz Joseph von Habsburg-Lothringen und Katharina
Kiss de Ittebe". Da in diesen unruhigen Zeiten und auch später jede
Form der Publikation bzw. jede Weitergabe dieser Information als
Vertrauensbruch angesehen hätte werden können, schwiegen die Zeugen
dieser Eintragung. Erst spät, um 1960, erzählte mir mein Vater diese
Wahrnehmung, da er meinte, nach so langer Zeit würde die Kenntnis
dieses Umstandes keinerlei Folgen haben und keinen Geheimnisbruch
mehr darstellen. Er hielt es vielmehr von Franz Joseph für außer-
ordentlich korrekt, die langjährige Gefährtin während trauriger
familiärer Schicksalsschläge zu ehelichen. Er bezeichnete es auch als
eine der wenigen mutigen und menschlichen Haltungen des Kaisers, der
immer glückloser, einsamer und unbeweglicher agierte.

Mit den besten Grüßen

Dr. Reinhold Knoll

13

Der Ehe Otto Wagner–Edeltraut Dobrucka (die 1936, nachdem Wagner sein Studium abgeschlossen hatte, auch »öffentlich« nachgeholt wurde) entsprangen drei Kinder: Der heutige Universitätsprofessor Dr. Otto Wagner jun. ist Oberarzt der I. Chirurgischen Universitätsklinik in Wien, seine Schwestern Dr. Edeltraud Lothaller als Zahnärztin in Wien tätig und Magister Barbara Binder-Krieglstein unterrichtet als Gymnasialprofessorin. Die Recherchen führten den Autor auch zu ihnen. Sie bestätigen:

»Ihre Information ist richtig. Unsere Eltern haben am Tag ihrer Eheschließung die Eintragung im Trauungsbuch gesehen. Sowohl unser Vater als auch unsere Mutter haben mehrmals davon erzählt und empfanden es als begrüßenswerten Zug des Kaisers, Frau Schratt geheiratet zu haben.«

UNIV. PROF.
DR. OTTO WAGNER
FACHARZT FÜR CHIRURGIE
A-1190 WIEN, WATTMANNGASSE 8
TEL. 82 51 10

WIEN, 26. April 82

EIDESSTATTLICHE ERKLÄRUNG

Hiermit erkläre ich an Eides statt, daß sowohl meine Mutter Edeltraut Wagner geb. Dobrucka-Dobruty-Doliwa als auch mein Vater Primarius Dr. Otto Wagner mir gegenüber mehrmals erwähnten, daß sie beide und auch ihr Trauzeuge Professor Dr. August Maria Knoll anläßlich ihrer Verehelichung am 30. Juni 1934 (sie gingen eine Gewissensehe ein) im Trauungsbuch für Gewissensehen eine Eintragung sahen, aus der deutlich hervorging, daß Kaiser Franz Joseph I. und Frau Katharina Schratt-Kiss ebenfalls in der Andreaskapelle des Erzbischöflichen Ordinariats geheiratet haben. Bei den Unterschriften handelte es sich um die unmittelbar vorhergehende Eintragung, woraus zu schließen ist, daß in der Zwischenzeit keine andere Gewissensehe geschlossen wurde.

Prof. Dr. Otto Wagner

Dr. Edeltraud LOTHALLER
FA. f. Zahn-, Mund- u. Kieferheilkunde
1130 Wien, Wattmanngasse 8
Z 790-197   Tel. 82 81 98

26. 4. 1982

E i d e s s t a t t l i c h e   E r k l ä r u n g :

Hiermit erkläre ich an Eides statt, daß meine Eltern Edeltraut und
Dr. Otto Wagner, als sie am 30. Juni 1934 im Wiener Erzbischöflichen
Palais eine sogenannte "Gewissensehe" eingingen, im Trauungsbuch eine
Eintragung sahen, aus der eindeutig hervorging, daß auch Kaiser
Franz Joseph und Katharina Schratt eine geheime Ehe geschlossen hatten.

Dr Edeltraud Lothaller
Dr. Edeltraud Lothaller

Das bewußte Trauungsbuch existiert vermutlich nicht mehr.
Als die Nationalsozialisten 1938 in Österreich einmarschierten,
wurde ein Teil der Dokumente des Geheimarchivs vernichtet, weil
man im Erzbischöflichen Ordinariat Angst vor indiskreten Veröf-
fentlichungen durch die Gestapo hatte. Monsignore Dr. Johannes
Nedbal, der langjährige Ehereferent des Wiener Erzbischofs – und
derzeit im Vatikan tätig – wurde mit den obigen Zeugenaus-
sagen und Erklärungen konfrontiert. Er ging der Sache nach und
meint:

> »Im Erzbischöflichen Ordinariat Wien wird aufgrund der
> Aussagen von Gewährsleuten vermutet, daß diese Hochzeit
> tatsächlich stattgefunden hat. Sollte das Trauungsbuch wider
> Erwarten eines Tages auftauchen, wäre es denkbar, daß der
> Kardinal die Geheimhaltung dieser Gewissensehe aufgrund
> einer kirchenrechtlichen Bestimmung aufhebt.«

Auch in Klaus Mörsdorfs *Lehrbuch des Kirchenrechts* findet sich
ein unmißverständlicher Hinweis auf diese Heirat. Über die Gewis-

sensehe ist in dem internationalen Standardwerk der katholischen Kirche nachzulesen:

»Der wichtigste Anwendungsfall ist die Mißheirat königlicher oder fürstlicher Personen (zum Beispiel das Verhältnis eines verwitweten Monarchen mit einer Schauspielerin).«

Deutlicher kann auf eine Eheschließung des römisch-katholischen, verwitweten Monarchen Franz Joseph mit der Schauspielerin Katharina Schratt nicht hingewiesen werden.

Dr. Michael Habsburg-Lothringen, der Urenkel Franz Josephs, ist selbst Historiker und gibt zu der Eheschließung folgende Stellungnahme ab:

»Mir ist die These über eine Gewissensehe zwischen Kaiser Franz Joseph I. und Katharina Schratt bekannt und ich will sie auch gar nicht unbedingt ableugnen. Es könnte der Einstellung und dem Charakter des Kaisers durchaus entsprechen, daß er nach der jahrelangen Verbindung diese auch legalisieren wollte. Es ist ja bekannt, daß mein Urgroßvater ein sehr gewissenhafter und korrekter Mann war. Ich kann nicht für die gesamte Familie Habsburg sprechen, aber ich persönlich würde diese Heirat keinesfalls als ›Familienkatastrophe‹ bezeichnen. Man könnte eine Gewissensehe nach all den Schicksalsschlägen, die Franz Joseph erlitten hat, mit einem ihm nahestehenden Menschen wie Frau Schratt ohne weiteres verstehen und akzeptieren.«

Auch Peter Schratt, Schauspieler am Wiener Burgtheater und Großneffe der Schratt – er hatte sie in seiner Kindheit noch persönlich gekannt – hält die Hochzeit für durchaus denkbar:

»Man könnte diesen Schritt als normale Reaktion eines Ehrenmannes verstehen.«

Soweit die Aussagen der direkten und indirekten Zeugen und die Stellungnahmen der betroffenen Familien Habsburg und Schratt.

Nun muß man sich trotz all der Indizien mit den geschilderten Fakten nicht gerade identifizieren, das Trauungsbuch für Gewissensehen wird vermutlich nie wieder auftauchen. Objektiverweise muß man aber feststellen, daß die Berichte beziehungsweise eidesstattlichen Erklärungen der – durchwegs honorigen – Zeugen äußerst glaubwürdig sind. Dazu kommt, daß auch noch weitere Schriftstücke und historische Unterlagen für eine Ehe Kaiser-Schauspielerin sprechen:

So hat Kaiserin Elisabeth, die ja diese Beziehung überhaupt in die Wege leitete, mehrmals – zuletzt in Bad Kissingen, kurz vor ihrem Tod – davon gesprochen, daß ihr Mann, falls sie vor ihm sterben würde, Frau Schratt in zweiter Ehe heiraten solle. Klar läßt sich das aus den Tagebüchern der Erzherzogin Valerie – der Tochter des Kaiserpaares – ersehen. Bereits am 28. Mai 1890, also acht Jahre vor der Ermordung ihrer Mutter, trug Valerie ein, daß sie von Elisabeth aufgefordert wurde,

»falls sie stürbe ... Papa zuzureden, Schratt zu heiraten.«

Und kurz nach Elisabeths Tod vermerkte Valerie – datiert mit dem 11. Juli 1899:

»Lossagen wird er sich nie und nimmer von ihr (gemeint ist Frau Schratt, Anm. d. A.), und heiraten kann er sie ja leider nicht, denn sie ist ja ganz rechtmäßig verheiratet.«

Dieses »Ehe-Hindernis« änderte sich genau zehn Jahre später, als nämlich der immer noch rechtmäßige Ehemann der Schratt, Nikolaus von Kiss, am 21. Mai 1909, einem Herzschlag erlag. Die eventuelle Hochzeit zwischen Kaiser und Schauspielerin wäre also zwischen den Jahren 1909 und 1916 – dem Todesjahr Franz Josephs – einzuordnen.

Noch ein weiteres Indiz scheint die Hochzeits-Theorie zu bestätigen. Als der Kaiser am Abend des 21. November 1916 verstorben war, ereignete sich – nachzulesen in den Aufzeichnungen von Arthur Graf Polzer-Hoditz, dem Kabinettschef des Franz Joseph nachfolgenden Kaisers Karl I. – folgendes: Nachdem der alte Kaiser bereits entschlafen war, kam Frau Katharina Schratt ins Schönbrunner Schloß,

»jene Frau«, meint Polzer-Hoditz, »die den Lebensabend des von der Vorsehung schwer heimgesuchten Monarchen durch ihre Herzensgüte, ihren unversiegbaren Humor erhellt und sich die Freundschaft des Kaisers durch Takt und Selbstlosigkeit zu erhalten gewußt hatte. Alle Würdenträger des Reiches hatten sich vor dieser Frau tief verbeugt, solange ihr hoher Gönner noch am Leben war. Nun wollte man ihr den Zutritt zur Bahre des toten Kaisers verwehren. Tief erschüttert und von Schmerz gebeugt, stand sie ausgeschlossen im Vorgemach des Sterbezimmers. Da sah sie Kaiser Karl. Sofort trat er auf sie zu, bot ihr den Arm und führte sie an die Bahre des toten Freundes.«

Im Sterbezimmer nahm sie – wie die Familienmitglieder – Abschied von Franz Joseph. Als Kaiser Karl und Katharina Schratt aus dem Sterbezimmer traten, kam ihnen Kaiserin Zita entgegen und nun stellte er seine Frau der Schratt vor und nicht umgekehrt. Was aus heutiger Sicht kaum bedeutsam erscheint, ist nach den strengen Regeln des damals geltenden Spanischen Hofzeremoniells eindeutig: Eine solche Geste – ausgeführt durch den bereits regierenden Kaiser Karl – wäre einer »Normalsterblichen« gegenüber völlig ausgeschlossen gewesen. Dieser Meinung ist auch der bekannte Historiker, Universitätsprofessor Dr. Adam Wandruszka, der aufgrund dieser Reaktion des jungen Monarchen davon überzeugt ist,

»daß Franz Joseph mit der Schratt verheiratet war. Sonst hätte ein so korrekter Mann wie Kaiser Karl der Schauspielerin niemals den Arm gereicht.«.

Eines der stärksten Argumente lieferte – zweifellos ungewollt – Dr. Otto von Habsburg, das heutige Familienoberhaupt des ehemaligen Kaiserhauses. Während der Sohn des letzten österreichischen Kaisers zu einer eventuellen Ehe seines Urgroßonkels mit Katharina Schratt öffentlich keine Stellungnahme abgeben will, verfaßte er am 21. Januar 1980 ein Schreiben an Professor Norbert Leser, der ihn zu diesem Thema schriftlich befragt hatte, da ihn der Fall – von einem Zeugen unmittelbar informiert – interessierte. Otto von Habsburg an Leser:

»Sehr verehrter Herr Universitätsprofessor! ... Ob er nun mit Frau Schratt tatsächlich verheiratet war oder nicht, interessiert höchstens Abraham a Sancta Clara – aber nicht die moderne Geschichte! Mit Respekt und Hochachtung Ihr Dr. Otto von Habsburg.«

Es spricht vieles dafür, daß auch Otto von Habsburg eine Verehelichung Franz Joseph–Schratt für wahrscheinlich hält. Denn es ist als sicher anzunehmen, daß er, wüßte er das Gegenteil, der Theorie auf das Schärfste widersprochen hätte. So verweist er nur auf den berühmten Sittenrichter des 17. Jahrhunderts und läßt damit alles offen. Der Brief an Professor Leser kommt aber fast einer Bestätigung gleich.

Schließlich sei zum Thema Hochzeit noch vermerkt, daß dieser Schritt in der damaligen Zeit sowohl kirchlich als auch von den staatlichen Instanzen her zu einer völlig korrekten Ehe führte: Während die Republik Österreich heute nur eine vor dem Standesamt geschlossene Ehe akzeptiert, war in der Zeit bis 1939 das kirchliche Sakrament ausreichend. Fand die Trauung also tatsächlich statt, war Katharina Schratt (beziehungsweise: Katharina von Habsburg-Lothringen) die rechtmäßige Frau des Kaisers von Österreich und Königs von Ungarn. Sie war jedoch keinesfalls »Kaiserin«, da es ja niemals eine Krönung gegeben hatte.

Die Historiker werden noch lange über diese »Gewissensehe« rätseln und diskutieren. Fest steht, daß Katharina Schratt, als sie mitten im Zweiten Weltkrieg 87jährig verstarb, durch Begegnungen mit Angehörigen der Hocharistokratie, politischen Vertretern, Kaisern und Königen, durch das Zusammentreffen mit den bedeutendsten Künstlern zu den interessantesten Persönlichkeiten ihrer Zeit gehörte. Es ist das sicherlich faszinierende Leben einer Schauspielerin, die drei Jahrzehnte lang an der Seite des Kaisers von Österreich lebte.

»Selbst der Souffleur schaut aus wie ein Graf«
Erste Begegnungen mit Franz Joseph

Daß es zu einem Verhältnis des Kaisers mit Katharina Schratt kommen konnte, erscheint fast wie ein Wunder. Wenn man weiß, wie peinlich genau bei Hofe zwischen Mitgliedern der Hocharistokratie und den Angehörigen des Bürgertums unterschieden wurde, und wie schwierig es gleichzeitig war, dem äußerst verschlossenen Menschen Franz Joseph überhaupt nahe zu kommen, wird man kaum begreifen, daß die »Gnädige Frau«, wie sie im ganzen Kaiserreich genannt wurde, seine wichtigste Weggefährtin werden und drei Jahrzehnte lang bleiben konnte.

Verständlich wird diese ungewöhnliche Romanze erst, wenn man die Persönlichkeiten der Schauspielerin und des »Sie innigst liebenden Franz Joseph« (der Kaiser in unzähligen Briefen an die Schratt) zu durchleuchten versucht. Ebenso wichtig ist es, die Figuren der Umgebung des Monarchen zu charakterisieren.

Kennengelernt hat die Schratt den Kaiser auf völlig unromantische Weise: Wie Tausende andere Künstler, Kaufleute oder Beamte in der Monarchie war sie zu einer Audienz ins Schloß Schönbrunn, der Sommerresidenz des Herrschers, geladen worden. Der Monarch – bekanntlich ein extremer Frühaufsteher, und danach richteten sich auch die Termine für die Besucher – hatte an manchen Tagen weit mehr als hundert Personen aus den verschiedensten Schichten der Bevölkerung zu empfangen. Dementsprechend wenig Zeit war für eine solche Audienz vorgesehen.

Eines Vormittags war Katharina Schratt, seit knapp vier Jahren verehelichte Frau Kiss de Ittebe, zum Kaiser befohlen. Die damals 30jährige hatte sich als Schauspielerin sowohl im benachbarten Ausland als auch als Ensemblemitglied des angesehenen Wiener Stadttheaters einen Namen gemacht und war soeben ans k. u. k.

Hofburgtheater engagiert worden. Das war im Jahre 1883 – vor hundert Jahren also – und diesen Zeitpunkt könnte man als den Grundstein der Verbindung ansehen. Franz Joseph hatte Katharina Schratt bereits Jahre zuvor – im Dezember 1873 – auf der Bühne gesehen. Er war gemeinsam mit Kaiserin Elisabeth ins Stadttheater gekommen, wo man anläßlich seines 25jährigen Regierungsjubiläums eine Festvorstellung »Der Widerspenstigen Zähmung« von William Shakespeare gab. Katharina Schratt war in ihrer vielumjubelten Rolle als Käthchen aufgetreten, dürfte dem Monarchen aber weiter nicht aufgefallen sein.

Zehn Jahre später stand sie also vor ihrem obersten Herrn, um sich – wie das bei neuen Mitgliedern des Burgtheaters so üblich war – bei ihm vorzustellen. Wie der Historiker Heinrich Benedikt beschreibt, soll sich diese erste persönliche Begegnung folgendermaßen abgespielt haben:

Katharina Schratt kannte Hofrat Dr. Paul Schulz, den Präsidenten des Wiener Patentamtes, dessen Vater Burgtheaterarzt gewesen war. Von Paul Schulz ließ sie sich beraten, wie man sich während einer Audienz beim Kaiser zu benehmen habe. Der hohe Beamte, vom Kaiser besonders geschätzt und selbst schon des öfteren in Audienz empfangen, versuchte nun, der jungen Schauspielerin das strenge höfische Zeremoniell in allen Details zu erklären.

Katharina Schratt kam also – als gewissenhafte Schauspielerin hatte sie sich bereits den Text zurechtgelegt – zu Schulz ins Patentamt, um sich letzte Instruktionen für den großen Tag zu holen. Sie spielte dem Freund die Szene vor, mit der sie sich beim Kaiser für die Aufnahme ans Hoftheater offiziell bedanken wollte.

»Euer Majestät geruhten…« sagte sie zu Dr. Schulz, der während dieser Probe den Kaiser darstellte. Dann ließ sich die Schratt in einen Fauteuil fallen. »Ganz falsch« wurde sie von Schulz unterbrochen, »du darfst dich keinesfalls niedersetzen, sondern mußt stehen und nach dem Hofknicks dein Sprüchlein sagen.«

Wenige Tage später war es soweit. Frau Schratt wurde in die Allerhöchsten Gemächer Seiner Majestät vorgelassen. Sie trug ein

Taftkleid und ihr rotblondes Haar war durch einen schwarzen Schleier verdeckt.

Brav begann sie ihren wohlpräparierten Text aufzusagen: »Euer Majestät geruhten...« Nun unterbrach sie der Kaiser: »Gnädige Frau, wollen Sie sich nicht setzen?«

Frau Schratt: »Danke Majestät. Euer Majestät geruhten...«

Der Kaiser: »Ja, warum wollen Sie sich nicht setzen?«

Frau Schratt: »Der Schulz hat's mir verboten!«

Das eigentliche Gespräch zwischen dem Kaiser und der Schauspielerin ging dann folgendermaßen vor sich: »Es freut mich, Frau Schratt, Sie kennenzulernen. Hoffentlich werden Sie sich an meinem Theater wohlfühlen. Wie gefällt es Ihnen denn?«

Katharina Schratt, die bereits einige Burg-Proben absolviert hatte, antwortete: »Majestät, es gefällt mir sehr. Nur ist alles so vornehm wie sonst in keinem Theater. Die Kollegen sind nobel, wie wir es beim Theater nicht gewohnt sind. Soviel Etikette. Jedem gebührt dies oder jenes. Selbst der Souffleur schaut aus wie ein Graf.«

Der Kaiser soll – schon als sie sich nicht setzen wollte und auch dann während des kurzen Dialogs – immer wieder vor Vergnügen so laut aufgelacht haben, daß seine Adjutanten im Vorraum ihren Ohren nicht zu trauen glaubten, denn zu lachen hatte es sonst für Franz Joseph auch schon Anfang der Achtzigerjahre des vorigen Jahrhunderts sehr wenig gegeben.

Ansonsten dürfte die Schratt während dieser ersten Begegnung mit dem Kaiser ziemlich schüchtern gewesen sein. Das geht jedenfalls aus einem Brief hervor, den Franz Joseph ihr etliche Jahre später, am 26. Juni 1896, als die beiden bereits eine innige Freundschaft verband, schrieb:

> »... unter den 128 Audienzen, die ich gestern hatte, war das Burgtheater stark vertreten, lauter Bedankende, Sonnenthal, Robert, Thimig, Frau Lewinsky und Frl. Kallina. Letztere war sehr liebenswürdig und gesprächig, gar nicht befangen, wie jemand Anderer bei ihrer ersten Audienz...«

So sehr die naive Befangenheit der jungen Katharina Schratt dem Kaiser auch gefallen haben mag, dieser »Auftritt« allein kann noch lange nicht den Ausschlag gegeben haben, daß die später so tiefe Verbindung zwischen den beiden zustande kam.

Schon wenige Wochen nach der ersten Audienz suchte Frau Schratt nun ihrerseits um einen neuerlichen Termin beim Kaiser an.

Sie hatte vier Jahre zuvor den ungarischen Aristokraten Nikolaus von Kiss geheiratet und ihm ein Jahr später einen Sohn geboren. Die Ehe existierte jedoch nur noch auf dem Papier. Nikolaus von Kiss bereiste als österreichisch-ungarischer Diplomat die halbe Welt und war kaum je in Wien anzutreffen. Natürlich fühlte sich Katharina Schratt, obwohl von ihrem Mann getrennt, seiner Familie gegenüber verpflichtet und so kam es, daß sie in einer Familienangelegenheit keinen anderen Ausweg sah, als den Kaiser persönlich aufzusuchen und um Intervention zu bitten:

Katharina Schratts Ehemann Nikolaus hatte einen Onkel namens Ernö von Kiss gehabt. Dieser war kaiserlicher Berufsoffizier gewesen und im Jahre 1838 im Range eines Obersten als Kommandant des Husarenregiments »Hannover« in den Ruhestand versetzt worden. Zehn Jahre später, als die Revolution ausbrach, meldete sich Ernö Kiss freiwillig, um der Ungarischen Revolutionsarmee zu dienen. Der inzwischen 69jährige Pensionär wurde sofort mit dem Titel eines Generals eingestellt. Vorerst kommandierte er ein Armeekorps in Südungarn, ab Januar 1849 war er vorübergehender Oberbefehlshaber der gesamten Revolutionstruppen.

Während die Regierung der Revolutionsarmee versprochen hatte, daß den Offizieren – im Falle die Waffen niedergelegt würden – nichts widerfahre, wurden am 13. August 1849 alle kommandierenden Generäle von den verbündeten russischen Truppen verhaftet. Am 6. Oktober desselben Jahres wurden die 13 höchsten Offiziere – also auch Ernö von Kiss – auf der Festung Arad durch den Strang hingerichtet. Dieser Tag ist übrigens heute noch ungarischer Nationalfeiertag.

Alle Welt – insbesondere die Vereinigten Staaten und England – hatten damals gegen die Hinrichtungen schärfstens protestiert. Franz Joseph war zu diesem Zeitpunkt erst ein Jahr lang Kaiser gewesen und mit seinen 19 Jahren praktisch noch nicht der wahre

Regent des Reiches. Die Staatsführung lag vielmehr in den Händen seiner herrschsüchtigen Mutter Sophie und des Ministerpräsidenten Felix Fürst zu Schwarzenberg. War Franz Joseph, der den Befehl zur Hinrichtung sicherlich niemals gegeben hätte, moralisch unschuldig, so drückte ihn doch sein Leben lang ein Schuldgefühl, weil 13 Generäle – bereits während seiner Regentschaft – exekutiert worden waren. Zu Kaiserin Elisabeth sagte er mehrmals, daß ihn der Tod der Revolutionsoffiziere besonders bedrücke: »Wenn ich könnte, würde ich sie mit meinen eigenen zehn Fingern wieder ausgraben.«

Revolutionsgeneral Ernö von Kiss, bereits seit 34 Jahren tot, war also Anlaß für eine weitere Begegnung zwischen Katharina Schratt und Kaiser Franz Joseph. Der Monarch hatte sich nach dem österreichisch-ungarischen Ausgleich im Jahre 1867 – zu diesem Zeitpunkt wurden die beiden Reichshälften zu gleichberechtigten, selbständigen Staatsgebilden – bemüht, die eingezogenen Vermögen der hingerichteten Offiziere an deren Erben zurückzugeben. So war es auch im Falle Kiss gewesen. Doch die in finanziellen Fragen äußerst leichtfertige Familie Kiss hatte den Nachlaß, der aus den beachtlichen Gütern entstanden war, längst wieder verloren, ja die meisten von ihnen – darunter auch Frau Schratt und ihr Mann – waren dank ihrer aufwendigen Lebensweise zutiefst verschuldet.

Die Familie Kiss brauchte also dringend Geld. Und das war der Grund für Katharinas zweite Audienz beim Kaiser. Es ging um die Erträge, die der Familie zwischen Beschlagnahme der Güter im Jahre 1848 und deren Retournierung 1867 entgangen waren.

Der Kaiser hörte sich ruhig an, was Katharina Schratt ihm vortrug, mußte sie aber in dieser Angelegenheit an den ungarischen Ministerpräsidenten Kolomán von Tisza verweisen. Das fehlende Geld sollte die Familie Kiss übrigens nie erhalten, weil Tisza der Meinung war, daß es »unstatthaft wäre, eine Familie, die infolge Leichtsinns zugrunde gegangen war, aus Staatsmitteln wieder aufzurichten.«

Noch fehlte die schützende Hand des Kaisers...

»Der Kaiser hat sich besonders lang mit ihr unterhalten«
Elisabeth wird aktiv

Kaiser Franz Joseph war alles andere als ein begeisterter Ballbesucher. Elisabeth hatte sich – wir schreiben das Jahr 1885 – von ihrem Mann bereits stark entfremdet, sie selbst besuchte offizielle Feste äußerst selten. Der Kaiser jedoch, sein Leben lang der Inbegriff der Pflichterfüllung und des Traditionsbewußtseins, ließ Cercles, Abendgesellschaften und Bälle jeder Art über sich ergehen. »Er verneigte sich«, wie es in einem Bericht aus der Zeit heißt, »bei solchen Gelegenheiten vor den Damen, denen er auch häufiger als den Herren die Hand reichte und die er wie niemand zu entzücken verstand.«

Fast zwei Jahre nach der Audienz »in Sachen Ernö von Kiss« sollten Franz Joseph und Katharina Schratt einander auf einem Ball wiedersehen. Als prominentes Mitglied des Hofburgtheaters war die Schratt natürlich zu allen großen Festen Wiens geladen.

Das Comité des Balles der ‚Industriellen‘ welcher in den Musik-Vereins-Sälen am 18. Februar 1879 stattfindet, gibt sich die Ehre Ihre Hochwolg. Fräulein

Katharina Schratt

ergebenst einzuladen. ½9 Uhr.

Für das Comité:

DIESE KARTE IST AUCH FÜR DIE DAMEN DER FAMILIE GILTIG.

So auch alljährlich beim »Ball der Industriellen«, der in den Räumlichkeiten des Musikvereins stattfand und zu den nobelsten Festen des Wiener Faschings zählte. Die Einladungskarte des für ihre Verbindung mit dem Kaiser so wichtigen Industriellenballes des Jahres 1885 hat sie vermutlich nicht aufbewahrt, die Originaleinladung des Industriellenballes, der sechs Jahre zuvor gefeiert wurde, fand sich jedoch in ihrem Nachlaß.

Nora Fürstin Fugger, eine wichtige Zeugin gesellschaftlicher Veranstaltungen der damaligen Zeit, hinterließ in ihren Aufzeichnungen, daß die Schratt beim Industriellenball 1885, als sie Franz Joseph zum dritten Mal in ihrem Leben persönlich traf, »besonders hübsch ausgesehen und der Kaiser sich besonders lange mit ihr unterhalten« hätte. Das Gespräch fand auf der Estrade des Ballsaales statt und dürfte den Ausschlag für die nächste und vermutlich entscheidende Zusammenkunft dieser dann jahrzehntelang anhaltenden Verbindung gegeben haben.

Als im Sommer desselben Jahres Kaiser Franz Joseph den russischen Zaren Alexander III. zu einer freundschaftlichen Zusammenkunft auf dem mährischen Schloß Kremsier traf – Gesprächsthema Nummer eins sollte die Balkanpolitik sein – war Frau Schratt wieder dabei. Als künstlerischer Höhepunkt des an und für sich hochpolitischen Treffens war ein Abend mit namhaften Wiener Künstlern vorgesehen. Das *Illustrierte Wiener Extrablatt* berichtet in seiner Ausgabe vom 26. August 1885 über »Die Kaiser-Entrevue in Kremsier«:

> »Selten hat eine Theater-Vorstellung einen so glänzenden Verlauf gehabt, als das théâtre paré, welches gestern Abends im Lehensaale des erzbischöflichen Schlosses stattfand. Vor Ankunft des Hofes lenkte sich das Interesse den russischen Würdenträgern zu, deren hohe Gestalten und ausdrucksvolle Mienen ihnen ein besonderes Gepräge geben... Nach einem kurzen Harfen-Präludium begann die Vorstellung. Frau Wolter und Frl. Wessely waren auf der Scene und führten den Schluß des ersten Actes der ›Sappho‹ auf. Das hoheitsvolle Spiel der großen Tragödin übte mächtigen Eindruck. Nach-

26

dem die Scene beendet, gab der Czar selbst das Signal zum Beifall, doch applaudirten nur die Allerhöchsten Persönlichkeiten, wie es der Hofsitte entspricht, und nicht nur mit Händeklatschen, sondern auch mit Zurufen: ›Sehr schön!‹, ›Bravo!‹, ›Ausgezeichnet!‹ gaben die Majestäten ihr Urtheil ab... Die frohe Stimmung steigerte sich beim Lustspiel ›Er experimentirt‹. Die Herrschaften lachten herzlich über Sonnenthal's und Baumeister's flottes Spiel, insbesondere über die vollendete Darstellung der Frau Schratt, die einen wirklichen Triumph feierte.«

Die Kaiserbegegnung in Kremsier (1885).

Als die Vorstellung beendet war, bat der Kaiser – allen höfischen Gepflogenheiten zum Trotz – auch die anwesenden Künstler zum Souper. Die Ehefrauen der Monarchen waren ebenfalls zugegen, und so lernte Kaiserin Elisabeth an diesem Abend Frau Schratt kennen, die ihr als Schauspielerin schon längst ein Begriff war.

27

Kronprinz Rudolf, der ebenfalls an der Tafel Platz genommen hatte, mokierte sich in einem Brief an seine Frau Stephanie über die ungewöhnliche Kombination der Kaiserlichen Familien mit den Schauspielern: »Um acht Uhr Theater, dann Souper mit Wolter, Schratt und Fräulein Wessely; es war merkwürdig.« Elisabeth-Biographin Brigitte Hamann meint sogar, daß es »durchaus möglich wäre, daß die Kaiserin diese völlig unorthodoxe Einladung angeregt hatte, um die Schratt kennenzulernen.«

Fest steht: Spätestens ab diesem Zeitpunkt wußte Elisabeth von der großen Zuneigung, die ihr Mann für die Schratt empfand. Ab jetzt nahm die Kaiserin die Sache selbst in die Hand. Sie war es, die jede Gelegenheit nützte, um Kaiser und Schauspielerin zusammenzuführen. Denn für sie war Katharina Schratt der ideale »Ersatz« für die Zeit, da sie Hof und Hauptstadt verlassen wollte. Elisabeth hatte sich bereits immer mehr von ihrem Mann abgewendet und jeglichen intimen Kontakt zu ihm verloren. Sie lebte mehr und mehr in einer dem höfischen Protokoll völlig fremden Welt, wollte ausgedehnte Reisen unternehmen, begeisterte sich für griechische Philosophen und den Poeten Heinrich Heine. Außerdem begann sie selbst zu dichten. Ihr ganzes Interesse galt jedenfalls all jenen Wissensgebieten, mit denen der trockene und unromantische Kaiser nichts anzufangen wußte. »Wolkenkraxeleien« nannte er die ihm völlig sinnlos erscheinenden Beschäftigungen seiner Frau.

»Auf den versprochenen Tratsch bin ich schon sehr neugierig«
Was für den Kaiser interessant war

Ganz anders mußte auf den Kaiser die Schauspielerin Katharina Schratt wirken. Sie stand mit beiden Beinen in der Welt. Was sie interessierte, dafür konnte sich auch Franz Joseph begeistern. Er war in der Hofburg und im Schönbrunner Schloß ein Gefangener seiner selbst, was »draußen« vor sich ging, wurde von ihm ferngehalten. Dafür sorgten vor allem seine Adjutanten und Obersthofmeister.

Und dann kam eine Frau, die erstmals den Mut besaß, ihm zu erzählen, was außerhalb des meist recht langweiligen Hofgeschehens passierte. Das mußte ihm gefallen.

Katharina Hryntschak geborene Schratt, die heute 90jährige in Wien lebende Nichte der Schauspielerin, verbrachte viele Jahre in gemeinsamem Haushalt mit ihrer Tante, begleitete sie auf zahlreichen Reisen, hatte durch sie auch persönliche Begegnungen mit dem Kaiser und war überhaupt eine der engsten Vertrauten Katharina Schratts. Frau Hryntschak, die sich trotz ihres hohen Alters bester Gesundheit und eines exzellenten Gedächtnisses erfreut, erzählt, was dem Monarchen an der Schratt faszinierte:

»Die Tante Kathi hatte vor allem eine wunderbare Gabe: Sie war eine phantastische Erzählerin. Wie keine andere verstand sie es, dem Kaiser in legerem Plauderton zu berichten, was am Theater, in der Wiener Gesellschaft, in den Cercles, Salons, Stammtischen oder sonst wo ›im Volk‹ vor sich ging. Der Kaiser war an jeder Form von Tratsch interessiert. Zudem hatte sie unendlichen Charme und einen köstlichen Humor. Der Kaiser konnte nur bei ihr lachen. Und zwar so, daß ihm die Tränen heruntergeronnen sind. Der Mann, der von früh bis spät nur Unangenehmes über sich ergehen lassen mußte, fand bei ihr die Stunden des Ausgleichs. Das hat sonst niemand anderer in seiner Umgebung zuwege gebracht.«

Der Gelehrte Gustav Marchet, als Unterrichtsminister ein dem Monarchen nahestehender Staatsmann, sagte einmal sehr treffend zur Schratt: »Sie sind das Fenster, durch das der Kaiser hinausschaut.«

»Und genau das war sie wirklich«, meint Katharina Hryntschak, deren Taufpatin übrigens die ›Tant' Kathi‹ gewesen war. Kaiser und Schauspielerin hatten ein ähnliches Naturell.

»Die Tante war in keiner Weise belesen. Wenn ihr ein Theaterdirektor über die Sommerferien oder für den Kuraufenthalt in Karlsbad neue Stücke zum Lesen mitgegeben hat, dann hat sie ihm die Rollenbücher im Herbst unberührt wieder auf den Schreibtisch gelegt. Solange ich bei ihr gelebt habe, lagen auf ihrem Nachtkästchen nur rote, schmale Bücher, die sogenannten Engelhorn-Hefte, das waren eigentlich Schundromane. Da sie nachts sehr schwer einschlafen konnte, hat sie oft bis drei Uhr früh in diesen Engelhorn-Heften gelesen. Mich als jungen Menschen hat das zur Verzweiflung gebracht, aber an Literatur, an Schöngeistigem war sie nicht interessiert.«

Ebenso der Kaiser. Tatsächlich findet sich in den Hunderten von Briefen der reichen Korrespondenz zwischen Franz Joseph und Katharina Schratt keine einzige Zeile, in der ein intellektuelles Thema abgehandelt worden wäre. Es geht fast immer nur um Tratsch. »Überhaupt, wenn Sie mir Theatertratsch schreiben, machen Sie mir eine Freude«, schreibt der Kaiser am 1. November 1888 an die Schratt. »Es ist vielleicht nicht schön und recht von mir, aber wahr...« Anderswo erklärt er, daß er während einer Theatervorstellung mit dem Opernglas beobachtete, daß die neuengagierte Margarethe Formes »keine durchstochenen Ohrläppchen« hätte. Er will genauestens informiert werden »über das Malheur mit der platzenden Taille« und andere »amusante Zwischenfälle« auf und hinter der Bühne. »Stimmt es, daß dem Schauspieler Louis Nötel die linke kleine Zehe, wieder die Folge einer Hühneraugen Operation, amputirt werden mußte?« (Als Nötel kurze Zeit später »trotz

30

abgeschnittener Zehe« stirbt, beruhigt der Kaiser die Schratt brieflich: »Welches Glück, daß Sie keine Hühneraugen besitzen!«)
Tratsch, Tratsch, Tratsch: »Ich wollte Sie fragen, was für ein Costume Sie am Gschnasfeste hatten...« Oder: »Der Witz Thimigs über Dr. Burkhard ist sehr gut.« Oder: »Auf den versprochenen Tratsch in Ihrem nächsten Briefe bin ich schon sehr neugierig.« Oder: »Sie merken sich ganz gut die hübschesten und interessantesten Sachen, um mich durch Mittheilung derselben zu erfreuen.« Oder: »Ich bin schon sehr neugierig, alle Details dieser schwarzen Theaterverschwörung bei unserer ersten Promenade mündlich von Ihnen zu hören...«
Und in einem anderen Brief, nachdem Frau Schratt die Befürchtung gehegt hatte, ihm »zuviel Tratsch« geliefert zu haben, schreibt der Monarch:

»...Sie haben weder Vorgestern, noch je sonst zu viel geplauscht, im Gegentheile, ich kann Ihnen nur dankbar sein, wenn Sie mit mir über Alles recht offen und von der Leber weg sprechen. Wenn man so manche Arbeit, Sorge, so manchen Kummer hat, wie ich, so ist ein zwangloses, offenes und heiteres Aussprechen eine wahre Freude und deßhalb sind mir die Augenblicke, die ich mit Ihnen zubringen darf, so unendlich werth.«

Typische Briefstellen Katharina Schratts an Franz Joseph: »Heute beantworte ich erst die Fragen, dann kommt der Tratsch...«, »Im Theater herrscht auch wieder gereizte Stimmung. Fr. Gabillon und Fr. Schönfeld wurden gestern vom Director aus der ersten Culisse, von welcher sie die Abschiedsvorstellung der Barescu betrachten wollten, fortgewiesen. Die beiden Damen sind empört und nennen jetzt den Burckhard alles eher als einen gnädigen Herrn...« Von einem Kuraufenthalt schreibt sie: »Wenn ich von der Anekdote, welche ich in Karlsbad gehört, nicht die Pointe vergesse, so kann ich Eure Majestät hoffentlich zum Lachen bringen, was mir immer so unendlich viel Freude bereitet...«
So weit war es allerdings nach der Soiree in Kremsier noch lange nicht. Doch Kaiserin Elisabeth ahnte, als sie ihren Mann und die Schratt dort in zwanglosem Gespräch beobachten konnte, daß diese

Frau die Gabe besaß, ihren immer einsamer werdenden Mann blendend zu unterhalten. Um diese Verbindung, die ihr selbst absolute Freiheit verschaffen sollte, weiter zu fördern, ließ sich Elisabeth nun etwas Besonderes einfallen. Zur Verwirklichung dieses Planes engagierte sie Heinrich von Angeli, den damals berühmtesten Porträtmaler Wiens.

Angeli war bei Hofe ungeheuer geschätzt. Elisabeth wußte, daß der Kaiser nicht nur von seinen Bildern begeistert war, sondern auch die menschlichen Qualitäten und den Humor des Professors der Kunstakademie besonders schätzte. Angeli war sowohl Hofmaler des österreichischen Kaiserhauses als auch der bevorzugte Porträtist der Queen Victoria und deren Sohn, dem Prince of Wales. Von Angeli ließen sich die deutschen Kaiser Friedrich, Wilhelm I. und II. ebenso malen wie der russische Zar Alexander III., der Bankier Baron Rothschild und der Afrikaforscher Stanley, der legendäre General Slatin Pascha oder Franz Grillparzer und unzählige andere Aristokraten, Wissenschaftler und Künstler dieser Zeit.

Er galt – obzwar aus Sopron stammend – als uriger »Wiener Typ« und war für jeden Spaß zu haben. Franz Joseph, den er mehrmals porträtierte, hatte einmal während einer Sitzung zu ihm gesagt: »Wissen S', Angeli, was mir an Ihnen gefällt? Daß ich noch nie Ihre Glatz'n gesehen hab.« Damit meinte der Kaiser die ihm sympathisch erscheinende Eigenschaft des Künstlers, nicht ununterbrochen – wie das in der Umgebung des Monarchen sonst üblich war – »zu buckeln«.

Aus den (bisher unveröffentlichten) Lebenserinnerungen Angelis, die sich heute im Besitz seines Enkelsohnes Giselbert Angeli befinden, geht hervor, wie es zu dem eigenartigen Auftrag der Kaiserin in Verbindung mit der Schratt kam: Ida von Ferenczy, die Vorleserin und erste Hofdame Elisabeths, überbrachte Angeli die Order, daß er die Schauspielerin Katharina Schratt porträtieren sollte. Das Bild wäre als Geschenk für Kaiser Franz Joseph gedacht. Auch Baron Franz Nopcsa, der Obersthofmeister der Kaiserin, wurde betreffs des heiklen Auftrags eingeschaltet. Er stellte dem Maler vor allem die wichtigste Bedingung: »Die Sache muß streng geheim bleiben. Frau Schratt darf keinesfalls erfahren, wer die hohe Auftraggeberin, geschweige denn, für wen das Porträt bestimmt ist.« Mehr noch, Frau Schratt dürfte nicht einmal bekannt werden, daß sie die zu Porträtierende sei. Für jeden anderen Maler wäre ein solcher Auftrag vermutlich undurchführbar gewesen. Nicht für Heinrich Angeli. Der findige Künstler ersann einen Plan, in den er den ihm freundschaftlich verbundenen Burgschauspieler Emmerich Robert einweihte. Gemeinsam bereiteten sie die Komödie vor. Robert ging zu Katharina Schratt und erzählte ihr die folgende, abenteuerlich anmutende Geschichte: »Sie kennen doch den Angeli, den Hofmaler, der hat jetzt von einem englischen Adligen den Auftrag bekommen, dessen kürzlich verstorbene Frau für sein ewiges Andenken zu porträtieren. Und wie's der Zufall will, Kathi, die gute Lady hat eine verblüffende Ähnlichkeit mit Ihnen gehabt. Der Professor möcht' Sie recht schön bitten, ihm in dieser Angelegenheit, gewissermaßen in Vertretung, Modell zu sitzen.«

Der Plan ging auf: Katharina Schratt war es eine Ehre, dem berühmten Porträtisten behilflich sein zu können und bemerkte Kollegen Robert gegenüber sogar, daß ihr die Sitzungen »eine große Freud« bereiteten. Elisabeth wiederum erzählte dem Kaiser von dem bald einzulangenden Geschenk, auf das er sich sehr zu freuen schien. Denn als das Bild im Stadium der Fertigstellung war, verfaßte er einen eigenhändigen Brief an den Künstler, da er das Ölbild höchstpersönlich in Augenschein nehmen wollte. Am 20. Mai 1886 fragte der Kaiser bei Angeli an:

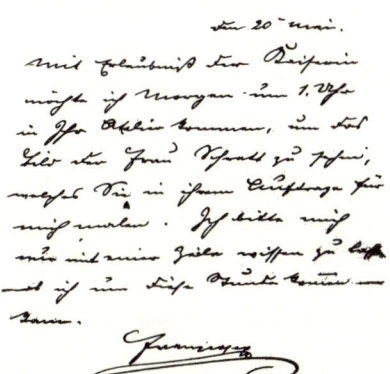

Mit Erlaubniß der Kaiserin möchte ich morgen um 1 Uhr in Ihr Atelier kommen, um das Bild der Frau Schratt zu sehen, welches Sie in ihrem Auftrage für mich malen. Ich bitte mich nur mit einer Zeile wissen zu lassen, ob ich um diese Stunde kommen kann.

Franz Joseph

Originalbrief im Besitz von Giselbert Angeli

Tatsächlich: Am nächsten Tag erschien der Kaiser von Österreich im Atelier Professor Angelis in der Wiener Kunstakademie, um das Porträt zu besichtigen. Er traf pünktlich um eins, wie angekündigt, ein, Elisabeth folgte einige Minuten später.

Der Kaiser betrachtete das fast fertige Bild von allen Seiten, zeigte sein Wohlgefallen und meinte dann, eher scherzhaft: »Schade, daß das Original nicht anwesend ist, sodaß man die lebendige mit der gemalten Frau Schratt vergleichen könne.«

Der gewitzigte Angeli war darauf gefaßt. Er sagte zu Franz Joseph: »Majestät, Ihr Wunsch ist mir Befehl, Frau Schratt befindet sich im Nebenzimmer.« Der Kaiser öffnete daraufhin selbst die Tapetentür, aus der nun die Schauspielerin völlig überrascht trat, um – wie ihr Angeli zuvor mitgeteilt hatte – »die Auftraggeber kennenzulernen«. Daß dies Franz Joseph und Elisabeth waren, konnte sie freilich nicht ahnen, weswegen sie auch ziemlich verschüchtert wirkte, als sie den Majestäten gegenüberstand – wie Angeli zu berichten wußte.

Der Maler versuchte die peinliche Stille zu durchbrechen und fragte: »Warum fürchten Sie sich denn, Seine Majestät wird Ihnen ja nix tun«, worauf die Schratt meinte: »Ich fürcht mich gar nicht, ich hab nur ein bißl Angst.«

Franz Joseph konnte nach langer Zeit – und wieder einmal in Verbindung mit der Schratt – herzlich lachen.

Aus den Aufzeichnungen Angelis geht übrigens hervor, daß auch die Kaiserin bei einer früheren Gelegenheit einmal ein Porträt von sich selbst – ebenfalls als Geschenk für den Kaiser gedacht – hatte anfertigen lassen wollen. Doch dazu ist es infolge der Eigenwilligkeiten sowohl Elisabeths als auch Angelis nie gekommen. Schon damals war Ida von Ferenczy ins Atelier geschickt worden, um die Durchführung des Auftrags mit ihm zu besprechen.

»Herr Professor, Sie werden in den nächsten Tagen eine Einladung zu einem Diner erhalten«, kündigte Fräulein von Ferenczy an, »das Ihre Majestät, die Kaiserin, geben wird. Sie werden Ihrer Majestät gegenüber sitzen, um so ihre Gesichtszüge studieren zu können. Nach aufgehobener Tafel wird es Gelegenheit geben, ein längeres

Gespräch mit Ihrer Majestät zu führen, damit Sie ihre Studien fortsetzen können.«

Angeli entgegnete: »Fräulein von Ferenczy, Sie können der Kaiserin sagen, daß ich kein Zauberer bin. Wenn sie mir nicht Modell sitzt, kann ich sie nicht malen.«

Ida von Ferenczy kam tagsdarauf wieder und teilte dem Künstler mit, die Kaiserin sei bereit, eine Stunde zu sitzen. Mit dem strengen Nachsatz: »Mehr jedoch nicht!«

»Dann sagen Sie Ihrer Majestät«, blieb Angeli weiter hart, »daß ich es mir halt leider vorbehalten muß, selbst zu bestimmen, wie lange irgendeine zu malende Persönlichkeit zu sitzen hat. Auch wenn das die Kaiserin von Österreich ist.«

Darauf meinte Ida von Ferenczy: »Professor Tilgner* hat die Kaiserin doch auch nur einige Male in der Reitschule gesehen und trotzdem eine Büste von ihr gemacht!«

»No – und ist ihm die Büste gelungen?«

Diese Frage verneinte Ida von Ferenczy.

»Na, sehen Sie, das will ich dem Tilgner nicht nachmachen. Es tut mir aufrichtig leid, daß ich, wenn Ihre Majestät für mich nicht mehr Zeit erübrigen kann, unter diesen Verhältnissen auf die Ehre verzichten müßte, Ihre Majestät zu malen.« Dabei blieb es dann auch – das Bild wurde nicht gemalt.

Das Porträt der Schratt ließ sich der Kaiser jedoch einige Tage nach dem Besuch im Atelier Angelis zustellen und es erhielt in seinem Schreibzimmer in der Hermes-Villa des Lainzer Tiergartens einen besonderen Platz zugewiesen.

Während des kurzen Gesprächs bei Angeli stellte der Kaiser noch eine für die kommenden drei Jahrzehnte seines Lebens ganz entscheidende Frage: »Frau Schratt, wo werden Sie heuer den Sommer verbringen?«

Und die Schauspielerin antwortete, daß sie nach einer dreiwöchigen

---

* Viktor Tilgner (1844–1896), einer der meistbeschäftigsten Bildhauer des Wiener Ringstraßenstils

Kur in Karlsbad an den Wolfgangsee fahren werde. »Ich hab dort das Schloß Frauenstein gemietet.«

»Wenn ich darf, möchte ich Sie dort von Ischl aus besuchen«, meinte der Kaiser noch, um sich dann – gemeinsam mit seiner Gemahlin – zu verabschieden.

Kaiserin Elisabeth, die Fremden sonst scheu auswich, hatte dem Treffen zwischen Kaiser und Frau Schratt im Atelier jede Peinlichkeit genommen. »Sie machte sich sogar zur Schirmherrin dieser Liebe ihres Mannes«, wie es in der Elisabeth-Biographie Brigitte Hamanns heißt.

Zwei Tage nach dem Treffen bei Angeli schrieb der Kaiser seinen ersten Brief an die Schratt. Dem Schreiben war ein Smaragdring beigegeben:

»den 23. Mai 1886

Meine gnädige Frau,

ich bitte Sie, beifolgendes Andenken als Zeichen meines innigsten Dankes dafür anzunehmen, daß Sie sich der Mühe unterzogen haben, zu dem Angelischen Bilde zu sitzen. Nochmals muß ich wiederholen, daß ich mir nicht erlaubt hätte, dieses Opfer von Ihnen zu erbitten, und daß daher meine Freude über das theure Geschenk nur umso größer ist.

Ihr ergebener Bewunderer«

Wochen später sollten Kaiser und Schauspielerin einander dann tatsächlich am Wolfgangsee wiedersehen. Der außergewöhnlichen Verbindung, von Elisabeth äußerst geschickt eingefädelt, schien nichts mehr im Wege zu stehen.

»... wie mich Ihre Mittheilungen aus Ihrer Jugend interessirten«
Die Kindheit der Schratt

Katharina Schratt, eines von drei Kindern einer bürgerlichen Familie aus dem Kurort Baden bei Wien, wurde also zur wichtigsten Vertrauten, vermutlich sogar zur Ehefrau des Kaisers von Österreich. Woher diese Frau kam, wie sie ihre Kindheit verbracht hatte, wer ihre Ahnen waren, das erfuhr der Monarch – genau wie Zehntausende seiner Untertanen – aus der Zeitung. Ein Tratschblatt der damaligen Zeit hatte die bereits populäre Schauspielerin am Hofburgtheater aufgefordert, ihren Lesern aus Kindheit und Jugend zu erzählen. Zu diesen Lesern zählte – dank Vermittlung durch seine Tochter Valerie – auch der Kaiser. Gespannt nahm er die Zeitschrift zur Hand, um zu erfahren, was Katharina Schratt »vorher« erlebt hatte. Nachdem er das Illustrierte Magazin gelesen hatte, setzte er sich hin, um Frau Schratt nach Wien zu schreiben. Der Kaiser selbst weilte gerade auf Schloß Ofen, seinem Sitz als ungarischer König. Fünfzehn Jahre vorher waren Ofen (ungarisch: Buda) und die am anderen Donauufer liegende Stadt Pest vereinigt worden. Der Kaiser also an die Schratt:

»Ofen, den 21. März 1887

Meine gnädige Frau,

... Vor einigen Tagen habe ich in der Presse im Inhaltsverzeichniß des 6. Heftes der ›Schönen blauen Donau‹ entdeckt, daß Sie Schriftstellerin sind. Ich habe mir sogleich durch Valerie das Heft verschafft und dasselbe Gestern erhalten. Zweimal las ich Ihren reizenden Aufsatz und Sie können sich denken, wie mich die Mittheilungen aus Ihrer frühen und allerfrühesten Jugend interessirten.«

Und das ist ein Auszug des Zeitungsartikels von Katharina Schratt, dem der Kaiser von Österreich einiges aus »Kathis« Kindheit entnehmen sollte:

»Ich war, als die Sehnsucht zum Theaterspielen in meinem Herzen erwachte, ein Fratz von sechs Jahren. Wir wohnten in Baden, woselbst mein Vater ein Haus besaß. In der Schule machte ich die Bekanntschaft einer Schauspielertochter, der ich von meinen Neigungen zum Theater sprach. Sie sagte mir einmal zu, mich in das von mir unbekannterweise, aber abgöttisch verehrte Theater mitzunehmen. Das Kindermädchen wurde von mir ins Vertrauen gezogen und eine Vorstellung von ›Deborah‹ in der Arena zu meinem Debut bestimmt. Während aber das Kindsmädchen in den Zuschauerraum gehen mußte, wurde ich von meiner Freundin hinter die Culissen gebracht, wo man mir in aller Eile einige Worte, die ich sagen sollte, einstudirte. Nachdem die Scene, in welcher ich auftreten sollte, gekommen war, wurde ich auf die Bühne geführt, und ich entledigte mich meiner ›Rolle‹ zur Zufriedenheit des gesamten Publikums – mit Ausnahme eines einzigen Herrn, der unmittelbar nach meinem Erscheinen ziemlich geräuschvoll den Zuschauerraum verließ. Dieser Herr war niemand anderer als mein Vater, der unglücklicherweise den Entschluß gefaßt hatte, das Theater zu besuchen und nun nicht wenig überrascht war, zu sehen, daß seine Tochter ohne sein Wissen eine Künstlerin geworden war. Das Kindsmädchen hatte entsetzt den unheilverkündenden ›Abgang‹ meines Vaters bemerkt und war auf die Bühne geeilt, um mich noch rasch in Sicherheit zu bringen. Sie kam zu spät, mein Vater hatte bereits seines Amtes gewaltet; diese Schicksalsschläge zählen zu den schmerzlichsten Erinnerungen meiner Jugendzeit.«

Wen wundert's, daß den Kaiser – bei seinem Bedürfnis nach Tratsch und Anekdote – ein solcher Erlebnisbericht der angebeteten Frau interessieren mußte.

Katharina Schratt kam am 11. September 1853 als Tochter des Anton und der Katharina Schratt zur Welt. Sie war das einzige Mädchen – ein Bruder, Heinrich, war älter, Rudolf kam als »Nachzügler« einige Jahre später. Interessant ist, daß ihr Geburtsdatum in fast allen Lexika mit »1855« angegeben wird; man muß vermuten, daß sie sich als junge Schauspielerin irgendwann um zwei Jahre jünger »gemacht« hat und ihr dieses falsche Geburtsdatum ihr Leben lang anhing. Aufgrund von Dokumenten lassen sich die echten Geburtsdaten aber eindeutig nachweisen, auch auf ihrem Grabstein sind sie richtig angegeben.

Katharina Schratts Vater betrieb in der Badener Theresiengasse ein gutgehendes Schnittwarengeschäft, verkaufte also Papier- und Bürowaren, besaß aber auch eine Fuhrwerkskonzession, und zählte zu den angesehensten Bürgern der blühenden Kleinstadt im Süden Wiens. Entsprechend seiner Stellung als erfolgreicher und wohlhabender Kaufmann waren ihm zahlreiche Ehrenämter zuteil geworden. So wurde er in den Gemeinderat gewählt und als Stadthauptmann unterstand ihm auch die städtische Polizei. Zweiundvierzig Jahre alt, heiratete Anton Schratt die einundzwanzigjährige Vollwaise Katharina Wallner. Ihr Vater Leopold Wallner war fünf Jahre zuvor als Kommandant der Badener Feuerwehr bei Löscharbeiten ums Leben gekommen.

Antons Vater war die wohl interessanteste Erscheinung unter den Ahnen der Katharina Schratt: Johann Chrysostomus Schratt, der »Sohn vornehmer Eltern«, wie es in seinem Taufschein ausdrücklich erwähnt wird, erlernte zunächst das Barbiershandwerk und verließ 1793, als Zwanzigjähriger, seine Vaterstadt Konstanz am Bodensee, um an der Universität Wien die medizinischen Vorlesungen zu besuchen. Er absolvierte »das wundärztlich (chyrurgische) Examen und das der Geburtshilfe« und ließ sich in Baden als »Chyrurgus, Landschafts- und bürgerl. Wundarzt« nieder. Da er es durch Heirat mit der Tochter des überaus wohlhabenden Wiener k. k. priv. Buchhändlers und Antiquars Johann Georg Binz zu großem Reichtum gebracht hatte, widmete er seine Tätigkeit fast ausschließlich der uneigennützigen Pflege und Betreuung der Armen von Baden und Umgebung. Seine Hilfe dürfte aber weit über die medizinische Behandlung hinausgegangen sein, denn er war – wie die *Badener Stadtgeschichtlichen Blätter* (Jahrgang 1914) vermelden – »den Armen nicht nur Arzt sondern auch vielfach Retter in der bittersten

Not geworden.« Als solcher von Kaiser Franz I. hochdekoriert, spielte der Großvater der Katharina Schratt eine für die Geschichte Badens nicht unbedeutende Rolle. Da die sanitären Verhältnisse Alt-Badens zu seiner Zeit kaum noch erträglich gewesen waren, entschloß er sich zur Tat: Er setzte die Beseitigung der Hofausflüsse auf die Straße durch. Ebenso war es seiner Initiative zu danken, daß die Stadttore und Mauern Badens geschleift wurden, »wodurch Schmutz und Unrath zur Abtragung kamen«. Dazu die *Stadtgeschichtlichen Blätter*: »Den Ruf, als reinste Stadt des Landes zu gelten, verdankt Baden ganz gewiß nur dem alten Schratt.«

Als in den Jahren 1810 und 1813 in Baden das Nervenfieber grassierte, wurde Kreißwundarzt Johann Chrysostomus Schratt selbst von der bösen Krankheit angesteckt, wodurch er für den Rest seines Lebens fast taub blieb. Zwei Jahre nach seinem Tod kam Enkelin »Kathi« zur Welt.

Der Stammbaum der Familie Schratt
(soweit feststellbar)

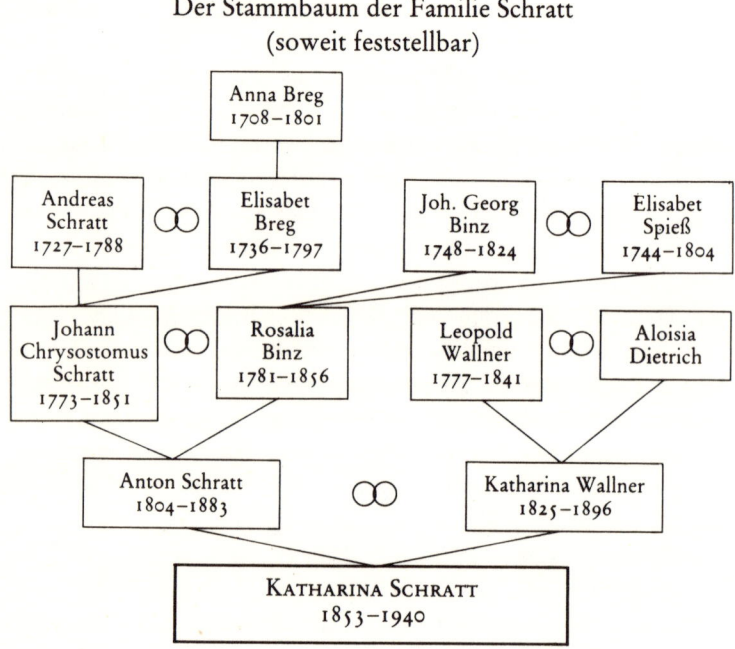

»Der Direktor wollte mich küssen«
Katharina Schratt wird Schauspielerin

Katharina Schratt wuchs also in einer wohlbehüteten, bürgerlichen Umgebung auf, ihre ganze Erziehung war durch tiefe Religiosität geprägt, die Eltern – vor allem die Mutter, die einem Großbauerngeschlecht aus dem ungarischen Sauerbrunn entstammte – waren streng katholisch. Die Religion spielte dann auch im späteren Leben der Schauspielerin eine große Rolle und der Gottesglaube war ein weiterer Berührungspunkt mit dem ebenfalls praktizierenden Katholiken Franz Joseph.

Auch die »schmerzliche Erinnerung aus der Jugendzeit« – als der Vater die Sechsjährige von der Bühne holen mußte – konnte den Weg der kleinen »Kathi« nicht aufhalten. Sie *mußte* zum Theater, oder wie es ihre Nichte Katharina Hryntschak ausdrückt, die sie in späteren Jahren auch noch auf der Bühne erlebte:

»Das Talent war einfach in ihr, sie konnte gar nicht anders als Menschen nachzuahmen. Was jeden faszinierte, war ihre unglaublich schöne, reine Sprache.«

So war ihr Weg von vornherein klar vorgezeichnet. Mit fünfzehn hatte sie dann ihren ersten »richtigen« Auftritt. Im März 1868 gab die Dilettanten-Bühne in Leobersdorf – unweit von Baden – an einem Abend mehrere Einakter. Über Vermittlung ihrer Schulfreundin, deren Vater beim Theater gewesen war, erhielt »Frl. Katharina Schratt« die Rolle der Bedienten Lisbeth in dem Lustspiel *Eigensinn* von Heinrich Benedix.

Die Zeitschrift *Der Sport* meldet am 21. März 1868 auf der Seite der Lokalnachrichten:

»... herzig im vollsten Sinne war Frl. Katharina Schratt als Lisbethchen, dem die Aufgabe zu Theil geworden, den Knoten

des Stückes zu schürzen. Sie war wie geschaffen zu dieser
Rolle, die wie auf den Leib geschrieben zu ihrer niedlichen
Erscheinung paßte.«

Dilettanten-Bühne in Leobersdorf.

Montag den 16. März 1868.

PROGRAMM:

1. Ouverture.

2. Dir wie mir.

Lustspiel in 1 Akt.

Personen:

Baronin v. Ferſen	Frl. Sefine Ott.	Clara, Kammermädchen	Frl. Flora Hurtz.
Richard Weiß, Advokat	Hr. Kasperkowits.	Ein Diener	* * *

Ort der Handlung: Boudoir der Baronin.

3. Declamation: „Die beste Kur."

Gedicht von Castelli, gesprochen von Frl. Amalia Kopp.

4. Eigensinn.

Lustspiel in 1 Akt von Roderich Benedix.

Personen:

Ausdorf, ein reicher Privatmann	Hr. Louis Spring.	Alfred, Emma's Gatte	Hr. v. Schön.
Katharina, seine Frau	Frl. Maria Philipp.	Heinrich, in Alfred's Diensten	Hr. Eugen Hurtz.
Emma, beider Tochter	Frl. Anna Fuchs.	Lisbeth, in Alfred's Diensten	Frl. Katharina Schratt.

Ort der Handlung: In der Wohnung Alfred's.

V.

„Scheiden im Frühling,“ Lied von Heinrich Eſſer, „Die liebe Farbe,“ Lied von Franz Schubert,
vorgetragen von Frl. Amalie Kopp.

6. Die Zerstreuten.

Lustspiel in 1 Akt von Aug. v. Kotzebue.

Personen:

Major	Hr. J. Grätz.	Charlotte	Frl. Anna Girardony.
Hauptmann Mengkorn	Hr. Louis Sprink.	Carl	Hr. E. Schachlhuber.

Anfang um 7 Uhr Abends.

Druck von Jakob Grätz in Baden.

Mit fünfzehn Jahren der erste »richtige« Auftritt: Dilettanten-Bühne in
Leobersdorf bei Baden

Den Eltern paßte die Sache hingegen überhaupt nicht. Katharina besuchte zu dieser Zeit die Mädchenschule Krones in Baden, ein Privatlehrinstitut für höhere Töchter. Doch ihr ganzes Interesse galt nach wie vor und ausschließlich dem Theater. Nun meinten die Eltern, sie könnten sie durch einen Ortswechsel auf andere Gedanken bringen. Mama ließ sie im Internat der Schwestern Haas in Köln einschreiben.

Obwohl Vater Anton Schratt in seiner Jugend selbst am liebsten Schauspieler geworden wäre – schon als Schüler trat er im Badener Stadttheater als Fürst Dagobert in *Hermann der Retter Deutschlands* auf – opponierten er und seine Frau lange Zeit verbissen gegen eine Bühnenlaufbahn der einzigen Tochter. Und das ist aus der damaligen Sicht verständlich. Der Prototyp des Schauspielers dieser Zeit war der Schmierenkomödiant, der sein Leben lang über kleine Provinzstädtchen nicht hinauskam. Und so ein Künstler führte ein wahrhaft armseliges Dasein, das Ansehen in der Bevölkerung war durch den Satz »Hängt's die Wäsch' weg, die Komödianten kommen« hinlänglich charakterisiert. Diese Schauspieler waren oft bettelarm, ihre Gagen wurden nicht selten in Naturalien ausbezahlt, soziale Sicherheiten gab es überhaupt keine. Eine solche Zukunft wollten die Eltern ihrer Kathi verständlicherweise ersparen.

Doch der Erfolg der Übersiedlung nach Köln war gleich Null. In unzähligen Briefen an die Eltern flehte Kathi förmlich, nach Baden zurückkehren zu dürfen. Einzig und allein des Theaters wegen. Der Vater, der die kleine Kathi über alles liebte, sah ein, daß jeder Widerstand zwecklos zu sein schien. Ohne jeglichen Schulabschluß wurde die Tochter nach einigen Monaten heimgeholt.

Nun galt es, Katharina eine entsprechende Sprechausbildung zu verschaffen. Man entschied sich für die angesehene Theater-Akademie des pensionierten Burgtheaterschauspielers Eduard Kierschner in der Wiener Canovagasse. Der berühmte Rezitator Alexander Strakosch wurde hier ihr Lehrer und er verstand es, ihre vorhandenen Anlagen in die richtigen Bahnen zu lenken.

Schon nach kurzer Zeit hatte Katharina Schratt – und zwar in ihrer

Heimatstadt Baden – Gelegenheit »als Gast der Wiener Theater-Akademie« öffentlich aufzutreten. Die Kritiker erkannten ihr hervorstechendes Talent sofort. So meint etwa der Berichterstatter der *Wiener Theaterchronik*, nachdem er dem Debüt der Siebzehnjährigen – man gab die drei Einakter *Eigensinn*, Goethes *Geschwister* und Gartenszenen aus *Faust* – beigewohnt hatte:

»Frl. Schratt sieht einer sehr bedeutsamen Zukunft entgegen. Der Applaus war ein so stürmischer und wohlverdienter, daß der nüchterne Kritiker selbst mit fortgerissen wurde und gerne bekennt, unter die Claqueure gegangen zu sein.«

Doch den größten Weitblick hatte – ohne erahnen zu können, wie sich seine Prophezeiungen verwirklichen würden – der Redakteur der Zeitung *Reporta* im Februar 1872. In den Räumlichkeiten der Theater-Akademie wurde eines Abends unter anderem der Schwank *Die schöne Müllerin* gegeben. Der Kritiker, offensichtlich kein besonderer Anhänger des seinerzeitigen Burgschauspielers Kierschner, meinte:

»... so war ich während der Aufführung des Lustspiels ›Die schöne Müllerin‹ nahe daran, dem damaligen Schauspieler Alles zu vergessen, und den nunmehrigen Director zu umarmen. – Ein Fräulein Schratt, welches in der Titelrolle auftrat, trägt die Schuld an meinem Enthusiasmus. Eine so blendende Erscheinung, ein so liebenswürdiges Spiel! Ich habe wahrhaft ein paar Mal den Kopf meines Theaterzettels angeschaut, um mich zu versichern, daß ich wirklich in der Theater-Akademie und nicht im Hoftheater sitze. Ich werde unsere Leser einmal an meinen heutigen Bericht erinnern, wenn Frl. Schratt als vielumworbene Künstlerin die bezüglichen Spalten unserer Tagesblätter beherrschen wird. – Indessen versichere ich ihre Neider mit meinem Ehrenworte, daß ich das Fräulein weder je gesprochen habe noch überhaupt von ihr gekannt bin, um ihnen die billige Verdächtigung meiner Kritik im Voraus unmöglich zu machen.«

Der Kritiker sah sich wohl deshalb dazu veranlaßt, möglichst deutlich zu betonen, daß er mit dem Fräulein noch nie persönlichen

Theater-Akademie.

Sonntag den 11. Februar 1872.

Eine glühende Kohle.

Lustspiel in 1 Akt von Isidor Wehl.

Cordelia von Reyhofen, Prediktin eines adeligen Damenstiftes	Frl. Faber.
Richard von Reyhofen, ihr Neffe	Hr. Zell.
Evangeline von Brevern	Frl. Bauer.
Friedrich, Richard's alter Bedienter	Hr. Wurm.

Ort der Handlung: Richard's Wohnung.

Sie schreibt an sich selbst.

Lustspiel in 1 Akt, frei nach dem Französischen, von C. v. Holtei.

Gustav Ziegenpeter, Advokat aus Leipzig	—	Hr. Lewinger.
Wiedermann, Privatmann	—	Hr. Weixner.
Herr Mumm	—	Hr. Wonwetmann.
Julie, dessen Tochter	—	Frl. Schratt.
Virginia Wiedermann, aus Dresden	—	Frl. Schüssel.
Peter, Antmörter	—	Hr. Warrens.

Das Stück spielt in einem Kaltwasserbadeorte.

Die schöne Müllerin.

Lustspiel in 1 Akte nach dem Französischen von L. Schneider.

Der Marquis de la Gaillardière	—	Hr. Freitag.
Die Marquise, seine Gattin	—	Frl. Dorn.
Denise, die Müllerin	—	Frl. Schratt.
Jean, deren Neffe	—	Hr. Benary.
Guillaume	—	Hr. Brasch.
Ein Piqueur	—	Hr. Robert.

Ort der Handlung: Eine Mühle nahe bei dem Lustschlosse Marly. Zeit: 1771.

Der Vorhang und die Dekorationen gemalt von Herrn Kautsky, Dekorationsmaler des k. k. Hof-Burgtheaters
Die ganze Einrichtung der Bühne und des Schauplatzes von Herrn Weber, Inspektor des k. k. Hof-Burgtheaters

---

Verkauf der Sitze:

Hof Musikalienhandlung Haslinger (Graben), Café Ostermayer (Kolowratring 3), und Theater-Akademie (verlängerte Johannesgasse 22, gegenüber dem Cursalon).

Preise der Plätze:

Ein Logenfitz (1., 2. Reihe)	1 fl. 50 kr.	Ein Sitz 1. Parterre	1 fl. — kr.
Ein Logenfitz der übrigen Reihen	1 — ,	Ein Sitz 2. Parterre	— 60 ,
		Ein Stehplatz	— 40 ,

Jahreskarten sind heute giltig; freier Eintritt ist ungänzlich aufgehoben.

Anfang um 7 Uhr.

Heine'sche k. k. Hoftheater-Akademie

»... wenn Frl. Schratt ... die bezüglichen Spalten unserer Tagesblätter beherrschen wird«, prophezeite ein Kritiker, nachdem er sie als »die schöne Müllerin« an der Wiener Theater-Akademie gesehen hatte.

Kontakt hatte, da Katharina Schratt mittlerweile zu einem bild-schönen Mädchen gereift war. Zu diesem Zeitpunkt zählte die Elevin schon zu den heftigst umworbenen Badener Mädchen. Von einem Leutnant Alfons de Dragoni ist bekannt, daß er sich inten-sivst um sie bemühte, der Schauspieler Leopold Gréve aus Baden hielt mehrmals um ihre Hand an. Doch Katharina wollte noch frei bleiben. Frei für ihre schauspielerische Laufbahn, die jetzt nicht mehr aufzuhalten war.

Bald hatte sich der Name Schratt auch in den Direktionskanzleien der großen Wiener Bühnen herumgesprochen. Die drei bedeutend-sten Theaterdirektoren wollten die junge Schauspielerin kennenler-nen, nachdem diese im Frühjahr 1872 die Kierschner'sche Akade-mie absolviert hatte: Burgtheaterdirektor Franz von Dingelstedt (durch Vermittlung des großen Komödianten Carl La Roche), der Direktor des Stadttheaters Heinrich Laube und Anton Ascher, der Direktor des Carltheaters. Den »Wettlauf«, der nach der Abschluß-prüfung an der Schauspielschule um sie einsetzte, beschrieb die Schratt selbst, an einer anderen Stelle des erwähnten Artikels in der *Schönen blauen Donau*, der den Kaiser so sehr interessierte, daß er ihn zweimal las:

»Nun trat die ernste Frage eines Engagements an mich heran. Mein Lehrer Strakosch wollte mich durchaus an das damals neueröffnete Stadttheater bringen, und La Roche, der sich lebhaft für mein Talent interessierte, befürwortete mein Engage-ment ans Burgtheater. Während nun diese beiden Gönner für mich bei Laube und Dingelstedt eintraten, erhielt ich eines Tages von Direktor Ascher einen Brief, in welchem er mich aufforderte, ihn am nächsten Tage, Donnerstag Nachmittags, zu besuchen und ihm Einiges aus meinem Repertoire vorzu-sprechen. Ich zeigte diesen Brief meinem Lehrer Strakosch, welcher sofort zu Laube eilte. Kurz danach erhielt ich von Seite des Stadttheater-Sekretariats die Aufforderung, mich am näch-sten Tage, Donnerstag, halb ein Uhr Mittags, zu einem Probe-spiel bei Direktor Laube einzufinden. Der Zufall fügte es, daß eine meiner Jugendfreundinnen, durch welche ich im Hause

La Roche bekannt geworden war, dem Altmeister die Mitteilung machte, daß ich am nächsten Tage vor Laube Probe spielen sollte. La Roche verständigte sofort Dingelstedt, und ich erhielt noch am selben Tage von Seite der Burgtheater-Kanzlei die Aufforderung, mich Donnerstag um zehn Uhr Vormittags behufs eines Probespiels im Bühnenhause auf dem Michaelerplatz einzufinden. Ich hatte also an einem Tage drei Probegastspiele in drei verschiedenen Theatern zu absolvieren, ich, die früher kaum an ein einziges zu denken gewagt hätte. Na also! Am nächsten Tag nahm ich allen Muth zusammen und ging in Begleitung einer alten Verwandten, welche mir als Gendarmerie beigegeben worden war, ins Burgtheater. Das Haus war stockfinster, auf der Bühne befand sich keine Seele. Ich trat an die Rampe und machte einige Verbeugungen gegen das mir pechschwarz entgegenstarrende Haus, in dessen Parquet, wie ich wußte Direktor Dingelstedt und die Regisseure saßen. Nachdem ich meine Schüchternheit und Beklommenheit überwunden hatte, begann ich eine Scene aus *Grille*, *Gustel von Blasewitz* und *Faust* (Gretchen) zu sprechen. Sobald die mir total unsichtbaren Herren von einer Rolle genug hatten, tönten mir aus der Finsternis die Worte entgegen: ›Genug! Bitte jetzt etwas Anderes!‹ – Das Probespiel war nach einer Stunde zu Ende, und die Stimme verkündete mir, daß ich in einigen Tagen hinsichtlich meines eventuellen Engagements Bescheid bekommen würde.

Darauf verfügte ich mich in Strakosch' Begleitung und mit meiner Adjutantin zu Laube. Er saß, als wir eintraten, an seinem Schreibtisch und schrieb. Strakosch stellte mich vor und Laube knurrte, während er mich strenge anschaute: ›Also, das ist das junge Frauenzimmer?‹ – ›Ja, Herr Professor!‹, stotterte ich in meiner Angst. – *Schöne Müllerin*, *Grille*, brummte hierauf Laube, indem er sich in seinen Sessel zurücklehnte und zum Plafond emporblickte. Ich begann nun diese beiden Rollen zu rezitieren. Nachdem ich zu Ende war, fällte Laube in sanfterem Tone folgendes schmeichelhafte Urtheil über meine Leistung: ›Das ist alles Kalbfleisch! Muß compacter werden! Wollen sehen, was sich machen läßt! Nicht früher anderswo abschließen. Adieu!‹

Nachmittags begab ich mich zu Ascher. Der damalige Direktor des Carltheaters fixierte mich scharf, als ich mich ihm, von den Aufregungen des Tages halb geistesabwesend, vorstellte, und bat mich, ihm aus *Wildfeuer* und *Ungeschliffen Diamant* Einiges vorzusprechen. Während ich spielte, erhob er sich plötzlich und forderte mich kategorisch auf, ihm einen – Kuß zu geben. Diese unerwartete Wendung verwirrte mich derart, daß ich in einen Thränenstrom ausbrach und sagte: ›Ich bitt', ich möcht' fortgehen!‹

Vergeblich suchte mich der über mein convulsives Schluchzen ganz desparate Direktor zu beruhigen. Er schwur, daß ihn mein Spiel zur Bewunderung hingerissen habe und daß er im Übermaß der Freude, eine so ausgezeichnete Künstlerin zu gewinnen, sich zu diesem beim Theater nicht ungewöhnlichen Zeichen der Verehrung habe hinreißen lassen, er habe. es ja nicht böse gemeint, etc. Ich konnte mich trotzdem nicht fassen und rief unter Thränen: ›*In das* Engagement geh' ich nicht! Ich bitt', ich möcht' aussi‹ – Und ich verließ mit meiner schreckensstarren Begleiterin das Haus des zur Bewunderung so hinneigenden Direktors. Nachträglich erinnerte sich Ascher oftmals lachend dieser originellen Scene und versicherte mir, daß er einen so ›dalkerten‹, unwiderstehlich komischen Gesichtsausdruck, wie ich ihn damals zeigte, weder vorher noch nachher jemals gesehen habe.

Aus diesem dreimaligen Probespiel entwickelten sich für mich recht unliebsame Folgen. Laube und Ascher wollten mich sofort engagieren, während Dingelstedt mir ein fixes Engagement nach einem Probegastspiel anbot. Meine Familie und meine Gönner schwankten so lange zwischen den Anträgen, bis ich endlich keinen einzigen davon annahm und einem mittlerweile vom Berliner Hoftheater an mich gerichteten Rufe Folge leistete.«

Talent und natürliche Anmut der angehenden Schauspielerin hatten sich tatsächlich bis in die Hauptstadt des Deutschen Reichs durchgesprochen. Dem dortigen Hoftheater-Intendanten Botho van Hülsen genügte es, zu wissen, daß sich die drei führenden Wiener Bühnen für Katharina Schratt interessierten. Ohne sie persönlich kennengelernt, geschweige denn je in einer Rolle gesehen zu haben, gab er ihr einen »Dreijahresvertrag ohne jede Gastspielprobe«. Katharina Schratt setzte sich in die Eisenbahn und fuhr nach Berlin.

Zunächst betört sie Kaiser Wilhelm
Berlin und erste Gastspiele

Alle Theaterdirektoren, denen sie in Wien vorgesprochen hatte, wollten sie engagieren, doch während ihr hier keine besonderen Rollen vertraglich zugesichert worden wären, bot ihr Intendant van Hülsen in Berlin sofort »Erstes Fach« als jugendliche Naive. Dazu eine recht anständige Gage, nämlich »1200 Thaler, sowie 4 Thaler Spielhonorar pro Auftritt und zwei Monate Urlaub«.

Begleitet von ihrer Mutter erschien Katharina Schratt also in Berlin. Schon nach ihrem Debüt am 2. April 1872 – sie gab die Titelrolle des Einakters *Gustel von Blasewitz* von Siegmund Schlesinger – erkannte die *Vossische Zeitung* »die Schlichtheit und Natürlichkeit« des Fräulein Schratt. Tage später stand sie als Marianne in Goethes Einakter *Die Geschwister* auf der Hofbühne. Jetzt wurden die Kritiker ausführlicher. Einer vermerkte: »Wohl niemand, der es nicht weiß, sollte vermuthen, daß eine Anfängerin, die nur wenige Male auf der Bühne gestanden, diese Rolle spielt.«

Und kein Geringerer als Theodor Fontane konstatierte in der Berliner *Presse*, auf ihren Wienerischen Tonfall anspielend:

»Schaun S', das nenn' ich Spiel! Wir haben heute die Pflicht, einen beinah vollkommenen Erfolg zu verzeichnen.« Auch er könne sich »dem Zauber dieser Erscheinung« nicht entziehen. Nur manchmal machte sich »eine Dialektfärbung doch mehr geltend als sie sollte. Das andere, was wir beanstanden möchten, ist das Lachen, das zweimal wiederkehrt.«

Insgesamt freut sich Fontane, dank der Schratt »dem Blechtrommelgeschmetter auf kurze Minuten enthoben zu werden«, womit er ganz offensichtlich gegen die wesentlich härtere preußische Aussprache der Berliner Co-Darsteller wettert.

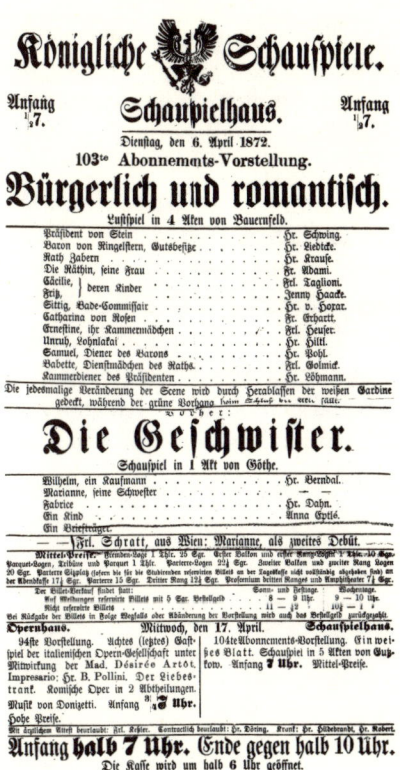

Als Theodor Fontane die Schratt in Goethes *Die Geschwister* sah, konnte er sich »dem Zauber dieser Erscheinung nicht entziehen«

Der Erfolg der Schratt war schon deshalb gesichert, weil sie in Berlin die Nachfolge der wenig beliebten Schauspielerin Bousta angetreten hatte. Bei den Vergleichen der Zeitungen mußte die Österreicherin daher besonders gut abschneiden. Während »die Gestalten des Frl. Bousta nicht künstlerisch« waren und es ihnen »an Natur und Leben fehlte, brachte Frl. Schratt beides mit«.
Mit den ersten Auftritten Katharina Schratts feierte ein beliebter Darsteller seinen Abgang: Ludwig Dessoir verabschiedete sich vom Berliner Publikum. Als er, Jahrzehnte zuvor, zum ersten Mal auf derselben Bühne gestanden war, wo jetzt die Schratt debütierte, hatte er soeben seinen wirklichen Namen Dessauer durch das

wohlklingende »Dessoir« ersetzt. Was sich offensichtlich nicht sofort bis zum Theaterdiener herumgesprochen hatte, denn als der Mime diesen fragte, wie man zur Herrentoilette käme, antwortete das Faktotum des Hauses: »Das kann ich Ihnen sagen, Herr Dessauer, Sie gehen jetzt…«

»Ich heiße Dessoir«, unterbrach ihn der eitle Schauspieler unwirsch. »Und jetzt sagen Sie mir endlich, wie ich hinkomme!«

»Jawohl, Herr Dessoir, das Pissauer ist gleich dort hinten rechts.«

Schon wenige Wochen nach ihrem Debüt am Hoftheater zu Berlin wurde Katharina Schratt zu einem Gastspiel in den romantischen Badeort Ems an der Lahn verpflichtet, was insoferne eine besondere Ehre darstellte, als hier alljährlich Kaiser Wilhelm I. seinen Sommerurlaub verbrachte. Was Bad Ischl für Franz Joseph, war Ems für Kaiser Wilhelm.

Gastspiel in Ems:
Kaiser Wilhelm hat an der
Schratt »einen Narren
gespeist«

Und Wilhelm I. war dann auch der erste Kaiser, den die Schratt zu betören verstand. Der deutsche Korrespondent eines Wiener Blattes vermeldete nämlich im Juni 1872: »Besonders Kaiser Wilhelm hat auch an Fräulein Schratt – um uns nobel auszudrücken – ›einen Narren gespeist‹ und sowohl die Vorstellungen *Sie hat ihr Herz entdeckt* als *Erziehungsresultate* und *Jugendliebe* mit seiner Gegenwart beehrt.« Eine andere Zeitung berichtete: »Der Kaiser fehlte bei keiner Aufführung und schien stets beste Laune mitzubringen.«

Im selben Sommer gastierte sie auch noch am Badener Stadttheater, wo sie als »Heimgekehrte« gefeiert wurde. Die Lokalblätter begrüßten die erst Neunzehnjährige mit wahren Hymnen, sogar eigens für sie verfaßte Gedichte wurden aus Anlaß ihres Einzugs in Druck gegeben und an der Theaterkasse verteilt: »Sei uns begrüßt im Thal, dem trauten, Wo Deine Wiege stand umrauscht...«

Die nächste Spielsaison brachte der Schratt neue Aufgaben. Das Berliner *Fremden- und Anzeigenblatt* meldete: »Während Frl. Schratt bisher nur in den naiven Rollen beschäftigt war, zeigte ihr *Käthchen von Heilbronn*, daß ihr Talent durchaus nicht in enge Schranken gebannt sei, gerade das sentimentale und jugendlich tragische Feld dürfte dasjenige sein, auf dem der Künstlerin die reichsten Lorbeeren erblühen werden.« Der Kritiker brachte noch einen Seitenhieb an: »Etwas lauter könnte Frl. Schratt zuweilen sprechen, das ist aber nur ein kleiner Fehler, leicht abzulegen.«

Bearbeitet wurde diese *Käthchen*-Inszenierung von Heinrich Laube, dem Direktor des Wiener Stadttheaters. Er war bei der Premiere selbst anwesend und machte der Schratt während seines Berlin-Aufenthalts ein neuerliches Angebot, zu ihm nach Wien zu kommen.

So erfolgreich das deutsche Engagement für die Schratt gewesen war, es endete doch mit einem Eklat: Um das – jetzt bessere – Angebot Laubes annehmen zu können, reiste sie einfach aus Berlin ab. Es folgte ein langjähriger Prozeß wegen Vertragsbruchs. Nach einem sich durch mehrere Instanzen schleppenden Verfahren, wurde sie von dem Wiener Hof- und Gerichts-Advokaten Dr. Max Neuda endlich verständigt, daß sie »von jeder Pönalstrafe befreit« wurde. Die Gerichtskosten, die sie zum Teil bezahlen mußte, waren allerdings beträchtlich.

Doch nun war sie an Laubes Stadttheater in Wien.

Der Skandal mit der Maske
Wiener Stadttheater und Petersburger Zwischenspiel

Wien, im Frühjahr 1873. In der Rotunde findet die Weltausstellung statt. Kaiser Franz Joseph trifft bei der Eröffnung mit dem russischen Zaren, Kaiser Wilhelm von Deutschland und König Viktor Emanuel von Italien zusammen. Eine Woche später findet die glorreiche Gründerzeit mit dem historischen Börsenkrach ihr jähes Ende. Industrielle, Kaufleute und Bankiers hatten sich zu wilden Spekulationen hinreißen lassen und damit Schiffbruch erlitten. Zahlreiche Pleiten sind die Folge.

Ein Jahr zuvor hatte Dr. Heinrich Laube die Direktion des neueröffneten Stadttheaters auf der Seilerstätte übernommen. Für die Wiener war das *die* Sensation gewesen, denn die Person Laubes hatte bereits seit Jahrzehnten für Gesprächsstoff gesorgt. Schon als provokanter Schriftsteller des »Jungen Deutschland« hatte der gebürtige Schlesier solche Aufregung hervorgerufen, daß er in Preußen zu Festungshaft verurteilt wurde. 1848 schloß er sich der Revolution an, später war er, für viele überraschend, Direktor des Wiener Burgtheaters geworden – und zwar einer der erfolgreichsten, die diese Bühne je erlebt hat. Selbst ein bedeutender Autor und Regisseur, pflegte er besonders das klassische Drama und brachte das Hoftheater zu einer neuen Blüte. Laube gilt als Entdecker der Charlotte Wolter und Adolf von Sonnenthals. Auch als Grillparzer-Biograph machte er sich einen Namen.

Aus dem Burgtheater schied er – wie das in Wien so üblich ist – mit einem Skandal: Nachdem man ihm den Dramatiker Friedrich Halm als neuen »Generalintendanten« vor die Nase gesetzt und Laube einige seiner angestammten Rechte genommen hatte, kündigte er und zog beleidigt ab, um zunächst als Kritiker über die »Burg« und deren neuen Direktor Dingelstedt in verschiedenen Zeitungen herzuziehen. 1872 nahm er dann die erste Gelegenheit wahr, ein eigenes Theater zu gründen – das Stadttheater.

Kaum war die Schratt bei Laube, stand auch sie sofort im Mittelpunkt des allgemeinen Interesses. Nun war sie – im Gegensatz zu dem Angebot, das ihr Laube noch ein Jahr zuvor gemacht hatte – im »Ersten Fach« engagiert.

Sie hatte sich schon in der Theater-Akademie und in der Berliner Spielzeit durch eifriges Rollenstudium ein nicht unbeträchtliches Repertoire geschaffen. So konnte sie jetzt bei Laube eine Rolle nach der anderen übernehmen, ohne sie erst lernen zu müssen. Sie spielte – wie schon in Berlin – die Titelrolle in Heinrich von Kleists *Käthchen von Heilbronn*, sie war, ebenfalls ein Käthchen, in Shakespeares *Widerspenstiger Zähmung* – in jener Vorstellung, in der sie, wie erwähnt, zum ersten Mal vom Kaiser gesehen wurde – und gefiel dem Publikum in unzähligen Komödien und Schwänken als jugendliche Naive.

Auch in Wien eine der ersten Glanzrollen der Schratt: Kleists *Käthchen von Heilbronn*

Doch sowohl ihr Direktor als auch Katharina Schratt selbst wußten, daß in ihr mehr Talent steckte. Laube sprach es als erster aus: Sie spielt im falschen Fach! Er war es dann auch, der das komische Talent der bisherigen Naiven entdeckte und aus ihr eine Charakterdarstellerin werden ließ. In einem Zeitungsartikel meinte er etliche Jahre später:

»Schratt, ein bildhübsches Mädchen, hatte im ›Käthchen von Heilbronn‹ ihr Glück gemacht, mit anderen sentimentalen Rollen aber nicht sonderlich gewirkt. Wie herkömmlich, warf man ihr bereits die Schönheit vor, welcher ihr Talent nicht gleichkomme. Da entdeckte ich, daß reale Aufgaben, naiv-komische, kurz, was die Franzosen ›une ingénue‹* nennen, eine Fülle von Talent in ihr weckten. In diesem Fache wurde sie dann binnen kürzester Zeit eine erste Schauspielerin ... Soll sie sentimental spielen, so muß sie den Ton suchen und findet ihn schwer. Heiter, noch besser lustig, ist er von selbst da.«

Die komödiantische Charakterdarstellerin Katharina Schratt wurde sehr bald *das* Zugpferd des Stadttheaters, ihr Name auf dem Spielplan garantierte volle Häuser. Doch hatte es das völlig subventionslose Theater trotz aller Erfolge nicht leicht, sich gegen die Konkurrenz des mit fast grenzenlosem Reichtum ausgestatteten Hofburgtheaters durchzusetzen. Zudem waren am »Schwarzen Freitag«, dem großen Börsenkrach, auch etliche der privaten Financiers Laubes in arge Schwierigkeiten geraten. Laube, dessen aufwendige Inszenierungen immer kostspieliger wurden, überwarf sich mit seinen Geldgebern und legte – wieder einmal – die Direktionsgeschäfte nieder. Fräulein Schratt fühlte sich ihrem eigentlichen Entdecker und Förderer gegenüber verpflichtet und kündigte ebenfalls.

Waren die Eltern froh gewesen, ihr Töchterchen vom entfernten Berlin wieder im nahen Wien zu haben, so stürzte sie die Kathi nach ihrem Abgang vom Stadttheater in noch ärgere Verzweiflung. Diesmal nahm sie nämlich ein Engagement an, das sie noch viel

---

* im Theaterjargon: Naive

weiter von zu Hause forttreiben sollte: Sie ging an das Deutsche Hoftheater der Zarenresidenz Petersburg. Doch währte dieses Engagement nur kurze Zeit. Nachdem sich Laube wieder mit seinen Geldgebern geeinigt hatte, kehrte auch Katharina Schratt nach Wien zurück. Aus ihrer Korrespondenz mit den Eltern geht hervor, daß sie es allerdings »auch ohne Stadttheater-Angebot nicht mehr lang in Petersburg ausgehalten hätte«. Das Heimweh war zu groß.

Wieder in Wien, spielte sie nun fast en suite, Laube versuchte die Schratt so oft wie möglich einzusetzen. Sie war das Gretchen in Goethes *Faust* (ein Kritiker machte ihr in dieser Rolle das Kompliment: »Frl. Schratt war ein Gretchen, das lügt, wenn es sagt ›bin weder schön...‹, in dieser Richtung kann sie wahrlich mit allen Gretchens des deutschen Sprachraums in die Schranken treten«), sie spielte die Lebensgeschichte der gefeierten Soubrette *Therese Krones* in dem gleichnamigen Musikstück von Karl Haffner. Jubel bei der Presse und im Publikum – nur eine Einschränkung gibt es: »Mit dem Singen ist es freilich nichts.« Die Schratt war tatsächlich vollkommen unmusikalisch.

Laube war nicht nur ein hervorragender Theatermann, der sich hinter den Kulissen zu produzieren verstand, er wußte auch immer wieder, für sein erfolgreiches Haus Reklame zu machen.

Im Oktober 1878 wagte er sich – mit Katharina Schratt in der weiblichen Hauptrolle – an ein Stück heran, das schon einmal in Wien für einen Theaterskandal gesorgt hatte. Friedrich Spielhagens *Hans und Grete* war wenige Jahre zuvor am Burgtheater mit großem Erfolg uraufgeführt worden. Doch schon nach der ersten Vorstellung erschien es nie wieder auf dem Spielplan. Man rätselte damals, warum das Stück mit dem gefeierten Adolf von Sonnenthal in der Hauptrolle vom Repertoire gestrichen worden war.

Nach der Schratt-Premiere am Stadttheater brachte die *Deutsche Zeitung* endlich Aufklärung: »Heute kann man es wohl sagen, daß es eine Maske war, die dem Stück den Gnadenstoß versetzte. Herr Sonnenthal, der in dem Herzog eine geradezu hinreißende, unübertreffliche Leistung geschaffen hatte, wählte zufällig eine Maske, die lebhaft an den Coburger Herzog Ernst erinnerte. Ein hochgestellter Beamter, welcher der Theater-Vorstellung beigewohnt hatte, war von diesem Zufall so unangenehm berührt, daß er der Direction des Burgtheaters den Wink zugehen ließ, das Stück solle nicht mehr gegeben werden. Der Wink genügte.«

Ein Schauspiel, das bereits einmal verboten worden war, lockte die Wiener natürlich verstärkt ins Theater. Der »Fall« des Coburger Herzogs war jetzt Gesprächsstoff und viele wollten das Stück sehen. Dank der Schratt, »die in der Grete eine prächtige Gestalt voll Wärme und tiefer Empfindung lieferte«, wurde die Inszenierung nicht nur ein geschäftlicher, sondern auch ein künstlerischer Erfolg.

Katharina Schratt war bereits ab Mitte der Siebzigerjahre eine ungeheuer populäre Frau, also noch lange bevor man sie mit dem Kaiser in Verbindung bringen konnte. Wobei Popularität damals eine noch viel intensivere Form der Verehrung kannte als etwa heute. Nach jeder Vorstellung bildeten sich neben dem sogenannten »Bühnentürl« mehrere hundert Meter lange Schlangen; unzählige begeisterte Anhänger warteten, um ein Autogramm ihres Lieblings zu erhaschen, um vielleicht den Zipfel ihres Rocks berühren zu können.

Dabei liebte die Masse diese Schauspieler meist, ohne sie je auf der Bühne gesehen zu haben, denn in ein teures Theater zu gehen, war für die wenigsten Menschen erschwinglich. Auch Stefan Zweig wundert sich in seinen Erinnerungen *Die Welt von gestern* über dieses Phänomen. Er erzählt von einer Episode mit der Köchin seiner Eltern, die – im Juni 1897 – mit Tränen in den Augen ins Zimmer stürzte, weil sie soeben erfahren hatte, daß Charlotte Wolter – die berühmteste Tragödin der »Burg« – verstorben sei. Zweig: »Das Groteske dieser wilden Trauer bestand selbstverständlich darin, daß diese alte, halb analphabetische Köchin nicht ein einziges Mal selbst im Burgtheater gewesen war und die Wolter nie auf der Bühne oder im Leben gesehen hatte; aber eine große nationale Schauspielerin gehörte in Wien so sehr zum Kollektivbesitz der ganzen Stadt, daß selbst der Unbeteiligte ihren Tod als eine

Katastrophe empfand. Jeder Verlust, das Weggehen eines beliebten Sängers oder Künstlers verwandelte sich unaufhaltsam in Nationaltrauer.«

Neben Charlotte Wolter zählten Sonnenthal, Hugo Thimig, Lewinsky, Josephine Wessely – die Tante Paula Wesselys – und etwas später dann vor allem Josef Kainz und Alexander Girardi zu den Wiener Theatergöttern. Und eine der wenigen, die es schon außerhalb des Burgtheaters geschafft hatte, vom breiten Publikum wirklich geliebt zu werden, war die knapp über zwanzigjährige Kathi Schratt. Auch sie war, frei nach Stefan Zweig, zum »Kollektivbesitz der ganzen Stadt« geworden.

Und nicht nur der Stadt. Gutbezahlte Gastspiele führten sie etwa nach Budapest, Riga, Triest, Temeswar, Innsbruck, in die Kurorte Karlsbad und Marienbad, nach Preßburg und Brünn. Und überall derselbe Jubel, dieselbe Begeisterung des Publikums, stürmischer Beifall nach jeder Vorstellung: »Wievielmal Frl. Schratt vor den Vorhang gerufen wurde, haben wir nach dem ersten Dutzend nicht mehr gezählt«, schreibt der *Brünner Tagesbote*, nachdem sie in dem Schauspiel *Dorf und Stadt* von Charlotte Birch-Pfeiffer als Lorle – eine ihrer populärsten Rollen – aufgetreten war. In Czernowitz gar, wo die Schratt als *Cyprienne* »große Triumphe feierte, spannte ihr die Studentenschaft, von der Leistung enthusiasmiert, die Pferde aus«. Ansonsten erlebte sie ihre Gastspielerfolge meist als *Käthchen von Heilbronn* und als *Therese Krones*.

Stieg die Schratt in der Provinz nun schon in den nobelsten Hotels ab, so logierte sie bald auch in Wien standesgemäß: Nachdem sie zuvor in etlichen Untermietwohnungen gelebt hatte, bewohnte das angesehene Mitglied des Stadttheaters jetzt schon ein stattliches Apartement auf der eleganten Ringstraße. Ihr Meldezettel aus dem Jahre 1876 ließ sich noch auffinden.

Meldzettel für Jahresparteien. Präs. _____ 9/12 187 6

Im Bezirke _____ Gasse _Kärntner Ring_ № 15

Vor= und Zuname	_Katharina Schratt_	Abmeldung
Charakter (Beschäftigung)	_Schauspielerin_	ist ausgezogen (abgereist) am
Geburtsort und Land	_Baden – Österreich_	
Alter, Religion, ledig oder verheiratet oder verwittwet?	_ledig kath. 21 Jahre_	wohin? Bezirk _____
Name und Alter der **Gattin** und **Kinder**		Gasse _____
Frühere Wohnung Bezirk _I_ Gasse _Seilergasse_ № 9		№

Wien, _6 Dezember_ 187 6 _____ Unterfertigung des Hauseigenthümers (Hausbesorgers):

Anmerkung: Die An= oder Abmeldung hat binnen 24 Stunden zu geschehen, und wird die Außerachtlassung nach den bestehenden Verordnungen mit Geld bis zu 100 fl. oder mit Arrest; dagegen werden falsche Angaben nach §. 320 St. G. B. mit Arrest von 3 Tagen bis 1 Monat bestraft.

1876 wohnt die Schratt bereits nobel: Am Kärntner Ring No. 15

Mit den Gläubigern auf Flitterwochen
Frau von Kiss, Mutterfreuden, New Yorker Gastspiel

Kein Wunder, daß bei einem solchen Maß an Popularität ganz Wien
»aus dem Häuschen« war, als im Frühjahr 1879 den Zeitungen zu
entnehmen war, daß die »Kathi« zu heiraten beabsichtige. Der um
ein Jahr ältere ungarische Aristokrat Nikolaus Kiss de Ittebe, ein
k. u. k. Konsulatsbeamter, war der Glückliche, der die Frau bekam,
um die sich Wiens Männerwelt scharte. »Der Onkel Nikolaus war
ein richtiger Grandseigneur«, erinnert sich Schratt-Nichte Katharina Hryntschak, »wenn er bei der Tür hereingekommen ist, braun-
gebrannt, mit einem Monokel am Aug', hat man geglaubt, er ist ein
Pascha – genau wie aus dem Bilderbuch. Er konnte seine Herkunft
aus dem Banat, wo seine Familie riesige Ländereien besessen hat,
nicht leugnen.«

Das genaue Datum der Hochzeit wurde monatelang geheimgehalten, was die ganze Sache für die Bevölkerung natürlich noch
wesentlich interessanter erscheinen ließ. Die Schratt dürfte schon
etwas von »Public Relations« verstanden haben, denn die *Theaterzeitung* meldete am 25. September 1879:

> »Auf mehrfache Anfragen, ob die Trauung des Frl. Schratt,
> wie in hiesigen Blättern zu lesen war, definitiv Samstag in der
> Augustinerkirche stattfinden werde, verweisen wir auf die
> betreffende Notiz unseres letzten Samstag-Abendblattes,
> worin wir erklärten, daß der Tag für die Zeremonie sich noch
> nicht mit voller Bestimmtheit angeben läßt. Wir werden nicht
> ermangeln, unsere Leser rechtzeitig zu informiren, wann das
> Ereigniß sich vollziehen wird.«

Die Theaterzeitung mußte dann doch »ermangeln«, ihre »Leser
rechtzeitig zu informiren«, denn die Ehe wurde – in aller Stille – am
Tag des Erscheinens dieses Blattes geschlossen.

Mitfeiern durfte ganz Wien hingegen, als im selben Jahr das Kaiserpaar seine Silberne Hochzeit feierte. Über 350 000 Zuschauer huldigten Franz Joseph und Elisabeth entlang der Ringstraße und auf eigens errichteten Tribünen in einem »Festzug der Stadt Wien«, dessen künstlerische Gestaltung der Maler Hans Makart übernommen hatte. Kaum jemand konnte ahnen, daß die Ehe der Monarchen eigentlich schon längst nicht mehr intakt war.

Doch genauso gern beschäftigten sich die Zeitungen mit dem »jungen Glück der Schratt«. Jede Kleinigkeit wurde jetzt von den Tratschblättern in Zusammenhang mit ihrer Ehe genauestens registriert. Etwa, als das Stadttheater sie einmal irrtümlich nicht ihrem neuen Stand entsprechend titulierte: »Der Theaterzettel an den Straßenecken war gestern, da er nicht *Frau* sondern *Fräulein* Katharina Schratt anzukündigen hatte, durch diese unvermutete Fräuleinschaft offenbar etwas konfus geworden...«

Katharina Schratts Popularität schien sich kurz nach ihrer Hochzeit auf dem Höhepunkt zu befinden, als sie Direktor Laube – für ihn völlig unerwartet – die Kündigung überreichte. Frau Kiss de Ittebe beabsichtigte, den Rest ihres Lebens an der Seite eines aristokratischen Konsuls zu verbringen und »nie wieder Theater zu spielen«.

Knapp ein Jahr später schien – zumindest nach außen hin – das Glück perfekt, als nämlich Toni, der Sohn von Katharina und Nikolaus Kiss, zur Welt kam. Heinrich Laube gab jede Hoffnung auf, daß sein »Zugpferd« je wieder bei ihm auftreten würde. Und das humoristische Volksblatt *Kikeriki* machte sich in seiner Ausgabe vom 9. September 1880 auch noch darüber lustig.

Doch die Schratt hatte sich getäuscht. War die Ehe Kaiser Franz Joseph–Elisabeth wenigstens einige Jahre gutgegangen, so ging ihre schon nach wenigen Monaten in Brüche. Das Malheur hatte bereits im Verlauf der Hochzeitsreise begonnen, die das junge Paar nach Holland führte.

Dort sagte sich im Hotelzimmer plötzlich unerwarteter Besuch an: Ein ganzes Rudel Gläubiger war den Hochzeitern von Wien aus in die Flitterwochen nachgereist. So mußte die Braut erfahren, daß der

Karikatur: »Kikeriki«

aus reicher Familie stammende Nikolaus von Kiss nicht nur völlig
verarmt, sondern dank seiner Lebensweise auch bis über beide
Ohren verschuldet war.

Vorerst war Katharina Schratt von ihrem Ehemann menschlich
enttäuscht, denn er hatte ihr die prekäre finanzielle Situation bisher
verschwiegen. In zweiter Linie erkannte sie auch, daß sie mit
diesem Mann nicht werde zusammenbleiben können, denn auch sie
hatte schon in den ersten Jahren ihrer Erfolge weit über ihre
Verhältnisse gelebt. Schauspieler mußten damals noch selbst für
ihre Bühnengarderobe sorgen – und die Schratt war bekannt dafür,
privat wie beruflich nur in den besten und teuersten Wiener Salons
arbeiten zu lassen. Sie war nicht bereit, sich vorzustellen, jetzt,
nachdem sie das Theater verlassen hatte, nicht mehr in kostbare
Pelze und Roben gehüllt zu werden. Auch liebte sie wertvolle
Schmuckstücke über alles.

Das Leben mit Herrn Kiss wäre für sie also unmöglich gewesen,
zumal ihre Nichte heute noch vermutet, daß »das sowieso alles
andere als eine Liebesheirat gewesen ist. Mein Großvater Anton
Schratt, also der Vater der Tante Kathi, war in dieser Zeit selbst
schwer verschuldet, er hatte vor allem arge Schwierigkeiten mit der
Steuer. In der Familie hat man jedenfalls davon gesprochen, daß sie

64

den Kiss eigentlich geheiratet hat, um ihren geliebten Papa vor dem Untergang zu retten. Und dann reisen dem scheinbar reichen Bräutigam die Gläubiger in die Flitterwochen nach! Das war ein böses Erwachen.« Die These einer Verschuldung des Vaters wird dadurch untermauert, als das Steueramt Baden für das Grundstück Theresiengasse No. 1 ein »grundbücherlich vorgemerktes Darlehen auf 10 000 Gulden« angibt – daraus ist ersichtlich, daß Anton Schratt sein Wohnhaus bis aufs äußerste mit Hypotheken belastet hatte.

Wenn sie also nicht als Ehefrau glücklich werden konnte, so blieb ihr nichts anderes übrig, als zum Theater zurückzukehren. Sie hatte bereits vor ihrer Hochzeit zu den bestbezahlten Schauspielern Wiens gezählt und tatsächlich wurde ihr ausgerechnet jetzt ein so verlockendes Angebot unterbreitet, das sie in keinem Fall ablehnen konnte: Katharina Schratt – ihren mittlerweile berühmtgewordenen Mädchennamen behielt sie natürlich bei – erhielt die Einladung zu einem Gastspiel in New York.

Das Stück, in dem sie auftrat, hieß pikanterweise *Lassen wir uns scheiden!* – eine Aufforderung, der sie im Privatleben übrigens nie nachkam. Sie blieb mit Nikolaus von Kiss bis zu seinem Tode verheiratet, das getrennte Leben sorgte auch weiter nicht für größeres Aufsehen, da ihr Mann als österreichisch-ungarischer Konsulatsbeamter ständig beruflich unterwegs war.

Wie nicht anders zu erwarten, wurde Katharina Schratt als »wiederentdeckte« Schauspielerin in den USA genauso gefeiert wie in der Heimat. In Österreich war man über ihr neuerliches Auftreten – entgegen allen Ankündigungen vor der Hochzeit – besonders erfreut und für ihre Heimatstadt war die Nachricht überhaupt *die* Sensation der Saison. So schreibt das *Badener Bezirksblatt* dann auch am 17. Januar 1882:

»Man meldet aus Havre, daß der ›Gellert‹, welcher Frau Schratt nach Amerika bringt, wegen Sturm und starken Nebels die Route nach New York verlor und nach längerem Lavieren in den Hafen von Havre einlief, um dort günstigere See abzuwarten. Die Reise konnte erst nach einer Verzögerung von 48 Stunden am 7. d. M. fortgesetzt werden. Der ›Gellert‹ trägt 1000 Passagiere. Frau Schratt gehört zu den wenigen, welche bis jetzt der Seekrankheit verschont blieben. Was werden die amerikanischen Reporter von dieser Überfahrt zu erzählen wissen!« Und das wußten die amerikanischen Reporter von ihrem Auftritt in New Yorks deutschsprachigem Thalia-Theater »zu erzählen«:

»Katharina Schratt, die schöne Naive vom Wiener Laube-Theater, als Gast und Herr Bassermann als neuengagirter erster Held und Liebhaber[*] – das waren die großen Ereignisse, welchen ein gedrängt volles Haus im Thalia-Theater am Donnerstag entgegensah... Die höchsten Erwartungen sind erfüllt, ja in so vielen Einzelheiten sogar weit übertroffen worden! Fr. Schratt hat sich mit dieser einen Rolle als eine wirklich bedeutende Schauspielerin, als eine ebenso vortreffliche als liebreizend schöne Künstlerin erwiesen und die Gunst des Publicums mit einer Geschwindigkeit und in einem Male erobert, wie wir dies hier noch nicht gesehen haben...«

Soweit der New Yorker *Figaro* am 4. Februar 1882. Bald nach ihrer Rückkehr aus den Vereinigten Staaten war Katharina Schratt wieder voll im Einsatz: Tourneen und Einzelauftritte in Wien, vor allem an »ihrem« Stadttheater. Wird ein Schauspieler vom Wiener Publikum zu seinem Liebling auserkoren, so läßt auch das Angebot der profiliertesten deutschsprachigen Bühne nicht lange auf sich warten. So war es nur ganz natürlich, daß sich das Burgtheater neuerlich für die Schratt interessierte.

Doch vorerst konnte sie die Offerte nicht akzeptieren. Der neue Hoftheaterdirektor Adolf Wilbrandt bot ihr zunächst einen befristeten Vertrag an. »Da man ihre Eignung für Rollen nicht kennt«, müsse man sich die Kündigung im Laufe eines Jahres vorbehalten. Die Schratt lehnte erwartungsgemäß brüsk ab – sie hatte es nicht mehr notwendig, ein »Engagement auf Probe« einzugehen. Ihr Freund und Förderer Heinrich Laube, der von der Direktion des Stadttheaters mittlerweile endgültig zurückgetreten war, leitete für sie die Verhandlungen mit der »Burg«. An den Generalintendanten

---

[*]   der Onkel des später berühmten Schauspielers Albert Bassermann

schreibt er: »Eure Exzellenz werden zugeben, daß auf solche Voraussetzungen hin Frau Schratt nicht eingehen kann. Da mir Exzellenz geschrieben, daß Sie als zweite und letzte Instanz für das Engagement sind, so werden Sie demnach diese Jahreskündigung einfach streichen. Ein Abbruch der allgemein bekanntgewordenen Unterhandlungen wegen solcher unbilliger Forderungen würde weit mehr Unzufriedenheit erregen, als wenn die Unterhandlungen nicht begonnen hätten.«

Dem Schriftwechsel folgte ein Kompromiß: Die Schratt erhielt mit Beginn der Spielsaison 1883 einen auf zunächst zwei Jahre befristeten Vertrag:

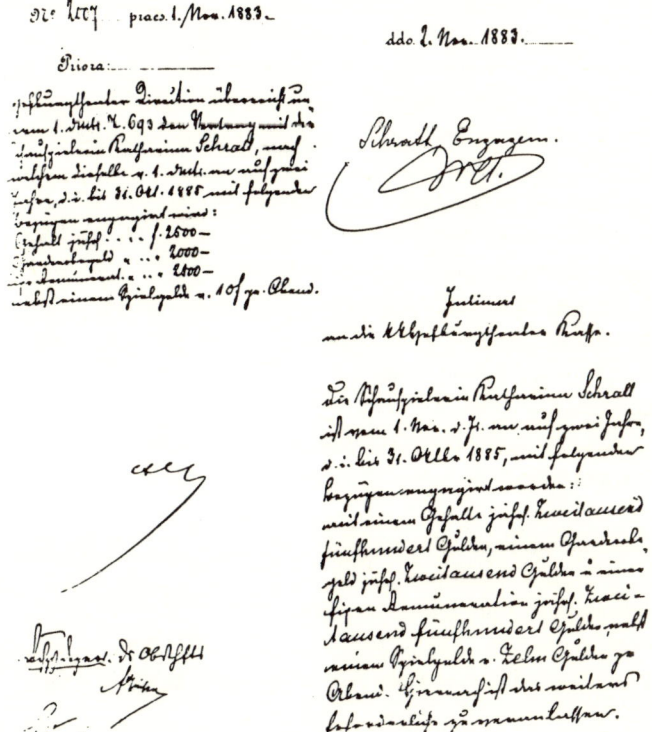

Originalkopie: Haus-, Hof- und Staatsarchiv, Wien   67

Die Schauspielerin Katharina Schratt ist vom 1. Nov. d. J. an auf zwei Jahre, d. i. bis 31. Oktober 1885, mit folgenden Bezügen engagirt worden: mit einem Gehalte jährl. Zweitausendfünfhundert Gulden, einem Garderobegeld jährl. Zweitausend Gulden, u. einer fixen Annumeration jährl. Zweitausendfünfhundert Gulden nebst einem Spielgelde v. Zehn Gulden je Abend. Hiernach ist das Weitere Erforderliche zu veranlassen.

Die Burgschauspieler verdienten damals etwas besser als die heutigen. Die insgesamt 7000 Gulden würden im Mai 1982 laut Berechnung des Statistischen Zentralamts Wien, der Kaufkraft von 553 663 Schilling (= ca. 80 000 Mark) gleichkommen. Dieses Jahresgehalt, das die »neue« Schratt – zuzüglich des täglichen Spielgeldes – erhielt, entspricht ungefähr der Spitzengage eines heutigen, langjährigen Ensemblemitglieds. Allerdings müssen die Schauspieler heute nicht für ihre Garderobe aufkommen.

Am 10. Oktober 1883 war es soweit: Das Burgtheaterpublikum konnte die Schratt als neuen Liebling empfangen »und rief sie nach jedem Aufzug wiederholt«, wie die *Neue Freie Presse* vermerkte. Die jetzt Dreißigjährige hatte in einer ihrer erfolgreichen Gastspielrollen als Lorle in *Dorf und Stadt* debütiert. Während die Zeitungen von einem »trefflichen Lorle« und einer »überaus sympathischen, jugendlichen Liebhaberin« sprachen, war man hinter den Kulissen gedämpft begeistert. Hugo Thimig vermerkte in seinem Tagebuch:

> »Dorf und Stadt, Lorle: Frau Schratt als Antrittsrolle. Nach vielem Zeitungsgeschrei und von Laube geschürtem Drängen der Blätter wurde Frau Schratt engagirt. Sie ist, was man sagt, ein lieber Kerl. Gar zu jung nicht mehr. Einige Dreißig. Ein tiefliegendes, rauhes Organ. Manchmal drollig. Keine Vertiefung und Innerlichkeit.«

Und Kaisertochter Marie Valerie, die noch nicht ahnen konnte, welche Rolle die Schauspielerin schon sehr bald im Leben ihres Vaters spielen sollte, notierte für sich:

»Eine Neue namens Schratt machte die Lorle, sie ist wunderschön, aber nicht so lieb wie die Wessely.«

Nun wurden auch die ersten Kontakte mit dem Kaiser hergestellt:
Zunächst Audienz als neues Hoftheatermitglied, zweite Audienz in
Sachen der Hinterlassenschaft Ernö von Kiss, Industriellenball,
Auftreten vor der kaiserlichen Familie in Kremsier, Rendezvous
mit dem Kaiser im Atelier von Maler Angeli. Und schließlich der
Wunsch Franz Josephs, die Schratt im kommenden Sommer am
Wolfgangsee wiederzusehen.

Nur billige Zigarren im Haus
Der Kaiser kommt!

Wenige Tage nach dem Zusammentreffen des Kaisers mit Katharina Schratt im Atelier Heinrich von Angelis, erhielt die Schauspielerin ein neuerliches Schreiben des Monarchen:

»den 6. Juni 1886

Meine gnädige Frau,

Verzeihen Sie, daß ich mir erlaube, wieder einige Zeilen an Sie zu richten. Allein da ich nicht weis, wann Sie Wien verlassen, da ich doch gerne genau wissen möchte, wo ich Sie bei Wolfgang finden kann und da ich ungeschickter Weise mir den Namen des Hauses, in welchem Sie die Sommermonate zubringen werden, den Sie neulich bei Angeli nannten, nicht gemerkt habe, so bitte ich mir auf ein Stückerl Papier die Antwort auf folgende Fragen zu schreiben:

Wie heißt das Haus oder Villa?

Wie lange geht man zu Fuß von Wolfgang dahin?

Werden Sie Anfang Juli schon dort sein oder erst später hinkommen?

Ich bitte, die Antwort dem Überbringer dieses Schreibens zu übergeben oder wenn es Ihnen bequemer wäre, lasse ich dieselbe Morgen bei Ihnen abholen.

Nochmal bittet um Verzeihung wegen seiner Zudringlichkeit

Ihr ergebener

Franz Joseph«

In den ersten Julitagen traf Katharina Schratt dann – von einer Kur aus Karlsbad kommend – in dem oberösterreichischen Wallfahrtsort Frauenstein am Wolfgangsee ein. Ihre Koffer waren noch nicht ausgepackt, als ein Bote folgendes handschriftliches Billet des im benachbarten Ischl logierenden Kaisers überbrachte:

»Ischl, den 7. Juli 1886

Meine gnädige Frau,
Da ich nach Ihrem letzten Briefe vermuthe, daß Sie Heute
bereits in Frauenstein sind, so erlaube ich mir zu melden, daß
ich, wenn Sie nichts dagegen haben, Übermorgen, den 9.,
ungefähr um ½9 Uhr Früh zu Ihnen kommen werde. Diese
für eine Visite bei einer Dame ungehörig frühe Stunde werden
Sie vielleicht damit entschuldigen, daß ich ja weiß, wie früh Sie
oft auf sind und daß meine Geschäfte mich um diese Zeit
weniger hindern, von hier abzukommen.
Ich werde um 7 Uhr Früh von hier nach Wolfgang fahren und
mich von dort zu Fuß durchfragen, bis ich Frauenstein gefunden habe.
In der frohen Erwartung baldigen Wiedersehens bleibe ich
                                        Ihr ergebener
                                        Franz Joseph«

Zwei Tage später, pünktlich um halbneun Uhr früh, stand dann der
Kaiser von Österreich tatsächlich vor der Tür der Schauspielerin.
Katharina Schratt erzählte ihrer späteren Nachbarin im Wiener
Vorort Hietzing, Nora Fürstin Fugger, von diesem ersten privaten
Besuch Franz Josephs in ihrem Sommerhaus:
Am Abend bevor sie den Kaiser erwartete, rief Frau Schratt die
Köchin, um ihr mitzuteilen, worum es sich handle. Für alle Fälle
müsse ein kleines Frühstück vorbereitet werden.
»Heute ist ja Samstag, die Geschäfte sind schon gesperrt und wir
haben nichts zu Hause«, meinte die Köchin.
»Er wird ja so nichts nehmen, richten S' halt, was wir haben«,
erwiderte Frau Schratt.
Als der Kaiser dann am nächsten Morgen im Salon saß, äußerte die
Gastgeberin im Laufe der Konversation bescheiden und zaghaft:
»Kann ich Eurer Majestät etwas anbieten?«
Sie erschrak sehr, als der Kaiser antwortete: »Freilich, freilich, ich
freue mich schon aufs Frühstück. Die Kaiserin sagte mir, man
bekäme viel Gutes bei Ihnen zu essen.«
»Meine Bestürzung erreichte den Höhepunkt« erzählte Katharina

Schratt der Fürstin, »als mir einfiel, daß ich nur Regiezigarren zu Hause hatten, ich wußte doch, wie gerne Seine Majestät eine gute Zigarre raucht.«

Eine Anekdote, die viele Jahre danach in der Monarchie kolportiert wurde, dementierte Katharina Schratt allerdings: »Das ist nicht richtig, was man mir später nachgesagt hat, ich hätte damals ausgerufen: ›Jessas, und jetzt hab ich nix anderes als eine schlechte Kaiserliche im Haus!‹« (So wurden die billigen Zigarren der k. u. k. Tabakregie im Volksmund genannt.)

Während es – wie aus den Tagebüchern der Erzherzogin Marie Valerie herauszulesen ist – bei den Familienessen in Wien oder Ischl keinerlei Gesprächsthemen gab, weil der Kaiser und seine engsten Angehörigen keine gemeinsamen Interessen hatten, fand er hier, was er suchte. Klatsch und Tratsch aus dem Burgtheater und von der Wiener Gesellschaft.

Elisabeth hatte auch dieses erste private Treffen arrangiert. Um auch Frau Schratt zu zeigen, daß sie ein freundschaftliches Verhältnis zu ihrem Mann nicht nur billigen, sondern geradezu begrüßen würde, kam die Kaiserin eine Woche später selbst nach Frauenstein. Elisabeths Lieblingstochter Valerie, die sie dorthin begleitet hatte, notierte im Tagebuch über die Schratt:

> »Sie zeigte uns das hübsche Haus, das sie gemietet … herzig und natürlich und sprach sehr unburgtheaterlich furchtbar wienerisch.«

Im Anschluß an den Besuch begleitete Frau Schratt Elisabeth und deren Tochter per Schiff auf dem Rückweg in Richtung Ischl über den Wolfgangsee. Auch in der Öffentlichkeit wurde jetzt erstmals bekannt, daß es ein freundschaftliches Verhältnis zwischen Kaiserhaus und der Schauspielerin gab. Denn die *Neue Freie Presse* meldete in ihrer Ausgabe vom 2. September:

> »Es möge erwähnt werden, daß die Kaiserin und Erzherzogin Valerie vor einiger Zeit von Ischl aus auch der Hofschauspielerin Katharina Schratt einen Besuch abstatteten und die Sommer-Idylle der Künstlerin mit freundlichstem Interesse besichtigten. Die hohen Besucherinnen waren incognito mit

unscheinbarem Gefolge erschienen und wurden anfänglich auch auf dem Dampfer, den sie zur Rückfahrt benutzten, nicht erkannt. Dabei ereignete sich der heitere Zwischenfall, daß die Kaiserin, als die Fahrbillette gelöst werden sollten, plötzlich entdeckte, daß sie nicht die kleinste Münze in der Tasche habe. Lachend wendete sich eben die Monarchin an Frau Schratt, ob dieselbe vielleicht im Besitze des nöthigen Fahrgeldes sei, worüber die Künstlerin in die größte Verlegenheit gerieth, da sie ihre Börse zu Hause gelassen hatte. Die kleine Incognito-Scene, welche die hohen Besucherinnen sichtlich amüsierte, endigte damit, daß eine Dame aus dem Gefolge die Billette löste, worauf die Rückfahrt angetreten wurde.«

»... so werden sie mir hoffenlich im Bette Audienz ertheilen«

Zum Thema Sexualität

In diesem entscheidenden Sommer des Jahres 1886, währenddessen sowohl der Kaiser als auch Elisabeth der Burgschauspielerin – getrennt wie auch gemeinsam – noch mehrere Besuche abstatteten, begann die intensive Beziehung Franz Josephs zu der Künstlerin. Während Elisabeth, die an nervöser Magersucht litt – eines der Symptome dieser psychischen Erkrankung ist ein völliges Desinteresse an Sexualität –, dieses Verhältnis ausschließlich förderte, um ihrem Manne eine »Seelenpartnerin« zu bieten, kann man heute mit großer Wahrscheinlichkeit davon sprechen, daß zwischen Franz Joseph und Katharina Schratt über Jahre hindurch ein intimer Kontakt bestand. Vor allem läßt sich das anhand von zwei Briefen des Kaisers an die Schauspielerin nachweisen. In einem Schreiben aus dem Oktober 1895 nimmt der Monarch auf die Menstruation seiner »Seelenfreundin« Bezug:

>»Wenn Sie erlauben, möchte ich am Dienstag um 1 Uhr zu Ihnen in die Gloriette Gasse* kommen. Da Sie wohl in der stillen Woche sein werden, so werden Sie mir hoffenlich im Bette Audienz ertheilen, was für Ihre Gesundheit zuträglich sein und mich freuen würde.«

Dieser Brief, der sich im Nachlaß der Katharina Schratt fand, und von ihrem Sohn mit dem handschriftlichen Vermerk »zu vernichten« versehen wurde, befindet sich heute im Besitz der Österreichischen Nationalbibliothek. Er blieb bisher in Franz-Joseph-Biographien ebenso unerwähnt wie ein weiteres Schreiben des Kaisers an seine Freundin, der das sexuelle Verhältnis auch bestätigt:

---

* Ab 1889: Adresse der Schratt-Villa in Hietzing

»Dieses ist mein letzter Brief vor dem ersehnten, endlichen Wiedersehen. Da ich am 19. ungefähr um 6 Uhr Früh in Schönbrunn eintreffen werde, so werde ich mir erlauben um 8 Uhr oder etwas später, in der Gloriette Gasse zu erscheinen mit der Hoffnung, Sie, den Zeitumständen entsprechend, endlich wieder einmal zu Bett zu finden, was Sie mir auch halb und halb versprochen haben. Früher kann ich nicht kommen, da ich mich nach der Eisenbahnfahrt reinigen und rasiren muß...«

Historiker Professor Wandruszka, der diese beiden Briefstellen kennt: »Ich lege meine Hand dafür ins Feuer, daß die Freundschaft zwischen dem Kaiser und Frau Schratt keine platonische war. Aufgrund des vorliegenden Materials geht eindeutig hervor, daß hier ein intimes Verhältnis bestand. Natürlich wurde bisher von allen möglichen Seiten versucht, diese Tatsache zu vertuschen, aber es besteht – selbst bei aller wissenschaftlich gegebenen Vorsicht – überhaupt kein Zweifel daran.«

Auch Katharina Schratt ihrerseits nahm sich in den Briefen an Franz Joseph kein Blatt vor den Mund, wenn es um intimste Fragen ging:

»Nach Karlsbad werde ich erst Samstag früh reisen – da heute die stille Woche begonnen hat – und deßhalb die Reise morgen nach der Vorstellung zu anstrengend wäre, denn es geht mir diesmal nicht gut ...«

Bis es zum sexuellen Verhältnis zwischen Kaiser und Schratt kam, dauerte es einige Jahre. Denn noch 1888 schrieb Franz Joseph:

»... unser Verhältnis muß auch künftig das Gleiche sein wie bisher, wenn es dauern soll, und das soll es, denn es macht mich ja so glücklich. Sie sagen, daß Sie Sich beherrschen werden, auch ich werde es thun, wenn es mir auch nicht immer leicht wird, denn ich will nichts Unrechtes thun, ich liebe meine Frau und will ihr Vertrauen und ihre Freundschaft für Sie nicht mißbrauchen.«

Die Beherrschung der ersten Jahre dürfte Franz Joseph tatsächlich nicht leichtgefallen sein, denn er gestand Katharina Schratt in unzähligen Briefen, wie sehr er sie liebte: »Ich bete Sie an, das darf ich aber künftig nicht mehr sagen, heraus ist es aber doch...« Und vor einer ausgedehnten Reise: »...der Gedanke, daß Sie mich in dieser langen Zeit vergessen könnten, ist mir schrecklich.« Oder: »Wenn ich in Ihrer Nähe bin, vergesse ich auf Alles...« Und nachdem der begeisterte Jäger Franz Joseph während einer der alljährlich stattfindenden Hofjagden nahe des ungarischen Königsschlosses Gödöllö »in drei Pirschen nur einen Hirsch erlegt und einige gefehlt« hat, erklärte er, was dazu führte: »Zum Theile sind Sie schuld, denn ich denke während des Gehens im Walde oft mehr an Sie als an die Jagd...« Darauf die Schratt: »Ich bin so glücklich über Alles, was mir Eure Majestät schreiben. Nur daß die Jagd nicht ganz nach Eurer Majestät Wunsch ausgefallen, ist mir nicht recht – aber wenn ich wirklich ein wenig Schuld daran bin, weil Eure Majestät an mich gedacht haben –, so kann ich ja nur wieder selig darüber sein. Eure Majestät sollen an mich denken und dabei noch *immer* treffen – auf diese Art würde das Schicksal es uns beiden Recht machen.«

Angesichts einer längeren Trennung, »welche eine der schmerzlichsten meines Lebens war«, schreibt er an die Freundin: »...vor 24 Stunden verließ ich mein Zimmer zum letzten Gange zu Ihnen, mein heißgeliebter Engel.«

Während Franz Joseph also mit Elisabeth und der Schratt zwei Frauen gleichzeitig liebte, erwiderte die Schauspielerin diese Liebe vermutlich eher mit großer Sympathie und Zuneigung. Ihre Nichte Katharina Hryntschak:

> »Sie hat ihn sehr gern gehabt und sicher faszinierte sie die Tatsache, mit einem der mächtigsten Männer der Welt befreundet zu sein. Ich glaube aber nicht, daß sie den Kaiser wirklich geliebt hat.«

In ihren Briefen an Franz Joseph zeigt sie jedoch sehr viel Gefühl: »Ich denke Tag und Nacht an Eure Majestät und erwarte mit unsagbarer Sehnsucht die endliche Rückkunft.« Ein anderes Mal, als der Kaiser wieder verreist war: »Und nun erst die Nachricht, daß ich nächsten Samstag Eure Majestät endlich wiedersehen darf. Es sind zwar noch neun Tage bis dahin aber ich werde mit Geduld oder eigentlich mit Ungeduld die Stunden zählen.« Nach Budapest schreibt sie: »Seit Donnerstag früh begleite ich Eure Majestät in Gedanken nach Ofen. Dort war ich einmal in der Burg und wenn ich nicht irre, so gehen die Fenster Eurer Majestät auf die Donau hinaus – ich möchte das aber doch bestimmt wissen, sonst sehe ich immer bei falschen Fenstern hinein und das wäre mir schmerzlich … es kommt mir so vor als wären seit Dienstag (dem letzten Zusammentreffen, Anm.) so viel Jahre vergangen als Tage seitdem verflossen sind.« Und nachdem er über Arbeitsüberlastung in der ungarischen Hauptstadt klagte: »Ich möchte jeden Menschen, der Eurer Majestät eine Unannehmlichkeit oder einen Aufschub des ersehnten Urlaubs verursacht, mit einer kleinen Zungenlähmung das Reden vertreiben – daß ich dabei auch an mich denke, mögen mir Eure Majestät verzeihen. Am liebsten aber möchte ich jetzt in Ofen, im Arbeitszimmer Eurer Majestät neben dem Schreibtisch sitzen, mit oder auch ohne Tarnkappe und ich würde gewiß nicht stören oder lästig fallen, sondern bloss umblättern oder das Geschriebene abtrocknen und dabei Eurer Majestät in die lieben, guten Augen schauen …«

Von einem Aufenthalt in Karlsbad erreichen den Kaiser die Worte: »Die Sehnsucht, Eure Majestät endlich wieder sehen zu können, nimmt jetzt schon jeden Tag fürchterlich stark zu, so daß ich das Ende meiner Kur kaum erwarten kann.«

Oder: »Unendlich glücklich macht mich die Mittheilung, daß Eure Majestät von mir träumten – wie gerne möchte ich in Wirklichkeit während der Nacht am Bette Eurer Majestät sitzen und leise die Träume dictiren – es ist zwar sehr keck, so etwas zu denken oder gar zu schreiben – aber es ist schon geschehen! Ich habe in dieser Woche leider erst einmal von Eurer Majestät geträumt – aber der Traumgott (ich weiß nicht, wie er heißt) wird und muß es nachholen …«

Immer wieder schickt sie briefliche »Gedankenküsse« – manches Mal werden sie »auf Hand *und* Mund«, wie sie betont, gerichtet.

Im September 1888 schreibt sie dem Kaiser: »Gestern habe ich die für mich sehr traurige Erfahrung gemacht, daß, wenn ich mit Seiner Majestät zusammenzusein das Glück habe, ich meinen ohnedem nicht allzu starken Kopf ganz verliere. Ich lebe dann der Freude des Augenblicks und vergesse das Allerwichtigste …« Hin und wieder versteht sie es, Franz Joseph durch ein Kompliment zu erfreuen. Als Kaiser Wilhelm Österreich einen offiziellen Besuch abstattete, begab sich Katharina Schratt als »Zaungast« zum Nordbahnhof, wo Franz Joseph den ausländischen Besucher empfing: »Mündlich werde ich Eurer Majestät erzählen, um wieviel schöner Eure Majestät waren als der deutsche Kaiser.«

So gut wie sicher ist, daß Katharina Schratt nicht das einzige Verhältnis während der Ehe Franz Josephs war. Es gilt als erwiesen, daß die spätere Frau des Komponisten Alban Berg, Helene Nahowski, die natürliche Tochter Franz Josephs war. Der Verbindung des Kaisers mit ihrer Mutter entsprang auch ein Knabe, der auf den Namen Franz Josef getauft wurde.

Der Kaiser hatte im Jahre 1878 – also fünf Jahre, bevor er die Schratt zum ersten Mal traf – während eines Spaziergangs im öffentlich zugänglichen »Kammergarten« des Schönbrunner Schloßparks die auffallend hübsche Kaufmannstochter Anna Nahowska kennengelernt. Sie war in zweiter Ehe mit dem aus Polen stammenden Beamten der k. u. k. privilegierten Südbahngesellschaft, Franz Nahowski, verheiratet und lebte mit ihm in einer Villa vis-à-vis des kaiserlichen Schlosses Schönbrunn. Alban Bergs Neffe Erich Alban Berg schreibt in seinen Erinnerungen:

> »Diese Villa wurde das Geburtshaus von Helene und Franz Josef Nahowski, und Annas zweiter Mann mußte sich in die Rolle des offiziellen Vaters einfinden. Es ist nach Berichten Helene Bergs immer wieder zu großen Eifersuchtsszenen zwischen den Eheleuten gekommen; der Effekt war, daß Nahowski von Zeit zu Zeit in den äußersten Winkel der Südbahn versetzt wurde, aber immer wieder in Wien auftauchte. Anna Nahowska, wie man sie nach polnischer Sitte nannte, liebte einerseits ihren rechtmäßigen Mann, und hatte andererseits ebenso große Zuneigung und Verehrung für den Kaiser.«

Während die aus dieser Verbindung des Kaisers stammende Tochter also später einen der bedeutendsten Vertreter der Zwölftonmusik ehelichte, wurde aus Franz Josef, dem Sohn der Liaison, ein sensitiver und vielseitig begabter Künstler – er malte, dichtete, modellierte und verfertigte vor allem Textilhandarbeiten. Schon in jungen Jahren machte sich bei ihm jedoch eine Nervenkrankheit bemerkbar, die ihn immer wieder in Heilanstalten brachte. Er wurde als »Sorgenkind« von Helene und Alban Berg im Haus des Komponisten aufgenommen.

Anna Nahowska kann aus der Sicht des Kaisers als echte »Vorgängerin« der Schratt bezeichnet werden. Wie die Schratt in späteren Jahren, bewohnte sie eine herrschaftliche Villa, nur ein paar Schritte vom kaiserlichen Schloß entfernt. Wie zur Schratt in späteren Jahren, kam der Kaiser zu Anna Nahowska tagtäglich zum Frühstück mit Kaffee und Guglhupf. Und wie die Schratt hinterließ des Kaisers frühere Geliebte eine bedeutende Sammlung wertvoller Schmuckstücke, die sie von Franz Joseph verehrt bekommen hatte.

Das Verhältnis zu Anna Nahowska dauerte bis zum Jahre 1889 – also bis in eine Zeit, da der Monarch Katharina Schratt schon längst kannte. Doch geht aus der Korrespondenz einwandfrei hervor, daß er – solange er mit Anna befreundet war – mit der Schauspielerin keinen intimen Kontakt hatte.

Als der jetzt Neunundfünfzigjährige sich bei der Schratt dann anscheinend doch »nicht mehr beherrschen« konnte, dürfte er die Verbindung mit Anna Nahowska gelöst haben. Signierte er seine Briefe an Katharina Schratt bis zu diesem Zeitpunkt mit »Ihr treu ergebener Franz Joseph«, so unterfertigte er nun – erstmals am 28. Februar 1889 – als »Ihr Sie innigst liebender Franz Joseph«...

»Wie rührend haben Sie diese Rolle wiedergegeben«
Franz Joseph als »Kritiker« im Burgtheater

Während Katharina Schratt in ihrer Zeit am Wiener Stadttheater praktisch jede Rolle spielen konnte, die sie wollte, war das an der »Burg« anders. In ihrem Fach gab es etliche beliebte Darstellerinnen, es herrschte auch innerhalb des Ensembles ein harter, erbitterter Konkurrenzkampf. Als ihr zweijähriger Vertrag am 31. Oktober 1885 abgelaufen war, wurde er zunächst nicht mehr erneuert, man beschäftigte sie jedoch »bis auf weiteres als Gast«.

Kaum war das freundschaftliche Verhältnis zu Kaiser Franz Joseph hergestellt, bemühte sich die Schratt, dieses auch für ihre nicht gerade sehr günstige Stellung am Hoftheater auszunützen. An Direktor Wilbrandt hatte sie – vorerst noch ohne die Protektion des Kaisers zu erwähnen – am 16. Februar 1886 geschrieben:

> »Seit zwei Jahren habe ich den Beweis geliefert, daß ich mich gern in das Ensemble des Burgtheaters hineinfüge, wenn es Ihnen notwendig erscheint; denn ich spiele seit der Zeit mit Ausnahme der Claire*, die ich einem Krankheitsfall, also einem Zufall verdanke, in neueinstudierten oder neuen Stücken beinahe nur zweite Rollen. Ich bin aber doch für erstes Fach engagiert, und bei aller Bereitwilligkeit möchte ich doch wenigstens zwei oder drei Rollen aufweisen können, die mich in meiner Stellung vorwärts bringen... Ich mißgönne niemandem etwas, aber ich will doch bitten, auch einmal ein Stück meinetwegen zu geben... Mit bestem Gruß hochachtungsvoll ergebenst Katharina Schratt.«

Da der Beschwerdebrief vom Burgtheaterchef einfach ignoriert worden war, wandte sich die Schratt in eigener Sache an Franz Joseph:

---

* Ihre Rolle in dem Schauspiel *Der Hüttenbesitzer* von Georges Ohnet

1　Im Jahre 1883 – sie war damals 30 Jahre alt – debütierte Katharina Schratt am Burgtheater. Eine ihrer erfolgreichen Rollen war die Isabella in dem Lustspiel »Schach dem König«. Mit dieser Partie verabschiedete sich die Schauspielerin auch im Juni 1900 am Höhepunkt ihrer Popularität vom Hoftheater-Publikum

2 Johann Chrysostomus
Schratt, Katharinas Großvater

3 Hingerichtet: Revolutionär E

5 Anton Schratt, Katharinas Vater

4 Rosalia Schratt, geb. Binz,
Großmutter der Schauspie-
lerin

Kiss, der Onkel ihres Mannes

6 Katharina Schratt, geb. Wallner, die Mutter

Katharina Schratt und »ihre« Männer. Derjenige, durch den sie in aller Welt Berühmtheit erlangen sollte, war Kaiser Franz Joseph (7). Rund drei Jahrzehnte hielt die Verbindung

8 Nikolaus von Kiss, der Ehemann, war Berufsdiplomat. Offiziell hielt die Ehe bis zu seinem Tod im Jahre 1909, doch gingen er und die Schratt (9) schon bald getrennte Wege

10/11   Mit diesen beiden Aristokraten war Katharina Schratt auf
das engste befreundet – und das auch während ihrer Verbindung mit
dem Kaiser: Hans Graf Wilczek war ein besonders eleganter Lebemann; Ferdinand, der König von Bulgarien, zählte zu den geist-
reichsten Monarchen seiner Zeit. Wann immer er in Wien weilte,
besuchte er die Schauspielerin in ihrer Villa

12 Spaziergang in Ischl. Den Sommer verbrachten Tierfreundin
Katharina Schratt und Franz Joseph in der mondänen Kurstadt

13   Der Kaiser in einem Brief an die Schratt: »Ach! Wäre es schon
Sommer und wären wir schon im lieblichen Ischl!...«

14   Die Andreaskapelle im Erzbischöflichen Palais. Hier wurde
die »Gewissensehe« geschlossen. Zeugen der Eintragung: Dr. Otto
Wagner (15), Edeltraut Dobrucka (16), Prof. August Maria Knoll
(17)

»Mein allergnädigster Herr und Kaiser! Das einzige, was ich melden muß, ist, meine Stimmungen waren elend. Da trägt das Theater große Schuld, ich halte es nicht länger aus. Das ist die ganze Meldung, die ich brieflich machen will – mündlich wird der Vortrag etwas ungleicher ausfallen. Hoffentlich wird auch die Stimmung besser, wenn ich Eure Majestät wieder täglich sehen darf. Ich komme mir so schrecklich unnütz vor und möchte am Liebsten vor mir selbst davonlaufen.«

Der Kaiser wehrte sich zunächst, einzuschreiten:

»Ich getraue es mich nicht, da ich bis jetzt mich principiell nie in die Eintheilung der Stücke und in die Vertheilung der Rollen mischte, von der Ansicht ausgehend, daß das Theater für das Publicum, aber nicht für mich da ist und ich mir viel zu wenig Verständniß in diesen Sachen zutraue. Auch fürchte ich, Sie durch meine Protection in ein falsches Licht zu bringen und Ihnen eher zu schaden als zu nützen.«

Doch dann unterstützte sie der Kaiser doch mit seiner »Protection«, wie ein Brief an die Schratt zeigt:

»Nun will ich aber, Ihnen zuliebe, doch die nächste Gelegenheit, wo ich den General Intendanten sehe, benutzen, um ihm Ihren Wunsch vorzutragen.«

Wenige Tage später hatte er tatsächlich mit dem Direktor Wilbrandt vorgesetzten Generalintendanten der Hoftheater, Joseph Freiherr von Bezecny, gesprochen.

»Ob es etwas nützt, weis ich nicht, aber er ist Ihnen wenigstens wohl gesinnt und scheint die Absicht zu haben, Ihre Wünsche zu fördern. Er klagte sehr über den harten Kopf und die Stützigkeit des Direktors (diese Bemerkung bleibt aber unter uns) und meinte, daß in einigen Stücken aus dem ehemaligen Stadttheater, welche zur Aufführung kommen sollen, für Sie geeignete, große Rollen sein werden. Ich kann nur wünschen, daß meine Intervention Erfolg habe und daß auch mir dadurch die Freude werde, Sie in neuen Rollen zu sehen.«

Der Kaiser war zu Österreichs oberstem »Schratt-Fan« geworden. Schon Mitte der achtziger Jahre fiel allgemein auf, daß er wesentlich öfter als früher ins Burgtheater ging – im besonderen dann, wenn die Schratt mitspielte. Für ihn waren die Besuche eine relativ unkomplizierte Sache, denn das alte Hofburgtheater am Michaelerplatz war durch einen Gang direkt mit seinen Privaträumlichkeiten in der Hofburg verbunden. So konnte er jederzeit die Kaiserloge besuchen und von dort aus die Aufführungen verfolgen.

In Gesprächen und Briefen schien es dem Kaiser immer wieder ungeheuren Spaß zu machen, sich geradezu als »Theaterkritiker« zu betätigen. Wobei natürlich klar war, daß er die Angebetete immer wieder lobte, an ihren Konkurrentinnen hingegen kaum je ein gutes Haar ließ. Am liebsten sah er die Schratt – und zwar bei jeder sich bietenden Gelegenheit – in ihrer, vorhin erwähnten, Rolle als Claire im *Hüttenbesitzer*. Die Handlung dürfte dem Kaiser nahegegangen sein, denn sie ähnelt seinem eigenen Familiendrama: Claire, die Frau eines Hüttenbesitzers, verweigert sich ihrem Mann, weil sie glaubt, er habe sie nur ihres Geldes wegen geheiratet. Im Gegensatz zu seiner Ehe gab es in dem Stück jedoch ein »Happy-end«.

Und wenn er gerade nicht persönlich der Vorstellung beiwohnen konnte, dann war er im Geiste bei ihr. So schreibt er am 6. September 1887 aus dem ungarischen Truppenlager Neutra, wo er am alljährlichen Herbstmanöver teilnahm:

»Daß Sie im ›Hüttenbesitzer‹ an mich gedacht haben, hat mich sehr gefreut. Ich verfolge an jedem Abend in Gedanken den Gang des Stückes, bin aber zwischen dem 2. und 3. Akte ins Bett gegangen und eingeschlafen, was mir im Burgtheater nicht passirt wäre, aber nach einem Manöver zu entschuldigen ist.«

Nicht nur der Kaiser sondern auch die Kritik fand lobende Worte für Katharina Schratts Claire. So schreibt die *Neue Freie Presse*:

»An ihrem, dem ernsten Schauspiele fremden Talente gemessen, ist ihre Claire eine bedeutende Leistung.«

Ein anderes Mal, nachdem er die Freundin als Lorle in *Dorf und Stadt* bewundern konnte, meint der Kaiser:

»Wie lieblich, wie schön durchdacht und wie rührend haben Sie diese Rolle wiedergegeben. Valerie weinte gegen Ende unaufhörlich, so ergriffen war sie.«

Oder:

»Daß mein Erscheinen im *Kaufmann von Venedig** Sie im Spielen gestört hat, thut mir sehr leid; gemerkt hat man davon nichts und Shakespeare brauchte sich deshalb nicht im Grabe zu beunruhigen.«

K. K. Hof-Burgtheater.

Samstag den 27. März 1886

Der Kaufmann von Venedig.

Schauspiel in fünf Aufzügen von **Shakespeare**.

Der Doge von Venedig	.	Hr. Hallenstein.
Prinz von Mauritanie, } Freier der Porzia	.	Hr. Kracher.
Prinz von Arragon,	.	Hr. Reimers.
Antonio, der Kaufmann von Venedig	.	Hr. Robert.
Bassanio, sein Freund	.	Hr. Krastel.
Solanio, }	.	Hr. Ferrari
Salarino, } Freunde des Antonio	.	Hr. Stätter.
Graziano, }	.	Hr. Devrient.
Lorenzo, Liebhaber der Jessica	.	Hr. Hübner.
Shylock, ein Jude	.	Hr. Lewinsky.
Tubal, sein Freund	.	Hr. Arnsburg.
Lanzelot Gobbo, Shylocks Diener	.	Hr. Thimig.
Der alte Gobbo, Lanzelots Vater	.	Hr. Weigner.
Salerio, ein Bote von Venedig	.	Hr. Altmann.
Balthasar, } Porzia' Diener	.	Hr. Bayer
Stephano, }	.	Hr. Ronnel.
Ein Diener bei Antonio	.	Hr. Wiesner.
Ein Schreiber	.	Hr. Fiala
Porzia, eine reiche Erbin	.	Fr. Schratt.
Nerissa, ihre Begleiterin	.	Fr. Mitterwurzer.
Jessica, Shylocks Tochter	.	Frl. Walbeck.

Gefolge des Prinzen von Mauritanien. Gefolge des Prinzen von Arragon. Beamte des Gerichtshofes. Soldaten. Diener des Bassanio. Diener der Porzia. Diener des Antonio. Diener des Graziano.

Der freie Eintritt (mit Ausnahme der Hof-Freibillets) ist heute nicht gestattet.

Unpäßlich: Hr. Hartmann. Hr. Schreiner. Frl. Barsescu. Beurlaubt: Fr. Wolter.

Sonntag den 28. Der Richter von Zalamea.
Montag den 29. Ein Tropfen Gift.

Preise der Plätze:

Eine Loge Parterre 1. und 2. Rang	fl. 15.—	Ein Sitz im Parterre	fl. 2.—
Ein Logensitz Parquet, 1. und 2. Rang	„ 3.50	Ein Sitz im 3. Stock 1. Reihe	„ 2.—
Eine Loge im 3. Rang	„ 12.—	Ein Sitz im 3. Stock 2. Reihe	„ 1.50
Ein Logensitz 3. Rang	„ 2.50	Ein Sitz im 4. Stock	„ 1.—
Ein Sitz in der Fremdenloge	„ 2.50	Ein numerirter Sitz im 4. Stock	„ —.70
Ein Sitz im Parquet 1 bis 4 Reihe	„ 4.—	Eintritt in das Parterre	„ 1.—
Ein Sitz im Parquet 5. bis 9. Reihe	„ 3.50	Eintritt in den 3. Stock	„ —.60
Ein Sitz im Parquet 10. bis 15 Reihe	„ 3.—	Eintritt in den 4. Stock	„ —.40

Die Tageskassa ist von 9 Uhr Früh bis 5 Uhr Abends geöffnet.

---

* Die Schratt spielte in dieser Vorstellung die Rolle der Porzia

83

Besonders angetan war der Kaiser auch davon, wie sie ihre Rolle als Josephine in Franz von Schönthans und Gustav Kadelburgs Lustspiel *Goldfische* anlegte:

»... muß ich meiner Bewunderung und meinem Entzücken über Ihr gestriges Spiel Ausdruck geben; es ist nicht möglich, diese Rolle besser zu geben, besonders die Scene an der Thüre haben Sie ebenso nobel als élégant gespielt und dann die prachtvollen Toiletten, vom rein praktischen Standpunkte fast zu prachtvoll, seien Sie mir nicht böse, daß ich das sage, aber ich kann auch keck sein, wie Sie das von Sich zu nennen belieben, nur daß Sie nach meinem Geschmacke mir nie keck genug schreiben können, denn diese sogenannte Keckheit ist ja meine größte Freude... Ihre einfache neue Frisur im 3. Akte ist Ihnen ganz besonders gut gestanden...«

Ein anderesmal:

»Ich war glücklich, Sie den ganzen Abend bewundern zu können und danke herzlichst für den freundlichen Blick aus der rückwärtigen Culisse.«

Die Schauspielerin brauchte die Bewunderung und freute sich natürlich über die lobenden Worte des Kaisers. Nach der ersten Probe des Schauspiels *Ein verarmter Lebemann* schreibt sie ihm:

»Die Vorstellung wurde bis Donnerstag verschoben, weil die Frau Schratt etwas faul mit dem Lernen war (Man muß immer gleich die Wahrheit bekennen). Wären Eure Majestät hier gewesen, so hätte ich mir diese Faulheit nicht zu Schulden kommen lassen, so wie ich überhaupt nur glücklich bin, wenn ich Eure Majestät mit meinem Spielen befriedigen kann. Die übrigen Urtheile existiren für mich eigentlich gar nicht ...«

Und unmittelbar vor einer Premiere:

Heute abend ist die Vorstellung, welcher ich natürlich, wie gewöhnlich, mit großer Aufregung entgegensehe. – Wenn Eure Majestät hier und im Theater anwesend sind, wenn ich eine Rolle das erste Mal spiele, dann ist es etwas besser mit der Angst, denn da habe ich oft während des Spielens das Gefühl, als könne mir nichts geschehen.«

Die Stücke selbst konnten den Kaiser nur selten ins Theater locken, es war fast immer nur der Auftritt der Schratt. Wenn sie nicht mitspielte, er aber aus gesellschaftlichen Gründen trotzdem hingehen mußte, dann »opfere ich mich fürs Vaterland ... da der Magnet fehlt, der mich anzieht, so werde ich nicht viel Interesse an den Vorstellungen finden«. Als sie einmal aus gesundheitlichen Gründen kurzfristig ihre Rolle an eine Kollegin abgeben mußte, vermerkte der Kaiser enttäuscht: »Ich blieb nur bis 8 Uhr im Theater und hatte vollkommen genug.«

Wie er an anderen Schauspielerinnen meist nur Negatives fand. »Adele Sandrock war eigentlich besser als ich erwartete, paßte aber, besonders im Aussehen nicht für ihre Rolle, Fräulein X sieht entsetzlich aus und spielte namenlos gemein ... das Schrecklichste war aber Frau Mitterwurzer.« Und Katharina Schratts Erzrivalin an der »Burg«, Stella Hohenfels, hielt der kaiserlichen Kritik überhaupt nie stand:

»Eigentlich eine schöne blonde Frau, aber welches Spiel! So etwas habe ich im Burgtheater noch nie gesehen! Unnatürlich affektirt, immer in Bewegung, herumtrippelnd, falsch aussprechend, lamentirend, schreiend, dabei wenigstens für meine tauben Ohren fast ganz unverständlich, es war wirklich eigenthümlich ...«

»Frau Schratt bittet um Auszahlung irgend-
einer Summe«

Schulden, Pfändungen, Probleme an der »Burg«

Zu den genannten Schwierigkeiten am Burgtheater kam ein anderes
Problem, das die Schratt ein Leben lang begleitete: Sie war ständig
in Geldschwierigkeiten. Im Wiener Haus-, Hof- und Staatsarchiv
findet sich ein umfangreiches Konvolut mit Schuldverschreibun-
gen, Exekutionsanträgen, Stundungsansuchen und Gehaltspfän-
dungen der Schratt. Schon als ihr Zweijahresvertrag nicht verlän-
gert worden war, und Frau Schratt lediglich ›als Gast‹ weiter
auftrat, meldete die Generalintendanz dem Burgtheater, daß davon
»die Gläubiger der Frau Schratt, für welche gerichtliche Vormerkungen vorliegen, in geeigneter Weise zu verständigen sind«.
Im Jahre 1884 war ihr Gehalt »wegen Schulden bei Fa. Salomon
Stein und Gerichtskosten gepfändet« worden, dem Kaufmann Leopold Garfunkel schuldete sie zur selben Zeit »4500 Gulden und
10500 Gulden«. Der spätere Länderbank-Generaldirektor Eduard
Palmer, ein Finanzberater des Kaisers, Verehrer und Förderer der
Schratt, überließ ihr im Jahre 1886 ein »unverzinsliches Darlehen in
Höhe von 18000 Gulden«* und der k. k. Notar Dr. Wilhelm
Theuer zeigt der Burgtheaterdirektion an, daß Frau Schratt der
Firma G. u. E. Spitzer »für gelieferte Modewaren 4000 Gulden
schuldig geworden sei«.
Die Künstlerin führte bereits einen ziemlich aufwendigen Haushalt
mit Personal, sie gab Empfänge und ihre Garderobe kostete
Unsummen. Nach einem verzweifelten Schratt-Vorstoß bei Direk-
tor Wilbrandt, verfertigte dieser ein »Notschreiben« an die Hohe
Generalintendanz:

---

* Entsprechen laut Berechnung des Statistischen Zentralamts Wien 1,2
Millionen Schilling (= ca. 170000 DM), umgerechnet für Mai 1982.

Hohe General-Intendanz der k. k. Hoftheater!

Das geehrte Mitglied
des k. k. Hofburgtheaters
Frau Katharina Schratt,
gegenwärtig als „Gast"
mitwirkend, bittet um
Anweisung und Auszahlung
irgend einer Summe als
Äquivalent ihrer schau-
spielerischen Leistungen.
Ich beantrage ganz er-
gebenst, die hohe General-
Intendanz wolle nach Er-
wägung der mir nicht
bekannten vertraglichen Vorbedingungen und nach
eigenem Ermessen der
Frau Katharina Schratt
ein vorläufiges Honorar
für ihre gegenwärtige
Thätigkeit im Burgtheater —

das bei ihrem eventuellen
Wiedereintritt von ihrem
Gehalt abzumachen wäre —
auszahlen zu lassen ge-
nehmen.

Wien, den 26. November 1885.   In Ehrerbietung

A. Wilbrandt

Originalkopie: Haus-, Hof- und Staatsarchiv, Wien

87

Das gewesene Mitglied des k. k. Hofburgtheaters Frau Katharina Schratt, gegenwärtig als »Gast« mitwirkend, bittet um Anweisung und Auszahlung irgend einer Summe als Equivalent ihrer schauspielerischen Leistungen. Ich beantrage ganz ergebenst, die Hohe Generalintendanz wolle nach Erwägung der mir nicht bekannten rechtlichen Vorbedingungen und nach eigenem Ermessen der Frau Katharina Schratt ein vorläufiges Honorar für ihre gegenwärtige Tätigkeit am Burgtheater, das bei ihrem eventuellen Wiedereintritt von ihrer Gage abzuziehen wäre – auszahlen zu lassen geruhen.

In Ehrerbietung
A. Wilbrandt

Kollege Friedrich Mitterwurzer, einer der wenigen Schauspieler, die mit der Schratt per du waren, spöttelte scherzhaft in einem Brief:

»Liebe Kathi, Du bist nicht am *Borg*theater, sondern an der ›Burg‹ engagiert.«

In Wien sprachen sich die Probleme der Schratt schnell herum, zumal diese auch kein Hehl daraus zu machen versuchte. So schreibt Bertha Zuckerkandl, die einen der beliebtesten privaten Salons in der Haupt- und Residenzstadt führte, in dem sich Künstler und Aristokraten trafen, in ihren Erinnerungen, daß die Schratt Anfang der achtziger Jahre ihr Erscheinen bei einer Soiree ihrer Eltern absagen mußte. In einem Entschuldigungsbrief meinte die Schauspielerin:

»Ich kann leider nicht kommen, weil alle meine Kleider gepfändet sind und ich kein Geld habe, mir andere zu kaufen.«

Auch dem Kaiser blieben derlei Sorgen nicht unbekannt – was zweifellos kein Zufall war. Die Schratt selbst war offensichtlich zu taktvoll, ihm davon Mitteilung zu machen, aber dank des gemeinsamen Beraters Eduard Palmer war Franz Joseph über die finanziellen Probleme seiner Vertrauten bestens informiert. Schon in den ersten Jahren der Freundschaft stellte sich der Monarch gelegentlich mit Geldspenden ein. So schreibt er am 17. Februar 1887:

»Der Fasching naht seinem Ende, derselbe erfordert schöne Kleider, diese sind theuer, Sie sollen und dürfen keine Schulden machen und so wäre ich Ihnen zu innigstem Danke verpflichtet, wenn Sie beiliegenden kleinen Betrag zu den Kosten Ihrer Toilette in Freundschaft annehmen wollten. Ich halte Sie für eine ausgezeichnete und talentvolle Frau, aber von Ihren finanziellen Talenten bin ich noch nicht ganz überzeugt und das mag mir zur Entschuldigung dienen. Auch kann ich Ihnen zu Ihrer Beruhigung sagen, daß ich meinen Kindern ihre Geburtstags- und Namenstags-Geschenke in Geld gebe. Sie finden das praktischer. Ich bin also auch Ihnen, meine gnädige Frau, gegenüber aufrichtig und praktisch und hoffe, daß Sie es mir nicht übel nehmen.«

Die Schratt konnte es sich gar nicht leisten, dem Kaiser die jetzt häufiger eintreffenden Zuwendungen »übelzunehmen«. Aber wieviel der Kaiser auch überweisen mochte, die immer aufwendiger lebende Künstlerin kam mit dem Geld nicht aus. Fünf Jahre später waren ihre finanziellen Verhältnisse schlechter denn je. Die Schratt muß den Kaiser sogar persönlich um Geld gebeten haben, denn er schreibt:

»Aus Ihrem Briefe und aus dem, was ich durch Palmer erfahren habe, ersehe ich, daß Sie den Entschluß gefaßt haben, in Ihre finanziellen Verhältnisse Ordnung zu bringen, was ich nur vollkommen billigen kann. Ich habe darüber gelegentlich meines Aufenthaltes in Wien eingehend mit Palmer gesprochen...«

Die kaiserliche Protektion für Frau Schratt sollte ihr – wie nicht anders zu erwarten – am Burgtheater helfen: 1886 erhielt sie eine achtjährige, im Anschluß daran die definitive Anstellung, »wobei vom Jahresgehalt 4000 Gulden Vorschuß abzuziehen sind« – mehr als die Hälfte der Jahresgage war zum Zeitpunkt ihres Wiedereintritts also schon verpfändet. Nach und nach wurden ihr auch wieder dankbarere Rollen zugeteilt. Aber bei den meisten folgenden Direktoren war die Schratt nicht sonderlich beliebt, weil sie von der hohen Gunst allzu gerne Gebrauch zu machen pflegte. Kein Theaterleiter wollte sich von ihr »dreinreden« lassen.

Auch noch in der Direktionszeit Adolf Wilbrandts, der sie ja an die »Burg« geholt und als Schauspielerin ungemein geschätzt hatte, gab es einen Skandal: Als nämlich aufflog, daß einige Schauspieler sich verbotenerweise Claqueure hielten. Dazu zählten, wie aus den Tagebüchern Hugo Thimigs hervorgeht, »die Damen Mitterwurzer, Hohenfels, Barescu und Schratt, bei den Herren glaubt man es von Robert« (der seinerzeit die Verbindung zu Maler Angeli hergestellt hatte). In einem Circular an die Mitglieder verlangte Wilbrandt das sofortige Einstellen »der gemeinen Claque, widrigenfalls« er mit »strengsten Maßregeln« drohte. Wie man sieht, zählte die Schratt zu den ehrgeizigsten Schauspielerinnen; für einen Erfolg war sie auch bereit, Schwierigkeiten auf sich zu nehmen.

Die Claque hatte in der damaligen Zeit enorme Bedeutung. Während sie an den Hoftheatern verboten war, konnte man sich eine Privatbühne ohne professionelle »Klatscher« gar nicht vorstellen. Welche Rolle etwa dem Claquechef des Theaters an der Wien zukam, ersieht man aus einem Nachruf, der in den achtziger Jahren in einem Wiener Blatt erschien:

> »Herr Joseph König, Claquechef des Theaters an der Wien, ist am Mittwoch verstorben. Der Verblichene hat dreißig Jahre lang dem Verbande angehört und von demselben auch in schweren Zeiten der Not seine ›Hand‹ nicht abgezogen. Für eine Monatsgage von dreißig Gulden lieferte er die sogenannten freundlichen Erfolge, während er sich die Hervorrufe einzelner Mitglieder von diesen separat bezahlen ließ. Er war ein braver Mann und hatte ein Alter von 67 Jahren erreicht. Den Erfolg der jüngsten Millöcker'schen Operette, die nicht Erfolg von seinem Erfolge war, überlebte er nicht lange.«

Im Jahre 1887 wurde Katharina Schratt zur Hofschauspielerin ernannt, die höchste Auszeichnung, die ein österreichischer Schauspieler erreichen konnte. Sie sollte nicht nur eine besondere Ehre darstellen, als äußeres Zeichen stand jedem Träger dieses Titels ein pferdebespannter »Janschky-Wagen« zur Verfügung. Für den Kaiser war es jetzt zum Sport geworden, wann immer er durch Wien fuhr, nach dem Dienstwagen der Schratt Ausschau zu halten. Zu gewissen Zeiten, wenn er hoffte, daß sie die Hofburg passierte, blickte er auch vom Fenster seines Arbeitszimmers auf die Straße. Hatte er dann die noble Karosse einmal entdeckt, war er selig:

»Dienstag nachmittag hatte ich Glück. Da ich dachte, daß Sie um diese Zeit ins Theater fahren werden, so paßte ich sehr auf und als ich Ihre magnifique Equipage mit den feurigen Pferden, dem éléganten Kutscher und voll von unglaublich großen Paketen, hinter denen Sie ganz verschwanden, von Weitem kommen sah, war ich meiner Sache ziemlich gewiß...«

Nach dem Abgang Wilbrandts wird Adolf Ritter von Sonnenthal, der gefeierte Hofschauspieler, provisorischer Leiter des Burgtheaters, ein Jahr später folgt ihm Dr. August Förster als neuer Direktor. Josephine Wessely, die vielbejubelte Schauspielerin, als Klärchen oder als Emilia Galotti schon in ihren Jugendtagen in die Geschichte des Burgtheaters eingegangen, »das harmonischste Gretchen, das wir je besessen haben«, stirbt, nur siebenundzwanzig Jahre alt geworden, in Wien.

Am 9. März 1888 schließt der deutsche Kaiser Wilhelm I. für immer die Augen. Katharina Schratt, die an diesem Abend die Julia in dem spanischen Drama *Galeotto* spielen sollte, erhält am Nachmittag vor der Vorstellung folgendes Schriftstück:

K. k. Hof-Burgtheater.

Proben.

Nachlaß Katharina Schratt

»Der Herr Papa ist schon da …«
Bad Ischl

Im darauffolgenden Sommer besuchte Katharina Schratt die kaiserliche Familie in Ischl. Seit die Habsburger das Städtchen im Salzkammergut zu ihrer Sommerresidenz erkoren hatten, war es zum mondänsten Kurort der Monarchie geworden. Franz Joseph und Ischl gehörten zusammen wie Wien und der Heurige – nur drei von den sechsundachtzig Sommern seines Lebens hat er nicht in der alten Salzstadt verbracht. Was Rang und Namen hatte, vor allem aber, wer gesehen werden wollte, kam hierher. Da in den Monaten Juli/August halb Wien in Ischl weilte, konnte die Fremdenverkehrsgemeinde natürlich nicht ohne Bühne auskommen.

In dem kleinen Kurtheater traten die beliebtesten Schauspieler Wiens auf – allen voran Alexander Girardi und Katharina Schratt, die gerne ihren Urlaub mit dem Engagement verbanden. Die Direktion der Bühne war natürlich mächtig stolz darauf, immer wieder Mitglieder des Kaiserhauses in den Vorstellungen begrüßen zu können. In Ischl erzählt man die Geschichte, daß eines Abends – etwas verspätet – auch Kronprinz Rudolf eintraf. Wenige Minuten nach Beginn des Stücks erschien er vor der Tür der Hofloge und fragte den Logenschließer: »Ist Seine Majestät schon da?«

Der Angesprochene verbeugte sich umständlich und antwortete dann unter gröblicher Außerachtlassung jeglichen Hofzeremoniells: »Jawohl, der Herr Papa ist schon da.«

Darauf der Kronprinz, empört über diese Respektlosigkeit: »Er ist wohl betrunken?«

Der Logenschließer: »Davon habe ich eigentlich nichts bemerkt. Jedenfalls ist er ganz schön grad und aufrecht hineingegangen.«

Wirklich gut besucht waren die Aufführungen des Ischler Kurtheaters nur dann, wenn ihnen der Kaiser persönlich beiwohnte, schließlich und endlich wollte man ja in erster Linie ihn sehen und von ihm gesehen werden. Hatte der Monarch sein Erscheinen zugesagt, war der Zuschauersaal überfüllt.

Die Kurgäste waren stets genau informiert, ob Seine Majestät am Abend ins Theater gehen würde, weil in diesem Fall schon Stunden vor Beginn der Vorstellung ein roter Teppich vor dem Entrée ausgelegt war.

Als in einer Spielsaison die Geschäfte besonders schlecht gingen, kam der Ischler Theaterdirektor Wild auf die kartenverkaufsfördernde Idee, den roten Teppich auch dann auslegen zu lassen, wenn der Kaiser nicht zu kommen gedachte. Die Vorstellungen waren jetzt immer voll und der Monarch eben im letzten Augenblick verhindert. Die Praktiken des Direktors sprachen sich natürlich schnell herum und man sagte: »Er lebt vom Teppich in den Mund.«

Katharina Schratt trat nicht nur in regulären Vorstellungen des Ischler Sommertheaters auf – sie gab auch immer wieder eigene Abende – im Juli 1885 im Cur-Salon gemeinsam mit der als »Wunderkind« berühmtgewordenen Pianistin Ilona Eibenschütz und deren Tante Johanna Eibenschütz, einer gefeierten Opernsängerin.

Die kleine Ilona war sehr früh entdeckt worden und wuchs im Hause Clara Schumanns auf. Von dem Mädchen erzählte man sich die folgende Anekdote: Die Wiener Klavierfabrik N. hatte Ilona eines Tages in ihr Werk eingeladen. Der Geschäftsführer forderte sie auf, sich einen der begehrten Flügel als Geschenk des Hauses auszusuchen, da er es als große Ehre betrachtete, wenn sie auf einem seiner Klaviere spielen würde. Ilona Eibenschütz ging also mit Clara Schumann durch die Räumlichkeiten der Klavierfabrik, probierte einen Flügel nach dem anderen aus, und sagte dann zum Direktor: »Sehr schön, sehr schön. Aber – haben Sie keinen Bösendorfer?«

Vermutlich zur großen Freude Ilonas stand bei ihrem gemeinsamen Auftritt mit der Schratt in Ischl – wie aus dem Programm ersichtlich ist – ein »Bösendorfer« auf der Bühne.

Sommerauftritt in der
Kaiserstadt Ischl

Für Katharina Schratt war also Ischl längst ein vertrautes Städtchen, als sie 1888 erstmals in der Kaiservilla geladen war. Sie selbst verbrachte – in diesem Sommer zum letzten Mal – ihre Urlaubsmonate nach wie vor im nahen Frauenstein am Wolfgangsee. Die mittlerweile zwanzigjährige Erzherzogin Marie Valerie zeigte für die Freundschaft ihres Vaters mit der Schauspielerin Verständnis, hatte aber keine Freude daran. Nach dem Schratt-Besuch in der Kaiservilla trug sie in ihr Tagebuch ein:

»Nachmittag zeigten Mama, Papa und ich der Frau Schratt den Garten ... sie ist wirklich einfach und sympathisch, aber doch habe ich eine Art Groll, obwohl sie ja nichts dafür kann, daß Papa diese Freundschaft für sie hat, aber die bösen Menschen reden davon und können nicht glauben, wie kindlich Papa diese Sache auffaßt, wie rührend er auch hierin ist. Aber von ihm sollte man eben nicht einmal reden – das tut mir so leid und ich finde, Mama hätte darum diese Bekanntschaft nicht so unterstützen sollen.« Jedoch wäre die Schratt »so gemütlich, dass man sich endlich heimlich fühlen muss – ich begreife, dass ihr ruhiges, sehr natürliches Wesen Papa sympathisch ist«.

»Im Burgtheater hört und sieht man nichts«
Das neue Haus am Ring

Nach diesen Sommerferien erlebte die Theaterstadt Wien einen der größten Skandale ihrer Geschichte. Mit der neuen Spielsaison war das alte Burgtheater geschlossen und das neue eröffnet worden.

Das bisherige Hoftheater am Michaelerplatz hatte durch seinen intimen Charme einen ganz besonderen Charakter. Es war klein, die Ausstattung vornehm und einfach, die angrenzenden kaiserlichen Gemächer ließen es zu einem Teil der Hofburg werden. Es war mehr als ein Theater, es war ein Stück des Kaiserhauses – für die Öffentlichkeit zugänglich.

Mit der Neugestaltung der Ringstraße wurde auch ein Platz fürs neue Burgtheater frei. Das alte war tatsächlich zu klein geworden, eine Erweiterung wegen der angrenzenden Hofburg nicht möglich.

1881 hatte man mit dem Bau des neuen Burgtheaters vis-à-vis des neugotischen Rathauses, in der Umgebung prächtiger Palais, begonnen. Im Oktober 1888 sollte es feierlich eröffnet werden. Die Schauspieler kamen vom Michaelerplatz herüber, um sich die neue »Burg« anzusehen – und waren vom ersten Augenblick an schockiert. Es war groß und prächtig, die Stiegenaufgänge pompös, die Foyers prachtvoll, der neue Renaissancestil verlangte viel Marmor und reichen plastischen Schmuck. Doch die Mitglieder des alten Ensembles erkannten sofort: der kammerspielartige, intime Stil, der das alte Haus geprägt, ihm Tradition verschafft und sein Ansehen über alle anderen Hoftheater des deutschsprachigen Raums geführt hatte, war dahin. Zudem war die Akustik schlecht und aus verschiedenen Rängen konnte man die Bühne kaum wahrnehmen.

Hugo Thimig notiert nach den ersten Proben: »Es spricht sich wie am Meeresstrande, in's Endlose... Probe zu *Götz* im neuen Hause.

Alles ist verzweifelt über die Schwerfälligkeit des Bühnenapparats... *Wallensteins Lager* in Anwesenheit des Kaisers: Das Stück langweilte. Theils durch die großen Dimensionen des Hauses, die das Individuelle verwischen, theils durch zu lautes, gleichmäßiges und forcirtes Sprechen der Schauspieler, die glauben, den großen Raum stimmlich füllen zu müssen.«

Zwei Wochen nach der Eröffnung des neuen Hauses steht wieder einmal die Komödie *Goldfische* mit der Schratt als Josephine auf dem Programm. Hugo Thimig: »Ein trauriger Abend. Dieses robuste Lustspiel macht nur die halbe Wirkung als im alten Hause. Ein Hallen und Brausen vor einem indifferenten Publicum. Alle Collegen sind tief traurig. Eine prunkhafte Gruft aller echten Kunstbestrebungen ist dieses Haus.«

Der Volksmund spöttelte: »Im Parlament hört man nichts, im Rathaus sieht man nichts und im Burgtheater hört und sieht man nichts!«

Darüber hinaus herrschte im ganzen Haus eine furchtbar unangenehme, für alle spürbare, permanente Zugluft. Der Schauspieler Ernst Hartmann spuckte während einer Probe seinen Zeigefinger an, lief durch den Zuschaurraum und rief: »Ausgezeichneter Segelwind!«

In der Öffentlichkeit regte man sich vor allem darüber auf, daß dieses »kalte Prunkgewölbe ohne jegliche Stimmung« nicht weniger als 21 Millionen Gulden* gekostet hatte. »Mit einem Zehntel hätte ein praktisches, schönes und heiliges Heim unserer Kunst geschaffen werden können«, vermerkt Hugo Thimig. Natürlich blieben nach dem Debakel die Intrigen nicht aus.

Das Burgtheater war nach Plänen des Ringstraßenarchitekten Gottfried Semper von Karl Freiherr von Hasenauer errichtet worden. Hasenauer, der das Vertrauen und die Freundschaft von Franz Josephs Erstem Obersthofmeister Konstantin Fürst Hohenlohe genoß, war es dank seiner Beziehungen noch zur Eröffnung des

---

* Laut Statistischem Zentralamt Wien im Mai 1982: 1,8 Milliarden Schilling (= ca. 250 Millionen DM)

neuen Theaters gelungen, den Namen Semper bei den Feierlichkeiten zu eliminieren. Er hatte es auch zu orgsanisieren verstanden, daß ein Wiener Straßenzug nicht »Sempergasse« benannt und eine bereits fertige Büste Sempers nicht aufgestellt wurde. Nun aber, da das Burgtheater zum Skandal wurde, drehte Hasenauer den Spieß um. Hugo Thimig notiert: »Die große Gemeinheit ist die, daß nun, da es Herrn Hasenauer an Kopf und Kragen geht, der Name Semper als Schild vor ihm gehalten wird. Bei der Eröffnung des Hauses fand sich keine Zunge und keine Feder, die diesen Namen des Schöpfers der herrlichen Facade nannte und alle Ehren sollten sich nur auf das Haupt Hasenauer's ergießen. Herr Hasenauer wurde grün vor Wuth, wenn man früher in Gesellschaften den Namen Semper mit dem Bau des Theaters nur von Ferne in Berührung bringen wollte. Jetzt auf einmal hat Herr Semper Alles verschuldet!«

Hugo Thimig, der wie viele andere Bühnenheroen daran dachte, die neue »Burg« zu verlassen, ist verzweifelt: »Wir sitzen unrettbar fest in der neuen prunkvollen Gruft unseres Burgtheaters und sehen, qualvoll geängstigt, die Lebendigbegrabenen, wie man das alte liebe Haus am Michaelerplatz langsam und erbarmungslos einreißt. Wir werden noch eine kurze Zeit an unserem alten Ruhm zehren, und dann wird der Fluch des neuen Riesentheaters alle unsere guten Traditionen vernichtet haben... Vom ersten Schauspieler bis zum letzten Theaterarbeiter sind wir tief betrübt... Nichts als Pracht, Luxus, Verschwendung, zerstreuter Firlefanz... Unsere obersten Behörden sind gereizt, verstimmt, beinahe feindselig gegen uns, weil sie nichts als begründete Klagen hören und doch so gerne vertuschen und übertünchen möchten, daß sie dem Theater den Todesstoß gegeben haben.« Selbst Burgtheaterdirektor Förster gestand Thimig während einer privaten Unterredung, er hielte seine Bühne »für begraben«.

Als letzte Rettung sahen die Hofschauspieler eine Intervention der Schratt beim Kaiser. Den Burgtheatergöttern war klar, daß eine normale Vorsprache beim zuständigen Obersthofmeister Hohenlohe zwecklos gewesen wäre – er war es ja, der das verpatzte Haus zu verantworten hatte und gerade er würde seine Fehler niemals eingestehen. Also mußte diese Instanz ausgeschaltet werden und Hohenlohes direkter Vorgesetzter war der Kaiser. An ihn konnte man aber wiederum nur über die Schratt gelangen.

Natürlich waren auch Franz Joseph die Mißstände zu Ohren gekommen, er hatte sich schon nach seinen ersten Besuchen im neuen Burgtheater persönlich davon überzeugen können. So schrieb er noch vor der Eröffnung, nachdem er die Baustelle mehrmals besucht hatte, an die Schratt: »Besonders die Künstlerlogen sind entsetzlich, denn sie liegen zu hoch und man sieht aus denselben gar nichts. Dagegen fand ich meine Loge dieses Mal bequemer und mit besserer Aussicht auf die Bühne als bei meiner ersten Besichtigung.«

Ihrer Kollegin Helene Hartmann erzählte die Schratt von einer Unterredung, die sie während eines Spaziergangs im Schönbrunner Schloßpark mit dem Kaiser gehabt hatte.

»Wie sind Sie denn mit dem Theater zufrieden«, habe der Kaiser gefragt.

»Ja, Majestät, Ihnen g'fallt's ja. Da darf man doch nichts sagen.«

»Was? Mir g'fallt's doch gar nicht!«

»Ja, Majestät, Sie sind aber schuld daran, daß es so hoch ist. Sie haben ja den Logengang haben wollen, wegen dem es so hoch sein muß.«

»Keineswegs«, versicherte der Kaiser, »also, das spricht man.«

Hugo Thimig im Tagebuch: »Mit verbrecherischem Leichtsinn wurde unser Institut dem Abgrunde zugeführt ... Das Einzige, was uns retten kann, ist ein neues Haus, oder die vollständige Umgestaltung des jetzigen ... Der Kaiser wird nervös gereizt, wenn er nur das Wort Burgtheater hört, zu einem Machtspruche, der uns Hilfe brächte, fehlt ihm das moralische Rückgrat, die nachempfindliche Theilnahme.«

Nach einer Vorstellung setzen sich einige der prominentesten Mitglieder des Hauses zur Beratung ins »Sacher«: Adolf Ritter von Sonnenthal, Hugo Thimig, Ernst Hartmann, Katharina Schratt. Weiters der Lustspieldichter Oskar Blumenthal und der Kanzleidirektor der

Generalintendanz, Eduard von Wlassak. Eine allgemeine Petition der Schauspieler an den Kaiser wird angeregt und zwar »allen Rücksichten auf die Ungnade des Obersthofmeisters Hohenlohe zum Trotz, diese heilige Sache zu schüren«. Der Dichter und ehemalige Burgtheaterdirektor Adolf Wilbrandt setzt auf Ersuchen der Ensemblemitglieder die Schrift an Franz Joseph auf und die Schratt verspricht den Kollegen, »dieselbe dem Kaiser zur Einsicht zu geben«. Thimig notierte etwas später: »Die Schratt theilt mir mit, daß ihr der Kaiser gesagt habe, die Schrift hätte ihm gefallen, er nähme sie zur Kenntniß und würde das Wohl des Theaters im Auge behalten. Vorläufig wünsche er aber keinen corporativen Schritt der Hofschauspieler. Dem Scandale, der dadurch bei seinen Hofbehörden beschworen würde, ›fühle er sich nicht gewachsen‹. Der Kaiser will mich in dieser Angelegenheit persönlich sprechen.«

Tage danach erhält der Initiator der Intervention einen kurzen Brief: »Lieber Thimig! Seine Majestät wünscht Sie übermorgen um halb acht Uhr früh zu sprechen. Alles Nähere werde ich Ihnen morgen Abend im Theater mitteilen. Herzlichen Gruß Kath. Schratt.«

Wie so viele, die der Kaiser sprechen möchte, muß auch Abendmensch Thimig in aller Frühe aufstehen. Die Unterredung Kaiser--Schratt–Thimig findet im Haus der Hofschauspielerin bei Kaffee und Gugelhupf statt. »Der Kaiser begrüßte mich gnädigst und schlug sofort einen freien und ungebundenen Ton an, der mich für meine Mittheilungen ermuthigte und meinen Humor belebte, mit dem die Sache trotz ihres Ernstes angefaßt werden mußte«, notierte Hugo Thimig, und dann: »Der Kaiser bot mir eine große Cigarre in Silberpapier gewickelt und zerstreute meine Befürchtung, daß sie mir zu schwer sein dürfte, mit den Worten: ›Wenn sie mich nicht umwirft, können Sie sie auch risciren.‹«

»Nun, also, Sie haben etwas zu sagen«, fuhr der Kaiser fort.

»Vor allem Majestät«, begann Thimig, »den tiefgefühltesten Dank, daß ich als schlichtes und einfaches Hörrohr für die Lamentationen der Hofschauspieler dienen darf. Ich erlaube mir Majestät zu bemerken, daß ich ohne Mandat spreche, daß meine Ausführungen

aber der Ausdruck sämtlicher Meinungen der Mitglieder des Burgtheaters sind, wenn Viele auch nicht wagen würden, so zu sprechen,
wenn sie geeigneten Orts befragt würden. Das neue Theater ist so
schön und herrlich...«

»Ja, ja«, unterbrach der Kaiser, »schön und herrlich – doch nun zur
Sache.«

»Aber es ist unbrauchbar, die Tradition der alten Burgtheaterschule
fortzusetzen. Es ist zu hoch, zu groß«, und nun führte Thimig alle
Mängel des neuen Hauses im Detail auf und betonte, daß nur eine
Verminderung der Saalhöhe oder ein neues Haus das Burgtheater
retten könnte.

Franz Joseph hörte gespannt zu, erklärte seine persönliche Unzufriedenheit mit dem neuen Theater wiederholt auf das Bestimmte-
ste, sagte aber dann: »Ein neues Haus kann man doch ohne weiteres
nicht bauen, wo das jetzige so ungeheure Summen gekostet hat.«

Darauf Thimig: »Majestät, man kann aber mit dem offenen Einge-
ständnis, daß man einen Fehler gemacht hat, größeres Unheil
verhüten...«

Die Unterredung Thimigs mit dem Kaiser im Beisein der Schratt
hatte Erfolg: Im April 1897, also fast neun Jahre nach Eröffnung des
Hauses (und nachdem Hasenauer verstorben war), wurde das
Burgtheater völlig umgebaut und ein Großteil der Mängel konnte
behoben werden.

Erst viele Jahre später, im November 1912 erzählte die Schratt dem
nunmehrigen Burgtheaterdirektor Thimig bei einem Mittagessen,
daß der Kaiser gleich nach der Eröffnung bereit gewesen wäre, ein
kleines Theater am Ballhausplatz mit Verbindungsgang zur Burg zu
bauen, daß aber Fürst Hohenlohe es mit dem Ausspruch verhindert
habe: »Majestät, damit müßte ich eingestehen, daß ich ein Esel war,
daß das neue Haus unbrauchbar ist.«

Nach dem Umbau wurde das schwer angeschlagene Burgtheater
wieder zur führenden Bühne des deutschsprachigen Raums und
seine Stars rauschten weiter von einem Erfolg zum anderen. Die
Schratt war mittlerweile zu einer der gefeiertsten Schauspielerinnen
Europas geworden.

»Und beten Sie für den armen Rudolf«
Die Schratt und der Tod des Kronprinzen

Zu Weihnachten 1888 wurde die Verlobung der Erzherzogin Marie Valerie mit Franz Salvator, einem Angehörigen des toskanischen Zweigs der Familie Habsburg, bekanntgegeben. Sie hatten sich in der Pause einer Burgtheateraufführung scheinbar zufällig kennengelernt. In Wirklichkeit war aber das Treffen von Elisabeth sorgfältig eingefädelt worden. Das junge Paar heiratete dann tatsächlich, Franz Joseph und Elisabeth wußten nun ihr jüngstes Kind versorgt, das Familienglück schien – zumindest nach außen hin – perfekt.

Doch einen Monat nach der Verlobung Valeries brach nicht nur für das Haus Habsburg sondern für die gesamte Donaumonarchie eine Welt zusammen: Am 30. Januar 1889 geschah das Unglück von Mayerling: Kronprinz Rudolf, der österreichische Thronfolger, der einzige Sohn des Kaiserpaares, erschoß seine Geliebte Baronesse Mary Vetsera, um sich im Anschluß daran selbst das Leben zu nehmen.

Katharina Schratt hätte zwei Tage zuvor Ida von Ferenczy einen Besuch abstatten sollen. Die Gemächer der Hofdame Elisabeths waren ein bevorzugter Ort für die Rendezvous Franz Josephs mit der Schauspielerin, denn hier konnte er die Heißgeliebte, ohne in der Hofburg größeres Aufsehen zu erregen, bei einer Vormittagsjause treffen. Die Wohnung Ida Ferenczys diente übrigens auch der Kaiserin für geheimzuhaltende Rendezvous mit dem sie verehrenden ehemaligen ungarischen Außenminister Gyula Graf Andrássy, den sie ebenfalls besonders schätzte. Weilte Elisabeth in Wien, war auch sie des öfteren bei den Plauderstündchen ihres Mannes mit der Schratt anwesend. Weil der Kaiserin zu Ohren gekommen war, daß sich die Schauspielerin gesundheitlich nicht sehr gut fühlte, wurde das Treffen in der Wohnung Ferenczys diesmal verschoben. Der Kaiser am 27. Januar an die Schratt:

»Werthe Freundin,

... Die Kaiserin läßt Sie bitten, oder eigentlich *befehlen*, daß Sie morgen nicht zur Frau v. Ferenczy kommen, sondern erst Mittwoch um 11 Uhr, aber auch dann nur, wenn Sie hinreichend wohl sind. Wenn Sie diesem Befehle, wie es Ihre Pflicht ist, gehorchen, wäre mir, abgesehen von der Sorge um Ihre Gesundheit, auch darum gedient, weil ich Morgen gegen meine Erwartung so viele Audienzen habe, daß es mir kaum möglich wäre, rechtzeitig fertig zu werden... Adieu und schonen Sie Sich um eine rechte Freude zu machen

Ihrem in treuer Freundschaft ergebenen

Franz Joseph«

Als Katharina Schratt am Mittwoch, dem 30. Januar – wieder genesen – um elf Uhr vormittags bei Frau von Ferenczy eintraf, hatte Kaiserin Elisabeth soeben die Nachricht vom Tod ihres Sohnes erhalten. Graf Josef Hoyos, der langjährige Jagdgenosse Rudolfs in Mayerling, hatte die schwierige Aufgabe übernommen, mit der Katastrophenmeldung in die Hofburg zu eilen. Von Rudolfs Leibkutscher Josef Bratfisch von Mayerling nach Baden geführt, war der Graf von dort mit dem Schnellzug nach Wien gereist.

Nachdem Hoyos vorerst Karl Graf Bombelles, den Obersthofmeister des Kronprinzen sowie Franz Baron Nopcsa, den Obersthofmeister der Kaiserin und Eduard Graf Paar, den Generaladjutanten des Kaisers, in Kenntnis gesetzt hatte, beschlossen die drei Herren gemeinsam, Elisabeth als erste von dem Unglück zu informieren.

Katharina Schratt hatte in diesen Minuten die Wohnung Ida von Ferenczys in der Hofburg betreten. Die beiden befreundeten Damen wechselten ein paar anregende Worte, als plötzlich beide Türflügel aufgerissen wurden und die Kaiserin im Laufschritt eintrat. Sie ging auf Frau Schratt zu und umarmte sie. Fast tonlos, bitterlich weinend, brachte die Kaiserin die Worte über ihre Lippen: »Der Rudolf ist tot.«

Katharina Schratt und Frl. Ferenczy glaubten, nicht richtig gehört zu haben, doch Elisabeth setzte noch im selben Augenblick an, alles zu erzählen, was sie bis dahin, wenige Stunden nach dem Unglück, wußte. Und immer wieder fragte die schwergeprüfte Mutter Frau Schratt: »Wie soll man diesen furchtbaren Schicksalsschlag dem Kaiser mitteilen?« Offenbar wollte sie damit andeuten, daß nur sie, die »Vertraute« ihres Mannes, dazu in der Lage wäre.

Das Problem, wie der Kaiser vom Tod seines Sohnes erfahren sollte, löste sich Sekunden später. Franz Joseph, der zu seinem regulären Kaffeeplausch mit der Schratt erscheinen wollte, trat in diesem Moment ein.

Bester Laune fragte er: »Na, was gibt's denn Neues?«

Er schaute die düsteren Gesichter der drei anwesenden Damen an und wollte von seiner Frau wissen: »Sissy – was hast du?«

Der Kaiser erhielt keine Antwort. Also wandte er sich an Frau Schratt: »Was ist denn los, was haben Sie denn?«

Nun gab die Kaiserin der Schratt ein Zeichen und forderte sie damit zum Reden auf. Katharina Schratt stockte und preßte langsam die Worte hervor: »Der Kronprinz ist ... sehr krank.«

Der Kaiser konnte diese Worte nicht glauben, zu eindeutig war die Haltung der drei Damen. »Ist er tot?«, fragte er.

Jetzt nickte die Kaiserin. »Ja, er ist tot.«

Franz Joseph versteckte sein Gesicht hinter beiden Händen und murmelte mehrmals vor sich hin: »Das ist ja furchtbar.«

Über die Todesursache herrschte zu diesem Zeitpunkt auch bei Hof völlige Verwirrung. Sowohl Kaiser als auch Kaiserin glaubten vorerst, Rudolf wäre von Mary Vetsera vergiftet worden. Erst am nächsten Tag sollte Franz Joseph die wahren Hintergründe erfahren. Valerie, die offensichtlich bei dem aufklärenden Gespräch des Arztes Dr. Widerhofer – der Rudolfs Leichnam untersucht hatte – mit ihrem Vater anwesend war, hielt die Szene fest:

»›Sagen Sie mir nur alles‹, befiehlt er Dr. Widerhofer, ›ich will alles genau wissen.‹

Der Arzt, der seinerseits der Meinung ist, daß sein kaiserlicher Herr über die näheren Einzelheiten der Geschehnisse in Mayerling unterrichtet worden sei, beginnt mit dem Trost: ›Die Versicherung kann ich Euer Majestät geben, daß Seine kaiserliche Hoheit nicht einen Augenblick gelitten hat, die Kugel ist direkt in die Schläfe gedrungen.‹

Da wird der sonst so beherrschte Monarch böse. ›Was reden Sie denn von einer Kugel?‹

›Ja, Majestät, die Kugel, mit der er sich erschossen hat‹, antwortet der Leibarzt.

›Er...‹, fragt der Kaiser, ›hat ... sich ... erschossen? Das ist nicht wahr, sie hat ihn doch vergiftet! Der Rudolf hat sich erschossen ... Was Sie sagen, das müssen Sie auch beweisen können!‹

Erschüttert von der Größe des väterlichen Schmerzes muß Dr. Widerhofer nun berichten, wie die Tatsachen an Ort und Stelle – die sorgsame Aufbahrung der Baronesse, die Art des Schusses, der zur größeren Sicherheit vor einem am Nachtkästchen angebrachten Spiegel abgegeben worden war – jeden Zweifel ausschlössen, daß der Kronprinz die Waffe gegen sich selbst gerichtet habe. Der Kaiser bricht für einen Augenblick völlig zusammen und weint in verdoppeltem Schmerz.«

Der Öffentlichkeit wurde wieder eine andere Version berichtet. Die Zeitungen verbreiteten vorerst die Meldung, der Kronprinz wäre einem Schlaganfall erlegen. Erst einen Tag später wurde dann zugegeben, »die Lage der Waffe ließ keinen Zweifel darüber, daß die Tödtung mit eigener Hand erfolgt ist.«

Elisabeth erhob sich nach diesem ersten Gespräch über Rudolfs Tod in der Wohnung Ida von Ferenczys, um – von dieser begleitet – ihre Töchter Gisela und Valerie von der Katastrophe zu verständigen. Der Kaiser und die Schratt waren nun kurze Zeit allein, die Seelenfreundin versuchte das Unmögliche: tröstende Worte für die Situation zu finden. Der Kaiser stand nach wenigen Minuten auf und verließ Frau Schratt mit dem Satz: »Nun muß ich über alles weitere mit meinen Ministern reden.«

Katharina Schratt versucht, den völlig gebrochenen Monarchen brieflich aufzurichten:

»Es gibt Momente, wo Trostesworte nichts sind als ein leerer

Extra-Ausgabe.

Illustrirtes Wiener

Extrablatt.

Herausgeber: Edgar Spiegl.

Einzelne Exemplare:
Vorstadblatt . . . . . 1 kr.

Pränumerationspreise:
(Für Wien:)
Morgen- und Abendblatt:
monatlich . . . . 1 fl. 80 kr.
mit einmaliger Zustellung in's Haus 1 fl. 50 kr.
zweimalige Zustellung Morgens
und Abends . . . . 1 fl. 75 kr.
Jährlich Pränumeration mit freier Postzustellung:
Morgen- und Abendblatt:
monatlich . . . . 1 fl. 80 kr.
vierteljährig . . . . 4 fl.
halbjährig . . . . 8 fl.
Nur Abends. Zusendung des Abendblatt:
monatlich . . . . 1 fl.
vierteljährig . . . . 3 fl.
halbjährig . . . . 6 fl.

Das Morgenblatt erscheint täglich, auch Montag, das Abendblatt täglich mit Ausnahme der Sonn- und Feiertage.

Redaction und Druckerei:
Briefe alle Zuschriften zu richten sind:
IX., Berggasse 31.

Administration, Expedition und Inseraten-Aufnahme:
I., Schulerstraße 16.

Inserate vom Auslande übernehmen für uns: Haasenstein & Vogler, Rudolf Mosse, Heinrich Schalek u. s. w.

Manuscripte werden nicht zurückgestellt.

Nr. 32.   Wien, Freitag, 1. Februar 1889.   **18. Jahrgang.**

Kronprinz Rudolph †.

Die heutige „Wiener Zeitung" enthält in ihrem nichtamtlichen Theile folgende **erschütternde Mittheilung:**

Wien, 31. Jänner.

Die gestern von uns über das niederschmetternde Ereigniß des Hinscheidens Sr. k. und k. Hoheit des durchlauchtigsten Herrn Kronprinzen **Erzherzogs Rudolph** gebrachten Mittheilungen stützten sich auf die **ersten Wahrnehmungen,** die von der nächsten Umgebung der erlauchten Dahingeschiedenen, unter dem betäubenden Eindrucke des schicksalschweren Vorfalles hieher gelangten.

Von dieser Seite wurde, nachdem die Thüre des Schlafzimmers erbrochen worden war, bei dem Eintritte, Se. k. und k. entseelt im Bette gefunden. Auf diesem ersten Eindrucke beruhten die nach Wien gelangten Mittheilungen und die Annahme eines Schlaganfalles.

Von den Anwesenden wurde der k. k. Hofrath Professor Dr. Widerhofer in einem dringenden Telegramm nach Mayerling berufen, wohin sich dieser mit dem nächsten Zuge alsbald begab. Hofrath Dr. Widerhofer constatirte bei der sofort vorgenommenen Untersuchung, **daß am Kopfe des Verewigten eine beträchtliche Wunde mit ausgebreiteter** Loslösung der Schädeldecke und Schädelknochen vorhanden war, welche den sofortigen Tod zur Folge gehabt haben mußte. Dieselbe wurde als Schußwunde constatirt und an der Seite des Bettes, in **unmittelbarer Nähe der rechten Hand befand sich der entladene Revolver.** Die Lage der Waffe ließ keinen Zweifel darüber, **daß die Tödtung mit eigener Hand erfolgt ist.** Bei dem Umstande, als die Dienerschaft Sr. k. und k. Hoheit in den Nebenhäusern vertheilt ist, und der der Person des Verewigten zugetheilte Diener den Auftrag zur Bestellung der Jagd erhalten und das Haus für kurze Zeit verlassen hatte, konnte die erfolgte Detonation von **Niemandem gehört werden.**

Die Aufgabe der sofort nach Mayerling entsendeten und nach den diesfalls bestehenden Normen zusammengesetzten Commission war es: den Thatbestand und die Nebenumstände protokollarisch aufzunehmen.

Wir können nicht verschweigen, daß manche Personen aus der nächsten Umgebung Sr. k. und k. Hoheit **in den letzten Wochen mehrfache Zeichen von krankhafter Nervenaufregung** an höchstdemselben wahrnahmen, so daß man die Ansicht festhalten muß, **dieses schreckliche Ereigniß sei ein Ausfluß momentaner Sinnesverwirrung gewesen.**

Außerdem glauben wir anführen zu sollen, daß Sr. k. und k. Hoheit seit einiger Zeit häufig über **Kopfschmerz** klagte, den er selbst auf einen Sturz mit dem Pferde im letzten Herbste zurückführte. Dieser Unfall wurde aber s. zeit auf ausdrücklichen Befehl Sr. k. u. k. Hoheit geheimgehalten.

<hr />

Verantwortl. Redacteur: C. Zeidel. — Druckerei des „Ill. Wr. Extrablatt": Franz Gutscho. — Papier der Neubrucker Papierfabrik.

Schall, – ich weiß nur zu gut, und ich würde den Versuch, Eure Majestät mit Worten aufzurichten, auch gar nicht wagen. – Ich will auch nicht von der allgemeinen Theilnahme sprechen, die ausnahmslos heute alle Herzen erfüllt. – Aber das herbste Leid verliert von seiner Bitterkeit, wenn wir *weinen* können und so will ich mit Eurer Majestät weinen über die schwere Schicksalsfügung, die Gott in seinem unerforschlichen Rathschlusse über uns alle verhängt hat – ich will Eurer Majestät sagen, daß in diesen schweren Stunden all mein Denken und all mein Fühlen unausgesetzt bei Eurer Majestät verweilen und daß ich unglücklich bin über meine Ohnmacht, daß ich so gar nichts thun kann als weinen und den lieben Gott bitten, er möge Eurer Majestät die Kraft verleihen, auch dieses Unglück zu tragen. Wenn diese kleine Bitte Erhörung findet, so werde ich auf den Knien dafür danken …«

Am 5. Februar, dem Tag der Beisetzung des Kronprinzen in der Kapuzinergruft, verfaßte der Kaiser »nur wenige Zeilen«, an die Schratt,

»um Ihnen zu sagen, daß ich in meinem unsagbaren Schmerze viel und mit den Gefühlen innigsten Dankes an Sie denke. Ihre treue Freundschaft und Ihre wohltuende, ruhige Theilnahme waren uns ein großer Trost in diesen letzten, entsetzlichen Tagen… Heute wird mir noch eine schwere Aufgabe: den besten Sohn, den treuesten Unterthan in die letzte Ruhestätte zu geleiten. Der liebe Gott, vor dessen Wille und Gnade ich mich dankbar beuge, der mich bisher aufrecht erhalten hat, wird mir auch dazu die Kraft geben. Da ich weis, daß es Sie freuen wird, kann ich Ihnen übrigens melden, daß es mir körperlich gut geht… Wie kann ich der erhabenen Dulderin, der wahrhaft großen Frau anders gedenken, als mit einem Dankgebete zu Gott, der mir so viel Glück beschieden hat. Der Brief ist doch länger geworden, als ich wollte, allein es thut wohl, das Herz in ein treues Herz auszuschütten und ich hoffe nur Ihren Augen nicht zu schaden. Ich *verbiete* Ihnen, mir zu schreiben und *befehle* Ihnen nochmals, Sich zu schonen. Das ist die größte Freude, die Sie mir jetzt machen können. Und nun leben Sie wohl, theure liebe Freundin und beten Sie für den armen Rudolph.

Ihr dankbarer, treu ergebener
Franz Joseph«

Sicherlich wollte Franz Joseph das gespannte Verhältnis verdrängen, das zwischen ihm und Rudolf geherrscht hatte, wenn er vom »besten Sohn und treuesten Unterthan« spricht. Denn die beiden lebten in zwei verschiedenen Welten: der ultrakonservative Vater und sein liberaler Sohn, der am liebsten »Präsident einer Republik« geworden wäre, weil er – die Monarchie verabscheute!

Am Tag nach der Beisetzung antwortet die Schratt dem Kaiser:

»Es ist gewiß nicht Ungehorsam gegen den directen Befehl, wenn ich heute zur Feder greife, – der Arzt will zwar nicht gestatten, daß ich vor Freitag oder Samstag ausfahre, aber er hat mir erlaubt, ein wenig zu schreiben und ich bin übrigens gar nicht sicher, ob ich nicht auch ohne seine Erlaubniß geschrieben hätte. – Ich will es nicht verhehlen, daß mich eine fieberhafte Unruhe verzehrt, so zur Unthätigkeit verurtheilt zu sein, und so gar nichts thun zu können, um das bittere Leid meines Kaisers etwas mildern zu helfen. – Ich habe mich gestern Nachmittag eingesperrt, um ungestört zu bleiben und mit meinen Gedanken geleitete ich Eure Majestät auf dem schweren Gange zur Kirche. Ich hörte das Glockengeläute von Allen Richtungen und mein Gebet vereinigte sich mit den Gebeten All der Tausende, die gestern dem armen Kronprinzen das Geleite gegeben. – Aber mit meinem Gebete für die ewige Ruhe des Dahingeschiedenen sendete ich noch ein anderes Gebet zum Himmel, damit der Gütige Gott Eure Majestät erhalte, ungebrochen und in voller Stärke, lange, lange, lange. – Ich war sehr glücklich über den Brief, weil er mich einigermaßen über das Befinden Eurer Majestät beruhigt hat und ich küsse für dieses mir unvergeßlich bleibende Zeichen der Huld Eurer Majestät tausendmal die Hände. Also Freitag oder Samstag denke ich zu Frau v. Ferenczy zu kommen . . .«

537 Briefe des Kaisers an Katharina Schratt sind unversehrt vorhanden (und befinden sich allesamt im Besitz der Österreichischen Nationalbibliothek). Die Schauspielerin hat also jede Zeile Franz Josephs sorgfältig aufbewahrt. Nur ein einziger Brief – kurz nach dem Tod Rudolfs verfaßt – ist lediglich in Fragmenten erhalten. Es ist jenes Schreiben, in dem Franz Joseph der Schauspielerin die näheren Umstände um den Selbstmord des Kronprinzen mitteilt. Daß Katharina Schratt ausgerechnet diesen Teil eines Briefes vernichtete, ist für sie symptomatisch. Denn ihre absolute Diskretion war Grundvoraussetzung dafür, daß die Verbindung zwischen dem Kaiser und ihr so lang andauern und so innig werden konnte.

Dazu Katharina Hryntschak, die Nichte der Schratt. »Sie war hundert Prozent integer, hat auch bei uns in der Familie so gut wie nie über die Gespräche mit dem Kaiser irgendetwas erzählt. Und Seine Majestät wußte auch, wie er sich auf ihre Verschwiegenheit verlassen konnte.«

Auch durch den Nachlaß der Katharina Schratt bleibt also das bis zum heutigen Tag nicht restlos geklärte Geheimnis um Mayerling ungelöst. Es gibt nur eine einzige Aussage eines Mannes, der während der Tat auf dem Schloß anwesend war. Es ist dies der Bericht des Kammerdieners Johann Loschek – vierzig Jahre später in einem Interview erschienen. Seine Schilderung beginnt mit dem Vortag:

> »Spät abends war es, als wir alle schlafen gingen. Für Rudolf und Mary gab es aber keinen Schlaf mehr. Ich schlief wie gewöhnlich im Nebenzimmer, und Rudolf sagte mir beim schlafen gehen: ›Sie dürfen niemand zu mir lassen, und wenn es der Kaiser ist!...‹ Vetsera erwartete Rudolf im Zimmer, wo sie auch das letzte Nachtmahl eingenommen hatte. Ich hörte die ganze Nacht über Rudolf und Vetsera in sehr ernstem Tone sprechen. Verstehen konnte ich es nicht. 5 Minuten vor ¼7 Uhr früh kam Rudolf ganz vollständig angezogen zu mir in das Zimmer heraus und befahl mir, einspannen zu lassen. Ich war noch nicht im Hofe draußen, als ich 2 Detonationen hörte, ich lief sofort zurück, der Pulvergeruch kam mir entgegen, ich

stürmte zum Schlafzimmer, doch es war entgegen der Gewohnheit – sonst sperrte Rudolf das Zimmer nie ab – abgesperrt. Was nun machen, ich holte sofort Graf Hoyos, und mit einem Hammer bewaffnet schlug ich die Türfüllung ein, so daß ich gerade mit der Hand hineinkonnte, um die Tür von innen aufzusperren. Welch grauenhafter Anblick – Rudolf lag entseelt auf seinem Bette vollständig angezogen, Mary Vetsera ebenfalls auf ihrem Bette vollständig angekleidet. Rudolfs Armeerevolver lag neben ihm. Beide hatten sich überhaupt nicht schlafen gelegt. Beiden hing der Kopf herunter. Gleich beim ersten Anblick konnte man sehen, daß Rudolf zuerst Mary Vetsera erschossen hatte und dann sich selbst entleibte. Es fielen nur zwei wohlgezielte Schüsse. Die Anwesenheit einer dritten Person sowie daß Glasscherben im Kopfe Rudolfs steckten, ist wie so vieles über Rudolfs Tod frei erfunden.«

Während Elisabeth nach dem Selbstmord ihres Sohnes mehr denn je reiste und nur mehr an ganz wenigen Tagen des Jahres in Wien weilte, wurde das Verhältnis des Monarchen zur Schratt nicht zuletzt dadurch immer intensiver. »Der Gedanke, in den Gesprächen mit Ihnen Trost und Erleichterung zu finden, macht mich unendlich glücklich«, schreibt jetzt der Kaiser an die Freundin.

Bei verschiedenen Gelegenheiten erzählte Franz Joseph in späteren Jahren – unter anderem der Fürstin Fugger – immer wieder, welch große Hilfe Frau Schratt ihm und der Kaiserin in jenen schwersten Stunden gewesen sei.

Leid und das sicherlich ständig vorhandene Gefühl einer Mitschuld am Tod des geliebten Sohnes hinterließen in der Seele des Monarchen zweifellos tiefe Narben. Verdrängen konnte er all das nur zum Teil. Das bestätigen auch die Zeilen des rastlos weiterarbeitenden Franz Joseph an die Schratt, während der Name Rudolfs nach dessen Beisetzung am Hof tabu war:

»Mir lassen die jetzt besonders vielen Arbeiten und der Ärger über die momentanen hiesigen Zustände keine Zeit, mich viel mit meinem Schmerze zu beschäftigen und das ist eigentlich

gut. Nur die Zeit nach dem ins-Bettgehen, bis es mir gelingt, einzuschlafen, ist bös, ebenso das Erwachen Früh Morgens.«
Und nach der ersten wieder stattfindenden Jagd:
»So komme ich nach und nach in die alten Gewohnheiten und in das alte Leben zurück, obwohl es nie mehr das werden kann, was es einmal war.«
Der Tod des Kronprinzen veranlaßte den Kaiser, ein neues Testament aufzusetzen, Ende Februar 1889 schreibt er aus Ofen in einem Brief an die Schauspielerin:
»... Gestern und Vorgestern hatte ich den Staatsrath Braun und General Direktor Baron Mayer hier, mit denen ich mein neues Testament entworfen habe... Ich habe Sie so bedacht, daß Sie auch nach meinem Tode von Sorgen frei sein können. Das Nähere werde ich Ihnen mündlich mitteilen.«
Auszug aus der einen Monat später handschriftlich aufgesetzten »Letztwilligen Verfügung« Kaiser Franz Josephs:
»Der Schauspielerin Frau Katharina von Kiss geb. Schratt, mit welcher mich die innigste und wärmste Freundschaft verbindet und welche der Kaiserin und mir in der schwersten Stunde unseres Lebens in treuer Anhänglichkeit beigestanden ist, vermache ich aus meiner Handkasse 500 000 Gulden*.«
Über die Schratt, so berichtet man, habe der Kaiser dann auch etwas später versucht, den Leidenschaften seines verstorbenen Sohnes auf die Spur zu kommen. Die damals populärsten Wienerliedersänger – die Brüder Schrammel – erzählten von einem eigenartigen Erlebnis: Der Kronprinz war ein großer Verehrer der Schrammelmusik gewesen und hatte sie des öfteren bei Festen auf Schloß Orth die ganze Nacht aufspielen lassen. Im Verlauf so einer »Schrammel-Nacht« wurde das beliebte Musikantenquartett von dem singenden Wiener Fiakeroriginal Bratfisch begleitet. Der Kronprinz war von der Darbietung dermaßen begeistert, daß er sich mit dem Kutscher verbrüderte und damit – worüber, wie man sich vorstellen kann,

---

* Laut Statistischem Zentralamt Wien im Mai 1982: 42 Millionen Schilling (= ca. 6 Millionen DM).

der ganze Hof schockiert war – von ihm fortan mit »Du« angesprochen wurde. In dieser Nacht hatte er Bratfisch auch zu seinem Leibkutscher ernannt.

Einige Monate nach dem Tod des Kronprinzen wurden die Schrammeln für einen Abend in die Villa der Hofschauspielerin Katharina Schratt engagiert. Das war für die vier Musikanten vorerst nicht weiter verwunderlich, denn sie waren es gewohnt, zu privaten Gesellschaften verpflichtet zu werden. Hier aber fanden sie keinen Hörerkreis vor. Die Hausfrau ließ sich ganz allein von den Schrammeln vorspielen.

Wie Johann und Josef Schrammel sowie ihre Partner Anton Strohmayer und Josef Dänzer später berichteten, standen während dieses eigenartigen Konzerts die Türen zum Nebenzimmer offen. In dem Buch »Schrammel-Quartett« vermutet der Autor Hermann Mailer, daß der Kaiser möglicherweise in dem angrenzenden Raum der Schratt-Villa saß, um die Musik, die seinem Sohn so viel bedeutet hatte, kennenzulernen.

Das Burgtheater war nach der Tragödie von Mayerling zehn Tage lang geschlossen. Als es wieder eröffnet wurde, durften lange Zeit keine Stücke gegeben werden, in denen Selbstmorde vorkamen. Sogar Mitte Juni mußten in Shakespeares *Hamlet* die Einleitung der Totengräberszene sowie die Besprechungen über den Selbstmord der Ophelia wegbleiben.

Im Februar und März trat Frau Schratt kein einziges Mal auf – sie hatte sich für zwei Monate beurlauben lassen.

Immer wieder kam der Kaiser später auf Rudolf zu sprechen. Es war ihm bekannt, daß die Schratt mit Alexander Freiherrn von Baltazzi, dem Onkel der Vetsera, verkehrte. Als solcher war dieser am Hof persona non grata. Nach einer Ballonfahrt, die die Schratt ein Jahr nach der Tragödie gemeinsam mit Baltazzi unternommen hatte, ärgerte sich Franz Joseph:

»Ich habe nie etwas gegen Ihren Umgang mit Alexander Baltazzi eingewendet, weil das ein Unsinn gewesen wäre, im Gegentheile, ich war dankbar, daß ich dadurch in einer schweren Zeit so Manches von Ihnen erfuhr, was mir zu wissen wichtig war. Daß Sie die Luftfahrt unter seinen Auspicien unternommen haben, ist mir auf Ehre einerlei, aber in den Augen der bösen Welt wird Ihnen dieses, von den Zeitungen besonders hervorgehobene Faktum schaden, da die Familie Baltazzi seit unserem Unglücke nicht in allen Kreisen gerne gesehen ist...«

»So an Sommergast haben mir seither nimmer g'habt!«
Der Kaiser im Nachthemd

In den ersten Jahren ihres Engagements am Burgtheater hatte Katharina Schratt ein Apartement in der Wiener Elisabethstraße bezogen; in schöner Lage zwar, ganz nahe der Hofoper, aber doch zu bescheiden, um in diesen Räumen den Kaiser von Österreich empfangen zu können. Als Vertraute des Monarchen benötigte sie eine standesgemäße Unterkunft. Gerade in der Zeit nach dem Tod des Kronprinzen war ja das Verhältnis Franz Josephs mit Anna Nahowska, die dem Kaiser zwei Kinder geschenkt haben soll, in die Brüche gegangen. In ihrer Villa nahe des kaiserlichen Schlosses Schönbrunn hatte er bis dahin viele Stunden verbracht.
Und genau in dieser Zeit siedelte sich die Schratt, ebenfalls in dem Nobelvorort Hietzing an. Es besteht kein Zweifel darüber, wer der Financier der Villa war. Hatte der Kaiser die Schauspielerin noch vor wenigen Jahren brieflich gebeten, »beiliegenden kleinen Betrag zu den Kosten Ihrer Toilette in Freundschaft annehmen zu wollen«, so handelte es sich jetzt um wesentlich größere Summen, die er der Freundin zukommen ließ.
Das bestätigt auch die Nichte der Schratt:
»Exzellenz Hawerda* ist zweimal im Jahr zur Tante Kathi gekommen, um Geld zu bringen. Es handelte sich um sehr großzügige Beträge. So war es ihr möglich, einen Haushalt zu führen, der würdig war, daß der Kaiser bei ihr ein- und ausging. Eine richtige Apanage hat sie dann erst nach dem Tod der Kaiserin erhalten.«

---

* Hofrat Franz Hawerda von Wehrlandt war Sekretär in der Kabinetts-kanzlei, später stellvertretender Generaldirektor des Privat- und Familienfonds Kaiser Franz Joseph I.

Jedenfalls war genug Geld da, um ein großes Haus führen zu können. Nachdem die Schratt die ebenerdige, feudale Villa in der Hietzinger Gloriettegasse Nr. 9 vorerst gemietet und später dann gekauft hatte, war der Kaiser – wenn er in Schönbrunn logierte – fast täglich hier zu Gast. Die Villa war, genau wie das benachbarte Schloß, in noblem »Schönbrunnergelb« gehalten.

Der Tagesablauf des Kaisers sah jahrein, jahraus etwa so aus: Sein Kammerdiener Ketterl weckte ihn um halbvier Uhr früh. Nach dem Ankleiden und einem Morgengebet setzte sich der Monarch an den Schreibtisch. Er erledigte ein paar Akten, nahm dann das erste Frühstück ein, dem eine Virginia – in späteren Jahren, als ihm der Leibarzt die starken Zigarren untersagt hatte, eine Regalia Media – folgte. Um halb sieben Uhr früh verließ er das Schloß und ging durch den um diese Zeit noch menschenleeren Park bis zur Menagerie. Am Rande des angrenzenden Tirolergartens befand sich eine kleine Pforte, die der Kaiser öffnete, um den Park zu verlassen. Franz Joseph überquerte die Maxingstraße und bog dann in die Gloriettegasse ein. Er kam fast immer zu Fuß – nur bei extrem schlechtem Wetter ließ sich der begeisterte Spaziergänger fahren.

Katharina Schratt wußte die Sekunde, in der der übergenaue Kaiser einzutreffen pflegte und wartete bereits an der Gartentreppe, um ihn zu begrüßen. Für die Schauspielerin, die tagszuvor oft erst spätabends vom Theater nach Hause gekommen war, bedeutete die allzu frühe Stunde seines Eintreffens ein ziemliches Opfer. Wie erwähnt, konnte sie – aufgeputscht durch die jeweilige Vorstellung – nur sehr schwer einschlafen und las manchmal bis drei Uhr früh in ihren geliebten Engelmann-Heften. Und kurz nach halb sieben mußte sie, fix und fertig gekleidet und tadellos frisiert, ihren Kaiser empfangen.

Nach der Begrüßung geleitete die Hausfrau den hohen Besuch in das sogenannte Rauchzimmer, das ausschließlich ihren Begegnungen mit Franz Joseph vorbehalten blieb. Das eigentliche Eßzimmer lag im hinteren Trakt der Schratt-Villa, es wurde vom Kaiser aber nie betreten.

Während er in dem dunkel getäfelten Rauchzimmer durch den

neuesten, geliebten Tratsch unterhalten wurde, nahm er in Gesellschaft der Gastgeberin dann sein zweites Frühstück – Kaffee und Gugelhupf – ein. Im Anschluß daran unternahm er, von der Schratt begleitet, einen kleinen Spaziergang durch den Schloßgarten, brachte sie dann ritterlich zu ihrer Villa zurück und begab sich wieder »ins Amt«. Dort erwartete er – genau in dieser Reiehnfolge – den Generaladjutanten, den Chef der Militärkanzlei, den Kabinettsdirektor und den Ersten Obersthofmeister. Nach ihnen kamen jene Minister, mit denen er die gerade aktuellen Fragen zu erörtern hatte.

Es folgten die Audienzen. »Gestern hatte ich 127, Heute werde ich 108 Audienzen geben«, schreibt er an die Schauspielerin, um ihr einen Eindruck zu vermitteln, wie zeitraubend seine Tätigkeit sei. In diesen Audienzen erwarteten ihn »Menschen, die mich in wichtigen, aber auch oft in sehr unwichtigen Angelegenheiten zu sprechen wünschen«. Manchmal waren die Vormerkungen so groß, daß er das Treffen mit der Schratt absagen mußte.

Es gab in der näheren Umgebung des Kaisers zahlreiche Beamte, die der Schauspielerin gut gesinnt waren – teils, weil sie ihr Sympathie entgegenbrachten, teils weil sie wußten, wie wichtig ihre Nähe für die jeweilige Tagesverfassung ihres obersten Herrn war. Alles andere als ein Förderer der Freundschaft zwischen ihr und Franz Joseph war jedoch des Kaisers langjähriger Obersthofmeister Alfred Fürst Montenuovo, einer der mächtigsten Männer am Hof. Schratt-Nichte Katharina Hryntschak dazu:

> »Er hat während seiner ganzen Amtszeit versucht, gegen diese Beziehung zu arbeiten. Wann immer es ihm möglich war, hat er Audienzen kurzfristig so eingeschoben, daß das Treffen mit der Tante nicht stattfinden konnte.«

Manchesmal entschuldigte sich der Kaiser schriftlich bei der Schratt:

> »Da bei uns Beiden die Pflicht vor dem Vergnügen gehen muß, so bleibt mir nichts anderes übrig, als Heute auf Letzteres zu verzichten. Jedenfalls bin ich der Gestrafte, denn die Stunden in Ihrer Gesellschaft sind jetzt meine einzig glücklichen.«

In anderen Fällen wurde telefonisch umdisponiert. Der Kaiser rief jedoch nie persönlich an. Als ein allen Neuerungen gegenüber zurückhaltender Mensch, führte er in seinem Leben kein einziges Telefongespräch, obwohl Graham Bell den Fernsprecher vierzig Jahre vor Franz Josephs Tod erfunden, er also noch genügend Gelegenheit dazu gehabt hätte. Der sparsame Monarch notierte vielmehr auf den Respekträndern der ihm zugeleiteten Gesuche, was der »Gnädigen Frau« auszurichten sei. Diese Notizen schnitt Franz Joseph feinsäuberlich mittels eines Falzbeins von den Akten ab und übergab sie seinem Kammerdiener Eugen Ketterl, der dann das Telefongespräch zu führen hatte.

Einige dieser Notizen sind noch erhalten. Sie lauten:

»Der Kaiser wird heute um 1 Uhr am Partesse sein und fragt, ob die gnädige Frau auch nach Schönbrunn kommen will.«

»Der Kaiser fragt, wie es der gnädigen Frau geht.«

»Der Kaiser fragt, ob die gnädige Frau heute um 2 Uhr in die Burg kommen kann.«

»Der Kaiser wird heute nicht nach Schönbrunn fahren und fragt ob die gnädige Frau um 1 Uhr in die Burg kommen wird« ...

Schwer konnte er die Schratt-Rendezvous auch einhalten, wenn hohe ausländische Besucher in Wien weilten. Franz Joseph liebte es in solchen Fällen, Parallelen zwischen seinem »Beruf« und dem der Schratt zu finden:

»Ich habe zum Empfange fremder Gäste fünf Mal auf verschiedene Bahnhöfe fahren müssen, dabei viermal ausländische und einmal österreichische Uniform angezogen ... Ich konnte mir bei dem beständigen An- und Ausziehen lebhaft vorstellen, wie angenehm das bei einem Stücke mit vielen Umzügen sein muß.«

Um zwölf Uhr wurden in den kaiserlichen Gemächern die Speisen aufgetragen. Wenn er allein aß, ließ sich der Kaiser das Mittagessen auf einem Tablett auf den Schreibtisch stellen, wobei rechts davon die erledigten, links die unerledigten Akten lagen. Die Mahlzeit bestand aus Suppe, Fleischspeise – meist Rindfleisch oder Geflügel – dazu trank er ein Glas dunkles Bier.

War es zeitlich einzurichten, nahm er das Dejeuner ebenfalls in der Gloriettegasse ein. Dazu die Nichte der Schratt:

>Der Kaiser liebte die einfache Kost, aber er hat sehr gern gut gegessen. Und er wurde bei der Tante nie enttäuscht, denn sie hat immer eine exzellente Köchin gehabt. Ich erinnere mich an ein Bauernmädchen namens Elise, das die Tante selbst – auch sie konnte wunderbar kochen – so abgerichtet hat, daß es genau den Geschmack Seiner Majestät traf.«

Katharina Schratt an den Kaiser:

>Ich bin gestern den ganzen Tag gequält worden, ob der Hummer in Risotto nicht schwer verdaulich war. – Hoffentlich war meine Besorgniß ungerechtfertigt ...«

Fast unglaublich ist der Grund, warum es dem Kaiser von Österreich bei der Schratt – abgesehen davon, daß er ihre Gesellschaft liebte – so gut geschmeckt hat: »Natürlich gab es auch am Hof erstklassiges Küchenpersonal«, erzählt Frau Hryntschak, »es hat ihm das Essen aber trotzdem nicht besonders geschmeckt; die Mahlzeiten sind dort zwar in den riesigen Glutöfen gekocht worden, doch bis sie dann durch die langen Gänge der Hofburg oder des Schönbrunner Schlosses getragen waren, die beiden Vorzimmer des Kaisers passiert hatten und endlich auf seinem Tisch standen, war alles kalt oder zumindest sehr ausgekühlt. Da hat er's dann nicht mehr besonders gern gegessen.«

Bei einem Mittagmahl in der Schratt-Villa war auch Nachbarin Fürstin Fugger anwesend. Sie erinnert sich:

>Der Kaiser war sehr gut gelaunt, seine sonst etwas steife, zeremonielle Art war geschwunden... Als sich der Kaiser nach beendetem Dejeuner eine Zigarre anzündete, wollte ihm Frau von Kiss-Schratt einen bequemen Fauteuil zuschieben; doch der Kaiser lehnte ihn sehr entschieden ab, trotz der erstaunten Äußerung der Hausfrau: ›Aber Majestät sitzen doch immer in diesem Fauteuil.‹ Er wollte sich offenbar vor mir diese intime Bequemlichkeiten eines alten Herrn nicht erlauben.«

Und doch schätzte der Kaiser die Nachbarin so sehr, daß er es übernahm, der Firmpate des Sohnes von Nora Fugger zu werden.

Auch in den Nachmittagsstunden holte der Kaiser, wenn es sich irgendwie einrichten ließ, Katharina Schratt zu einem Spaziergang ab – und wurde von ihr gewohnheitsgemäß an der Gartentreppe erwartet. Bertha Zuckerkandl erzählt, daß der Monarch einmal unangemeldet in der Gloriettegasse erschien:

> »Da er von Jugend an gewohnt war, daß sich alle Türen stets magisch vor ihm öffneten, hatte er es nie nötig gehabt, an Türen zu läuten. Als er einmal vor der Eingangstür der Schratt-Villa stand, fand er sie versperrt. Unschlüßig harrte er eine Weile. Da sich nichts rührte, fiel ihm ein, er könne versuchen, auf den Knopf an der Tür zu drücken. Er tat dies, es läutete, und das gefiel Majestät so gut, daß er den Taster nicht mehr losließ und Sturm läutete. Alles stürzte heraus. Der Kaiser sagte ganz entzückt: ›Ich habe zum ersten Mal in meinem Leben an einem Tor geläutet. Das ist wirklich hübsch!‹«

Nach dem Nachmittagsspaziergang bearbeitete Franz Joseph wieder unermüdlich seine Akten. Marie Valerie beobachtete ihn manchmal dabei und notierte in ihrem Tagebuch:

> »Ich sass eine gute Stunde mäuschenstill neben ihm, während er rauchend arbeitete. Es müssen wichtige Dinge gewesen sein, denn er schaute nur einmal auf, und zwar um zu bemerken ›Du mußt dich aber schrecklich langweilen‹, worauf ich natürlich stürmisch antwortete ›O nein Papa; es ist so gut dabeizusitzen ...‹
>
> ›Ein schönes Vergnügen‹, sagte er und arbeitete weiter. Der Arme! Wie ich ihn so geduldig vor diesem Stoss Schriften sitzen sah, ohne ein Wort der Klage ... wie ein jeder Mann im Staat die Mühen und Sorgen immer von sich schiebt, immer höher und höher, bis endlich alles zum Kaiser kommt – und er, der es nicht mehr höher schieben kann, nimmt alles an und arbeitet alles geduldig durch, sich um das Wohl eines jeden selbst bekümmernd. Das ist doch schön, einen solchen Vater zu haben.«

Er arbeitete jetzt bis zum Diner um fünf Uhr weiter. Zweimal in der Woche gönnte er sich zu dem kargen Nachmittagsessen Champagner.

In späteren Jahren kam manchmal auch die Schratt zum Nachmittagsdiner in die Hofburg oder nach Schönbrunn. Der Kaiser war anläßlich dieser Gelegenheiten immer schon Stunden vorher aufgeregt, wie Kammerdiener Ketterl in seinen Erinnerungen berichtet:

»Wenn Franz Joseph den Besuch der gnädigen Frau erwartete, stand er wohl ungezählte Male vom Schreibtisch auf und ging in das angrenzende Schlafzimmer, um sich Bart und Haare zu bürsten. Auch hatte er einen kleinen Taschenspiegel von Frau v. Schratt bekommen, der immer auf dem Schreibtisch lag und die Dediktion trug: ›Portrait de la personne que j'aime‹.«

Am Abend pflegte er im allgemeinen keine Mahlzeit mehr einzunehmen. Mußte er keinen gesellschaftlichen Verpflichtungen nachkommen, lag er für gewöhnlich um acht Uhr wieder in seinem berühmten, spartanisch-harten Eisenbett, wie es auch seinen Untertanen bei der Armee zur Verfügung stand.

Selbstverständlich verursachten die regelmäßigen Besuche des Kaisers in der Schratt-Villa einen beträchtlichen Personalaufwand. Die Hausfrau beschäftigte ständig mindestens sieben bis acht Dienstkräfte: Kammerjungfrau, Köchin, zwei Küchengehilfinnen, zwei Stubenmädchen, einen Portier und solange ihr Sohn Toni noch klein war, ein Kindermädchen. Daneben hatte sie auch eine Gesellschafterin. Viele Jahre hindurch war dies ihre Jugendfreundin Netti Schütz aus Baden.

Dem Personal kam der ständige Kontakt seiner Arbeitgeberin mit dem Kaiser finanziell sehr zugute. Franz Joseph an die Schratt:

»... Dürfte ich Sie bitten, beiliegende Banknote demjenigen Mitgliede Ihrer weiblichen Dienerschaft zu geben, welches Gestern Brief und Blumen überbrachte. Der Beschreibung nach dürfte es Lisi (ein Stubenmädchen der Schratt, Anm.) gewesen sein. Aber auch wenn es Netti war, wird sie vielleicht meine bescheidene Gabe in Gnaden annehmen.«

»Meine Tante hat das Personal sehr gut behandelt, allerdings war sie keine einfache Chefin. Die Kammerjungfrau mußte auch um zwei Uhr früh aufstehen, wenn sie nach einer Vorstellung und anschließendem Abendessen nach Hause gekommen ist, um ihr aus den

Kleidern zu helfen. Zu Weihnachten und bei allen möglichen Gelegenheiten hat die Tante das Personal großzügig beschenkt. Trotzdem gab es Dienstleute, die unterernährt waren. Das lag aber nicht an ihr sondern an der Köchin, die mit dem Personalessen – das sich in der damaligen Zeit vom Menü der Herrschaften unterschied – besonders sparsam sein wollte.«

Katharina Schratt war sich der Verpflichtung, den Kaiser von Österreich zu bewirten, bewußt, und kaufte nur in den besten Geschäften Wiens ein: beim Fleischermeister Weishappel, im Feinkostgeschäft Wild und die Mehlspeisen bei Demel und Gerstner. Sie fuhr zum Einkaufen fast immer persönlich in die Stadt »doch darf man sich nicht vorstellen, daß die Tante die großen Pakete selbst zum Wagen oder dann ins Haus geschleppt hat – da ist entweder ein Diener des jeweiligen Geschäfts mitgekommen oder sie hat sich irgendwo einen Dienstmann genommen, die damals noch an jeder Ecke herumstanden. Der Dienstmann wurde dann in die Küche geführt, wo er zu essen bekam, was tagszuvor übriggeblieben war.«

Sie hatte ein Herz fürs Dienstpersonal: Als ihre Burgtheaterkolleginnen Charlotte Wolter und Wilhelmine Mitterwurzer starben, nahm sie einen Teil der freigewordenen Haushaltskräfte auf, um diesen eine trostlose Zeit der Arbeitslosigkeit zu ersparen.

Auch den Kindern aus der Nachbarschaft war es eine Freude, Besorgungen für die berühmte Schauspielerin tätigen zu dürfen. So erinnerte sich viele Jahre später Egon Hilbert, der Ziehsohn der Schratt-Freundin und Opernsängerin Jenny Hilbert-Heisler, der »Tante Kathi« täglich das *Fremdenblatt* aus der Tabak Trafik am Hietzinger Platz gebracht zu haben – womit er sich manchmal das Taschengeld aufbessern konnte. Es gehörte zur Tradition, daß er die Morgenzeitung – kurz bevor er zur Schule ging – in den Salon der Villa legte, während die Hausfrau und Franz Joseph spazieren waren. Nur einmal traf er die Schratt – und sie hielt ihn im Vorraum zurück: »Heut' darfst nicht hinein«, sagte sie, »da drin is der Kaiser« – und durch einen Türspalt erblickte der tiefbeeindruckte Bub den weißen Backenbart Seiner Majestät, die an diesem Morgen länger als gewohnt geblieben war. Aus dem kleinen »Zeitungsjungen« Egon wurde übrigens nach dem Zweiten Weltkrieg Herbert von Karajans Co-Direktor an der Wiener Staatsoper, später dann der alleinige Leiter dieser Institution.

Im Todesjahr des Kronprinzen bezog die Schratt nicht nur ihre Villa in der Hietzinger Gloriettgasse, um dem Kaiser näher denn je zu sein, sie verbrachte auch den Sommerurlaub erstmals statt am Wolfgangsee in Ischl, in unmittelbarer Nachbarschaft zur Kaiservilla. Mit dem Eigentümer der bisher alljährlich gemieteten Villa Frauenstein hatte sie sich zerstritten, was den Umzug notwendig machte. »Gleich Ihnen thut es mir um das liebe, friedliche Frauenstein unendlich leid«, schreibt der Kaiser, »wo ich, Dank Ihrer Güte, so viele glückliche Stunden zubrachte. Der neue Besitzer muß eine Art Ungeheuer sein...«

Andererseits war Franz Joseph natürlich hocherfreut, der angebeteten Frau jetzt in den Sommermonaten noch viel näher sein zu können als bisher.

»Mit Ihrer Absicht, die Villa Felicitas zu miethen, bin ich vollkommen einverstanden, vorausgesetzt, daß Ihnen dieselbe convenirt. Frauenstein war freilich viel hübscher, dafür hat die Villa Felicitas den Vortheil der Nähe, welche es mir ermöglicht, Sie mit Ihrer Erlaubniß viel öfter zu besuchen, auch will die Kaiserin den Schlüssel zu einer kleinen Thüre geben, durch welche Sie in unseren Garten gelangen können, ohne durch eine Gasse von Ischl gehen zu müssen... Ach! wäre es schon Sommer und wären wir schon im lieblichen Ischl! Oder gäbe es jetzt schon einen Ort, wo man vergessen könnte!«

Kaum war Franz Joseph – noch vor der Schratt – im Salzkammergut angelangt, besichtigte er das neue Domizil der Freundin, das dem Ischler Bürgermeister Koch gehörte.

»Gestern Früh habe ich bereits den neuen Übergang über die Ischl von rückwärts inspicirt und bin bis zum versperrten Thürl vorgedrungen. Es ist mehr ein Rialto als ein Steg und gefiel mir sehr gut. Über das Pfandl auf der Poststraße zurückkehrend, sah ich das neue gegen Räuber, Mörder und sonstige Zudringliche bestimmte Gitter...«

Natürlich mußten allerorts, wo der Monarch verkehrte, besondere Sicherheitsvorkehrungen getroffen werden. Nur er selbst machte sich immer wieder darüber lustig und lehnte es ab, von den Organen der Exekutive begleitet zu werden.

Genau wie in Wien, wo der Kaiser jeden Morgen allein vom Schönbrunner Schloß hinüber in die Villa Schratt spazierte, mußte auch die Ischler Polizei hinter dem Rücken des Monarchen agieren, um seinen Schutz zu gewährleisten. Die Beamten versteckten sich hinter Bäumen und Büschen, um etwaige Zwischenfälle vereiteln zu können; ihr strenger Auftrag war es aber ebenso, vom Kaiser nicht bemerkt zu werden.

Daran erinnert sich auch heute ein Bewohner von Bad Ischl, der den Kaiser noch persönlich gekannt hat. Der fast achtzigjährige Franz Bramberger, vulgo Faber-Bauer – ein echtes Original aus dem Salzkammergut –, bewohnt das Haus Steinbruch Nr. 4, das genau gegenüber der Schratt-Villa liegt, wie die Felicitas bald im Volksmund genannt wurde. Die Faber-Bauern besitzen den alten Hof schon seit dem Jahre 1325.

»Wie die gnädige Frau das erste Mal 1889 die Villa Felicitas bewohnt hat, is mei Vater immer schon hinübergegangen, um das Gras auf der Wies'n zu schneiden und im Haus behilflich zu sein, wenn Not am Manne war.«

Etliche Jahre später wurde dem heutigen Altbauern – Franz Bramberger war damals ein kleiner Bub – die Ehre zuteil, jeden Morgen die Milch für den Frühstückskaffee der Hausfrau und ihres hohen Gastes in die Villa zu bringen.

»Seine Majestät war um die Zeit schon seit Stunden auf. Er hat sich g'waschen und alles, und nach der ersten Arbeit is er von der Kaiservilla über das kleine Stegerl gegangen, was ma ihm extra 'baut hat, damit er den Abschneider über die Ischl nehmen konnt'. Er hat die ›Geheimen‹, wie wir seine Wachleut genannt haben, net haben wollen, weil er gsagt hat: ›Die Ischler tuan ma nix.‹«

Die »Geheimen« hielten sich auch im Hof der Faber-Bauern vor dem Kaiser versteckt. »So haben's die Villa drüben von der Frau

Schratt immer in Beobachtung g'habt und Seine Majestät haben nix bemerkt. I hab ihn damals oft g'sehn«, erinnert sich der Faber-Bauer heute »und i muß sagen, wirkli a feiner Mann, meistens war er jagerisch anzog'n, sooft er zur Schratt gekommen is, der Backenbart war immer adrett g'stutzt. Wenn er mi beim Eintreffen g'sehn hat, hat er den Huat zog'n und hat laut und deutlich ›Guten Morgen‹ g'sagt.« Schwärmerisch resümiert der Faber-Bauer: »So an Sommergast haben mir in Ischl seither nimmer g'habt.«

Auch Katharina Hryntschak verbrachte den Sommer in späteren Jahren mit der Tante in Ischl.

»Wenn das Wetter noch so unfreundlich und kalt war, das ganze Haus mußte täglich um fünf Uhr früh aufstehen, weil eben der Kaiser so ein Morgenmensch war. Die Köchin der Tante mußte sogar um vier Uhr aus den Federn, da der Frühstücksgugelhupf jeden Morgen genauso frisch zu sein hatte wie die Milch vom Bauern gegenüber, das war für Seine Majestät selbstverständlich. Er hat gar nicht gewußt, wie er uns mit diesen Gewohnheiten schikaniert hat. Natürlich wäre es ihm peinlich gewesen, hätte er das mitbekommen – aber die Tante hat ihn mit solchen Dingen verschont.«

»Verschont« hat die Schratt den Kaiser auch mit einem anderen Detail ihrer Küchengeheimnisse. Da sie Angst hatte, der nach ihrem eigenen Rezept verfertigte Gugelhupf könnte der Köchin einmal mißlingen, wodurch der Kaiser in seinen Frühstücksgewohnheiten gestört worden wäre, ließ sie tagtäglich von der berühmten Ischler Konditorei Zauner ein Duplikat herstellen. Karl Zauner buk in aller Herrgottsfrüh im Auftrag der Schratt und nach ihren Anweisungen nicht nur einen Gugelhupf sondern gleich sechs Stück, wodurch die Kaiser-Mehlspeis' zu einer Spezialität seines allseits geschätzten Hauses wurde und das Rezept der Schratt auch bis zum heutigen Tag erhalten blieb: Dem Germgugelhupf wurden Zimt, Rosinen und gehobelte Mandeln beigefügt. Das also war das Geheimnis der Schratt'schen Mehlspeis' für den Kaiser!

Den schönsten Zauner-Gugelhupf brachte der Lehrbub dann um sechs Uhr früh in die Villa Felicitas, die anderen fünf wurden tagsüber in der Konditorei verkauft. Welcher Gugelhupf dann dem Kaiser serviert wurde – der hausgemachte oder der vom Zauner – das wußte immer nur die Schratt selbst. Der Kaiser hatte von der Existenz des Reservekuchens jedenfalls nie erfahren.

Der Gugelhupf stand bereits am Frühstückstisch, als der Kaiser um punkt dreiviertel sieben Uhr die Ischler Villa betrat. Die Nichte:

»Da ist dann sein lautes ›Guten Morgen‹ durchs ganze Haus geschallt. Er hat mit genauderselben Kommandostimme gegrüßt, als wäre er am Exerzierplatz gewesen. Wer bis dahin nicht auf war, wurde auf diese Weise vom Kaiser geweckt.«

Auch in Ischl wurde – natürlich hinter vorgehaltener Hand – gemunkelt, »ob der Kaiser was mit ihr hat oder nicht.« Darüber gibt es unter den alten Bewohnern der Stadt heute noch zwei Versionen. Der Faber-Bauer ist davon überzeugt, daß zwischen Franz Joseph und der Schauspielerin »nix war«, also kein intimes Verhältnis bestand (und wäre er anderer Meinung, würde er diese vermutlich aus Ehrfurcht kaum zugeben): »Es war, wie ma so sagt, rein platonisch.« Er wisse es genau, »weil der Sohn vom Hausmeister von der Schratt-Villa war a Freund von mir und der hat mir immer alles erzählt. I hätt's scho erfahren, wenn was g'wesen wär.«

Derselben Meinung ist übrigens auch Schratt-Nichte Katharina:

»Ein intimes Verhältnis wäre ja praktisch nicht möglich gewesen, wie hätte man denn das bei so viel Personal geheimhalten sollen. Schon in Wien haben die Dienstleut' von der Tante in Hietzing und am Hof immer die Informationen ausgetauscht: ›Also, bei uns is nix passiert, bei euch?‹ Da haben dann die Kammerdiener vom Kaiser gesagt: ›Nein, bei uns is auch nix g'wesen.‹ Die Leute hätten sicher gern darüber getratscht – aber es war halt leider nichts!«

Daß doch »was war« beweisen hingegen die zitierten Briefstellen des Kaisers. Sie liefern auch den Beweis, daß der sonst in praktischen Dingen ziemlich ungeschickte Monarch es verstanden haben muß, die Tête-à-têtes vor den Blicken der neugierigen Umgebung geheimzuhalten.

Auch der populäre Wiener Schauspieler Maxi Böhm leistet durch eine Beobachtung einen Beitrag zu der Frage, »ob oder ob nicht«. Er hatte die Ischler Schratt-Villa nach dem Zweiten Weltkrieg aus dem Nachlaß des bekannten Librettisten Fritz Löhner-Beda käuflich erworben.

»Wir ließen das Haus in eine Fremdenpension umbauen«, erzählt Böhm, »als beim Entfernen der alten Malerei die in zartrosa gehaltenen Tapeten im ehemaligen Schlafzimmer der Frau Schratt auftauchten, fiel auf, daß das Nebenzimmer – im Gegensatz zu allen anderen Räumen der Villa – mit derselben Tapete ausgestaltet war. Die Handwerker waren natürlich neugierig und gingen der Sache nach. Sie stellten fest, daß die beiden Räume in ein großes Zimmer umgebaut worden waren. Die Zwischenmauer war abgetragen und später wieder aufgebaut worden.«

Der Kaiser und die Schratt dürften also ein großes gemeinsames Schlafzimmer »bewohnt« haben.

Und daß Franz Joseph in der Ischler Schratt-Villa sogar einmal »erwischt« wurde, beschreibt Marie Gräfin Larisch, die Nichte der Kaiserin und dereinst ihre engste Vertraute. Sie war vom Hof verbannt worden, weil sie Vermittlerdienste zwischen Kronprinz Rudolf und seiner Geliebten Mary Vetsera geleistet hatte. Da sie trotz flehentlicher Bitten, sich rechtfertigen zu dürfen, nicht mehr empfangen wurde, ließ sie – sehr zum Leidwesen der kaiserlichen Familie – im Ausland ihre Memoiren erscheinen, um auf diese Weise ihre Rolle in Zusammenhang mit der Katastrophe von Mayerling zu schildern. Unter anderem erzählt sie auch von einer Ischler Haushälterin der Schratt, die eines Morgens in die Villa Felicitas kam. Das vollkommen naive Mädchen hatte keine Ahnung, daß Franz Joseph in diesem Haus ein- und ausging. Umso mehr wird man die Verwunderung begreifen, als der jungen Frau plötzlich im Treppenhaus Seine Apostolische Majestät, der Kaiser von Österreich, im Nachthemd gegenüberstand.

Dem Dienstmädchen fiel in dieser eher peinlichen Situation nichts anderes ein als Haydns Nationalhymne anzustimmen. Es kniete nieder und sang: »Gott erhalte, unseren Kaiser . . .«

»Im Ischler Walde so vor sich hinging, um nichts zu suchen und zufällig die Schratt zu treffen« (Karl Kraus)
Wie man *nicht* Burgtheaterdirektor wurde

Nach den in diesem Jahr erstmals in Ischl verbrachten Sommermonaten ging Katharina Schratt meist noch einmal kurz auf Kur – am liebsten nach Gastein. Im September kehrte sie dann nach Wien zurück, wo die neue Saison am Burgtheater begann. Im Herbst 1889 spielte sie eher anspruchslose Rollen wie – wiedereinmal – die Claire im *Hüttenbesitzer*. Das *Fremdenblatt* meinte, die Darstellung des Titelhelden durch Adolf Sonnenthal »gehört unstreitig zu den besten Schöpfungen des Künstlers. Frau Schratt, welche die Claire spielte, war ihm eine würdige Partnerin... Man darf wohl sagen, daß keine unter den jetzigen Künstlerinnen des Burgtheaters gerade dieser Rolle so gerecht geworden wäre wie sie.« Tatsächlich blieb die Claire *die* Glanzrolle der Schratt.

Ihr Partner Sonnenthal übernimmt unmittelbar nach dem plötzlichen Tod von Direktor August Förster zum zweiten Mal die provisorische Leitung des Burgtheaters. Direktor möchte er nicht werden, da er nur allzu gerne auf der Bühne steht. Dafür geht hinter den Kulissen ein zäher Machtkampf um diesen Posten los, bei dem auch Frau Schratt die Fäden zieht.

Alfred Freiherr von Berger, Schriftsteller und »Burg«-Dramaturg, hatte sich bereits mehrmals um die begehrte Stelle beworben, doch war er noch nie zum Zug gekommen. Durch einen – wie er glaubte – besonders schlauen Trick, versuchte er nun in die Direktionsetage zu gelangen: Er heiratete Stella von Hohenfels, die berühmte Naive des Burgtheaters, einen der Publikumslieblinge in Wien.

Doch hatte Berger die Rechnung ohne die Schratt gemacht. Sie verstand es dank ihres Einflusses zu verhindern, daß ihre große Bühnenrivalin auf diese Weise zu mehr Macht kam. Hugo Thimig notiert in seinem Tagebuch:

»Die Schratt ist der Stein, über den die Direction Berger stolperte. Es ist begreiflich, daß sich die Schratt die Hohenfels als Directorin nicht ersehnt... Berger hat sich den Weg zum Directions-Throne durch seine Heirath verrammelt.«

Dabei konnte sich Berger nicht vorwerfen, es nicht auch über die Vertraute des Kaisers selbst versucht zu haben. Karl Kraus schreibt Jahre später in seiner *Fackel*, daß der Freiherr zwecks Besteigung des Direktorsessels »im Ischler Walde so für sich hinging, um nichts zu suchen und zufällig die Schratt zu treffen«. Da seine einsamen Spaziergänge im Salzkammergut nicht von Erfolg gekrönt waren, versuchte es Berger eben über die Hohenfels – und scheiterte. Die Schratt war die mächtigere der beiden Konkurrentinnen.

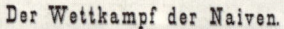

Die beiden Erzrivalinnen Schratt (links) und Hohenfels aus der Sicht des Karikaturisten

Der neue Burgtheaterdirektor hieß Max Burckhard – ein Jurist und Ministerialbeamter, mit dem kein Mensch gerechnet hatte. Böse Zungen behaupteten, er wäre vor seinem Amtsantritt als Direktor nur sieben Mal im Burgtheater gewesen. An seiner Bestellung war die Schratt ebenso beteiligt wie an der Ablehnung Bergers. Denn Hugo Thimig notiert am 2. Februar 1890: »Die Schratt theilt mir mit, daß der neue Director, der schon in wenigen Tagen kommen soll, Herr Dr. Burckhard sei. Ich halte dies für unmöglich, Burckhard ist ein junger Mann, schöngeistig veranlagt, der nie mit dem Theater in Berührung war. Ich kenne ihn aus dem Caffeehause...«

Wie nicht anders zu erwarten, wurde aus Thimigs »Caffeehaus-Bekanntschaft« nach langer Zeit wieder ein Mann zum Direktor des Burgtheaters bestellt, der Katharina Schratt wohl gesonnen war. Schließlich hatte sie ihn ja »gemacht«. So schreibt auch der Kaiser an die Freundin über Burckhard:

>»Er ist der erste Machthaber des Burgtheaters, der Sie gerecht und rücksichtsvoll behandelt und das freut und beruhigt mich.«

Konkurrenz für seine Angebetete duldet der Monarch freilich nicht, denn als der neue Direktor »auf Reisen ist, um neue Talente zu entdecken«, beschwert sich Franz Joseph bei der Schratt – und ganz in ihrem Sinne: »...als wenn wir deren beim Burgtheater nicht schon genug hätten.«

Im Gegensatz zur Erzrivalin Hohenfels, die in der folgenden Saison aus Wut über die Nicht-Berufung ihres Mannes gleich »zehn kleine Rollen ablehnt und deren Größenwahn bedenkliche Fortschritte macht« (Thimig) – unter anderem spielte sie eine Rolle nicht, weil sie ein Mädchen mit einem Loch im Ärmel darstellen sollte – im Gegensatz zur Hohenfels kann sich also die Schratt in den kommenden Jahren keinesfalls über mangelnde Beschäftigung an der »Burg« beklagen. Sie spielt – neben Sonnenthal in der Titelrolle – die Lady Percy in Shakespeares *König Heinrich IV.*, die Petra in Ibsens *Volksfeind*, die Erny in Grillparzers *Treuer Diener seines Herrn*.

Der Meineidbauer sollte die erste Anzengruber-Premiere an der »Burg« sein. Während Josef Lewinsky in diesem mit Spannung erwarteten Volksdrama die Titelrolle gab, konzentrierte sich alles auf Kathi Schratt, die »die Mundart nicht spielt sondern spricht«, wie der Kritiker der *Montag-Revue* anerkennend vermerkte.

Im Herbst 1889 hat Wien mit der Eröffnung des Deutschen Volkstheaters (in dem die Schratt später noch gastieren sollte) sein großes Bühnenereignis. Anzengrubers *Der Fleck auf der Ehr* wird als erstes Stück gegeben. Wenige Wochen danach stirbt der Dichter in Wien. Franz Joseph bewilligt »mit kaiserlicher Entschließung« den alten Wiener Linienwall abzureißen. An dessen Stelle wird der Gürtel errichtet. Dadurch werden dreiundvierzig bisherige Vororte eingemeindet, es entstehen die Bezirke elf bis neunzehn. Wien wird damit zur Großstadt. Hatte es bisher eine halbe Million Einwohner, so sind es nach der Eingemeindung 1,3 Millionen. Auch Hietzing, der Vorort, in dem die Schratt wohnt, gehört jetzt zu Wien.

1892 erhält Österreich-Ungarn mit der Einführung der Goldwährung eine neue Münzeinheit: Aus einem halben Gulden wird eine Krone (= 100 Heller), doch sollte es noch viele Jahre dauern, bis sich das neue Zahlungsmittel auch wirklich durchsetzt. Die bisher schwache Finanzlage des Staates bessert sich jetzt. Ein Jahr nach Einführung der Goldwährung spielt die Schratt die Baronin von Sorma in der im Burgtheater aufgeführten Komödie *Das Heiratsnest*. Erstmals dürfen auf einer österreichischen Bühne Offiziersuniformen getragen werden – die männlichen Hauptrollen spielen Max Devrient und Hugo Thimig. Kaiser Franz Joseph sitzt bei der Premiere in der Hofloge. »Seine Majestät konnte nicht umhin, sich nach jedem Aktschluß zu erheben, an die Logenrampe zu treten und huldvollst Beifall zu klatschen«, liest man am nächsten Tag in der Zeitung. Der Autor des Stücks heißt Oberleutnant Gustav Davis. Er quittiert bald nach der Erstaufführung den Militärdienst und widmet sich ganz der Schriftstellerei. Einige Jahre später gehört er zu den Gründern der *Kronen Zeitung*, die, benannt nach der neuen österreichischen Währung, eine Krone kostet.

Am 29. Oktober 1893 tritt der als reaktionär geltende Ministerpräsident Eduard Graf von Taaffe mit seiner Regierung zurück. Gestützt auf die österreichischen, tschechischen und polnischen Konservativen, versuchte er die nationalen Gegensätze zu überbrücken. Wesentlich zu seinem Sturz beigetragen hatte der siebzigjährige Karl Graf Hohenwart. Als ihm jetzt Franz Joseph die Führung der Regierung anbietet, lehnt dieser unter Berufung auf sein hohes Alter ab. Darauf der selbst dreiundsechzigjährige Monarch: »Zum Aufbauen sind Sie zu alt, aber zum Niederreißen waren Sie es nicht.« Alfred Fürst Windischgrätz wird neuer Ministerpräsident. Der Kaiser muß wegen der schwierigen Verhandlungen am Tag des Regierungssturzes eigens aus Ofen nach Wien anreisen, doch sieht er sogar in diesem Augenblick hochpolitischer Schwierigkeiten immer noch Positives. Sofort schreibt er der Schratt:

> »Da bin ich und so unangenehm die Complicationen sind, die mich hierher geführt haben, so glücklich bin ich, daß ich Sie dadurch früher als erwartet wiedersehen kann.«

Wiedersehen konnte er sie jetzt – mehr denn je – auch auf der Bühne des Burgtheaters. Als *Niobe* in dem gleichnamigen Schwank von Harry und C. A. Paulton wurde ihr vom *Extrablatt* taxfrei der »Ehrentitel einer komischen Wolter« zuerkannt. Ihre Franziska in Lessings *Minna von Barnhelm* fiel der *Deutschen Zeitung* vor allem wegen der »entzückenden Natürlichkeit« auf. Und als Toni in Arthur Schnitzlers *Vermächtnis* konnte sie für den Kritiker der *Zeit* »auch tiefgehende tragische Wirkung erzielen«.

Neben ihrer Tätigkeit am Burgtheater absolvierte die Schratt ihr Leben lang unzählige Wohltätigkeitsauftritte. Sie bereiste halb Europa, um den Ärmsten der Armen oder unterstützungswürdigen Institutionen den Reingewinn dieser Veranstaltungen zu überlassen. So trat sie »zugunsten der medizinischen Bibliothek der Budapester Rettungsgesellschaft« genauso auf wie an einem Abend, der »zur Linderung der Hochwasserkatastrophe des Jahres 1897 in Bad Ischl« gegeben wurde, im Theater an der Wien agierte sie »zum Besten des Journalisten- und Schriftstellervereins Concordia« und in einer anderen Wohltätigkeitsaufführung spielte sie »für das Armeninstitut Josefstadt«. »Zum Besten des Mädchen-Unterstützungs-Vereins« trat die Zweiundvierzigjährige 1895 im Carltheater als Lehrjunge Christopherl in Nestroys *Einen Jux will er sich machen* auf.

Bei einem Abendessen besprach die Schratt wenige Wochen vor der Aufführung Näheres mit Carltheater-Direktor Franz Jauner. Der Kaiser reagierte in einem Brief aus dem fernen Gödöllö eifersüchtig (eine Eigenschaft, die bei ihm auch in Zusammenhang mit anderen Freunden der Schratt immer wieder bemerkbar wird):

»Ihr Diner mit Jauner etc. muß sehr heiter gewesen sein. Wie
langweilig muß ich Ihnen dagegen vorkommen, wenn ich das
Glück habe, bei Ihnen zu speisen!…«

Die Schratt antwortete:

»Nun muß ich noch melden, daß ich die Gesellschaft und die
Diners mit Eurer Majestät allen Anderen vorziehe. – Wie
können Eure Majestät nur so etwas schreiben!«

Ritter von Jauner war als Direktor des am 8. Dezember 1881
abgebrannten Ringtheaters – bei dieser Katastrophe kamen 386
Menschen ums Leben – zu vier Monaten Arrest verurteilt und ihm
der Adelstitel aberkannt worden. Er hatte seine Karriere als Schauspieler am Burgtheater begonnen, war dann Direktor des Carltheaters, Dirigent und Leiter der Hofoper. Jahre nach dem Ringtheaterbrand kehrte er noch einmal ans Carltheater zurück. Um
eben auch einmal die Schratt dort auftreten zu lassen. Fünf Jahre
später nahm sich der verzweifelte Theaterbesessene, der für die
Bühne sein riesiges Vermögen geopfert hatte und zum Schluß
schwer verschuldet war, das Leben. Mit demselben Revolver, mit
dem sich sein Bruder Lukas erschossen hatte, jagte er sich in der
Direktionskanzlei des Carltheaters eine Kugel durch den Kopf. Die
Wiener konnten es kaum fassen, daß einer ihrer Lieblinge, der
Charmeur par excellence, Selbstmord begangen hatte. Rund zwei
Jahre nach dem Ringtheater ging übrigens auch das Stadttheater, in
dem Katharina Schratt ihre ersten Wiener Triumphe gefeiert hatte,
in einem Flammenmeer unter.

Die Zeitungen wußten die Wohltätigkeit der Schratt zu würdigen –
was ihrer Popularität sicherlich auch wieder zugute kam. So
schreibt das *Fremdenblatt* über ihren *Jux*-Auftritt bei Jauner im
Carltheater:

»Katharina Schratt, eine Künstlerin mit angeborenem,
ursprünglichem Humor, stellte sich mit Vergnügen in den
Dienst der Wohltätigkeit, welche diesmal mit so heiterer
Miene an die gebende Menschheit herantrat, und sie wurde das
Ereigniß dieser Matinée. Das Christopherl-Gewand saß ihr so
fesch und zierlich, aus ihrem blühenden Antlitz blitzte so viel

Jugendmuth und so viel Schelmerei hervor, daß man den prächtigen Burschen gar nicht aus den Augen lassen konnte. Geradezu überwältigend war der Burgtheater-Christopherl, wenn er mit offenem Munde und großen Augen die Heldentaten Weinberls (Franz Tewele) bewunderte; das tut ihm kein gewöhnlicher Christopherl nach...«

Die zweiundvierzigjährige Katharina Schratt als Lehrjunge Christopherl in Nestroys Posse »Einen Jux will er sich machen«

Am 13. Februar 1896 stirbt der gefeierte Burgschauspieler Ludwig Gabillon. Er war der Schratt-Partner in Erfolgen wie Schillers *Don Carlos* (sie spielte die Elisabeth), in Scribes *Ein Glas Wasser* (Anna) oder in Gustav Freytags *Die Journalisten* (Adelheid) gewesen. Auf den Tag genau ein Jahr nach Gabillon tritt ein anderer Titan von der Burgtheaterbühne ab: Friedrich Mitterwurzer nahm irrtümlich Chlorkali statt Speisesoda zu sich und stirbt an den Folgen. Für Burgtheaterdirektor Burckhard ein harter Schlag, denn er hatte einen Großteil seines Repertoirs auf diesem Schauspieler aufgebaut.

Gerade als Mitterwurzers Freund und ebenso berühmter Kollege Bernhard Baumeister die Todesnachricht vernommen hatte, und ziemlich deprimiert ins Burgtheater kam, traf er dort auf einen sehr unbegabten jungen Schauspieler. Man erzählt die Geschichte, daß ihm Baumeister, immer noch ganz benommen von der Trauerbotschaft, eine Ohrfeige versetzt und dazu die Worte gesprochen habe: »Herrgott! Sowas bleibt am Leben und Mitterwurzer mußte sterben.«

Auch Mitterwurzer war sehr oft Partner der Schratt gewesen – so etwa in der Komödie *Goldfische* oder – alternierend mit Sonnenthal – im *Hüttenbesitzer*, jenem Stück, in dem sie der Kaiser am liebsten sah. Sie spielte es insgesamt vierundneunzig Mal.

Als Claire im *Hüttenbesitzer* sah sie der Kaiser am liebsten

»Und wird mich bald in Ihrem Herzen verdrängt haben«
Beziehungen der Katharina Schratt zu anderen Männern und die Eifersucht des Kaisers

Im Sommer 1896 gab die Schratt ein Gastspiel am Münchner Gärtnertheater. Gemeinsam mit Hugo Thimig und Ernst Hartmann trat sie in dem Lustspiel *Der Herr Ministerialdirektor* von Alexandre Bisson und Albert Carré auf. Der Kaiser, der sich wie immer auf die Wochen in Ischl gefreut hatte – sie zählten für ihn zu den schönsten des Jahres, weil er die geliebte Frau dort wesentlich öfter sehen konnte als in Wien – mußte von diesem Gastspiel aus der Zeitung erfahren. Er reagierte enttäuscht, eifersüchtig und gereizt.

»Wiederholt sagte ich Ihnen in den letzten Tagen vor unserer Trennung, daß ich hoffe, Sie am 10. Juli in Ischl wieder zu sehen. Sie widersprachen nicht und stimmten bei; das war eigentlich falsch von Ihnen. Ich bin Ihnen gegenüber immer ganz offenherzig und Sie sind es nicht. Das erzeugt recht schwarze Gedanken. ... Doch ich habe ja eigentlich gar kein Recht zu klagen und will kein Wilczek oder Bulgare werden, schweige daher lieber.«

Die Eifersucht Franz Josephs war in diesen beiden Fällen begründet: Katharina Schratt hatte tatsächlich Verhältnisse mit den genannten Herren. »Der Bulgare«, wie ihn der Kaiser in unzähligen Briefstelen immer wieder nannte, war kein anderer als König Ferdinand I., der temperamentvolle und geistreiche Monarch Bulgariens, ein Theaternarr, der keine Gelegenheit ausließ, um nach Wien zu reisen und hier die »Burg« zu besuchen. Und die Schratt.

Bei seiner Vorliebe für Schauspielerinnen dürfte sie nicht der einzige »Theaterschwarm« gewesen sein. Hugo Thimig notiert, daß ihm eines Tages Dorotheumsdirektor Paul Schulz anvertraut habe, »daß der König etwas in die Marberg verschossen ist, aber die

Schratt darf's nicht wissen«. Die spätere Hofschauspielerin Lilli Marberg war damals gerade zwanzig Jahre alt, konnte der Schratt allerdings beim »Bulgaren« keine echte Konkurrentin werden – zu groß war die Zuneigung, die der König für seine »Kathi« empfand. Nichte Hryntschak erinnert sich:

> »Ja, der König von Bulgarien hat die Tante wahnsinnig verehrt. Kaum war er in Wien, ist er schon zu ihr nach Hietzing gekommen – wobei er seine Kinder nicht selten mitgebracht hat.«

Franz Joseph war die innige Beziehung der Schratt zu dem – auch ihm freundschaftlich verbundenen – König nicht entgangen. Und selbst was seinen Nebenbuhler betraf, war der Kaiser auf Tratsch erpicht: »Ich bin schon neugierig auf Alles, was Sie mir von ihm erzählen werden.« Und als er erfuhr, daß die Schratt im Jahre 1890 zur selben Zeit in Karlsbad zur Kur weilte wie Ferdinand I., meinte der Kaiser: »Beneidenswerther Fürst!« Überglücklich schien Franz Joseph zu sein, daß er – trotz des charmanten und wesentlich jüngeren »Bulgaren« – doch die »Nummer eins« im Leben der Schauspielerin blieb. Als er längere Zeit auf ein Antwortschreiben der Schratt wartete, jubelte der Kaiser von Österreich: »Sollte das ›an mich schreiben‹ zu einer knechtlichen Arbeit werden, so wäre ich sehr betrübt. Ich kann ja warten und warte ja noch immer nicht so lange wie der Bulgare gewartet hat, bis er einen Brief bekommen hat…« Ehe der König im Jahre 1891 zu seinem alljährlichen Besuch erwartet wurde: »…Doch an diesen Tagen wird wohl der Bulgare in Wien sein und dem gönne ich wirklich die Freude, Sie nocheinmal zu sehen, ehe er in seine langweilige Existenz nach Sofia zurückkehrt.«

Doch so richtig zufrieden war Franz Joseph erst, als er zwei Jahre später ein Telegramm erhielt, in dem ihm die Vermählung des bulgarischen Königs mit Marie-Prinzessin von Bourbon-Parma offiziell mitgeteilt wurde. »Unser Freund wäre also glücklich versorgt und das Weitere steht in Gottes Hand.«

Der Kaiser hatte sich zu früh gefreut: Die Verbindung des Königs zur Schratt blieb auch nach dessen Eheschließung aufrecht.

Im Briefnachlaß der Katharina Schratt fand sich auch das Konzept eines Schreibens an Ferdinand von Bulgarien. Es fällt auf, daß es im Ton weniger »ehrfürchtig« gehalten ist als die Briefe an Franz Joseph. Über ihren alten Freund Dr. Schulz als »Boten« erreichten den »Bulgaren« folgende Zeilen:

»Eure Königliche Hoheit! Liebster Freund! Vor allem Anderen: Ich bin eine schlechte, meineidige und ganz undankbare Person – ich habe mich unter aller Kritik benommen und bin nicht werth, dass mich die Sonne bescheint. So – *mehr* Böses können Sie mir, lieber Freund, auch nicht mehr nachsagen und da also eine Steigerung nicht mehr möglich ist, so hoffe ich von Ihrer Originalität, daß Sie den Stimmen der Nachsicht und Vergebung Raum geben werden. Also Gnade vor Recht! Wie es gekommen ist, dass ich – die so oft an Sie, liebster Freund, dachte und denke – noch immer nicht an Sie geschrieben habe, kann ich eigentlich selbst nicht sagen ... Königliche Hoheit können sich denken, daß ich alle Mittheilungen in den Journalen, die sich auf Sie beziehen, verschlinge ... Wie gerne möchte ich mir so eine Plauderstunde von früher zurückzaubern ... In Gedanken bin ich oft in Sophia und möchte für mein Leben gerne einen Weihnachts- oder Osterurlaub benützen, um bis dahin meinen Gedanken zu folgen. Aber, da es keine Tarnkapperln mehr gibt, als was könnte ich dort erscheinen, ohne Sie und mich zu compromittiren? Vielleicht wird ein Hoftheater gegründet und ich bekomme ein Gastspiel? Oder wollen Sie mich, lieber Freund, etwa unter einer Verkleidung kommen lassen? Bitte mir nur früher sagen zu lassen, in welcher Rolle. Dr. Schulz bringt auch ein paar Bilder von mir. Leider kein Neues als Erinnerung an Ihre treu ergebene Freundin Kathi.«

Auch über die Beziehung zu einem anderen Aristokraten war der Kaiser unterrichtet: die Schauspielerin war mit dem Grafen Hans Wilczek über Jahre hinweg sehr eng befreundet. Wilczek war eine in Wien gleichsam hervorstechende wie berühmte Persönlichkeit. Selbst ein namhafter Forschungsreisender, hatte er die österreichisch-ungarische Nordpolexpedition unter der Leitung von Julius Payer und Karl Weyprecht initiiert und finanziell unterstützt. Aufsehenerregendes Ergebnis der 1872–1874 durchgeführten Reise in das Nördliche Eismeer war die Entdeckung einer östlich von Spitzbergen gelegenen, bisher unbekannten Inselgruppe, die dem österreichischen Kaiser zu Ehren, Franz-Josef-Land genannt wurde (und auch heute noch, zu sowjetischem Staatsgebiet gehörend, *Semlja Franza Iossifa* heißt). Ein Teil von Franz-Josef-Land wurde nach dem Initiator der Expedition zur Wilczek-Insel erklärt.

In die Geschichte Österreichs ist Wilczek aber auch als Gründer der Wiener Freiwilligen Rettungsgesellschaft eingegangen. Er hatte nämlich nach dem Ringtheaterbrand erkannt, daß bei der Katastrophe deswegen unzählige Menschen ums Leben gekommen waren, weil es in der Hauptstadt der Monarchie so gut wie keine fachlich geschulten Sanitäter gab.

Populär war der Vertraute der Schratt aber, weil er in Wien als unvergleichliches Original galt. Zu seinen besten Freunden zählte Gustav Pick, der Schöpfer des berühmten Wiener Fiakerlieds. Pick hatte diesen bis heute unvergleichlich beliebten Schlager aus Anlaß eines Wohltätigkeitsfestes in der Rotunde für Wilczeks Rettungsgesellschaft verfaßt. Alexander Girardi sollte das Lied bei dieser Veranstaltung im Jahre 1885 erstmals singen, nachdem – in Anwesenheit zahlreicher Wiener Fiaker, auch Rudolfs Bratfisch war dabei – die Generalprobe abgehalten wurde. Girardi, der die Melodie für »nicht lebensfähig« hielt, machte sie durch seinen Gesang zum Volkslied.

Gustav Pick war Wilczek dermaßen verbunden, daß er ihn sogar bei einer zweiten Polarexpedition begleitete. Über die beiden standesmäßig ungleichen Freunde gibt es unzählige Anekdoten. Eine erzählt von einem Besuch des Komponisten auf dem Gut des Aristokraten in Seebarn. Pick wurde durch Wilczeks Jagdmeister vom nahegelegenen Bahnhof abgeholt und folgendermaßen begrüßt:

»Sind Euer Durchlaucht gut gereist?«

»Ich bin keine Durchlaucht!«

»Verzeihen, Euer Erlaucht.«

»Ich bin kein Graf, ich bin ein Jud.«

»Oh, entschuldigen Sie, Herr Baron!«

Auf Wilczek war der Kaiser ebenso eifersüchtig wie auf »den Bulgaren«. Doch vergaß Franz Joseph selbst in solchen Fällen niemals die Noblesse. Als Toni von Kiss, der Sohn Katharina Schratts, Ende Dezember 1888 an Masern erkrankt war, schickte ihr Franz Joseph seinen Arzt Professor Hermann von Widerhofer ins Haus. Dem Kaiser war aber vom Leibarzt untersagt worden, die Schratt in dieser Zeit zu treffen – wie man bei dem Monarchen aus begreiflichen Gründen in Zusammenhang mit ansteckenden Krankheiten überhaupt besonders vorsichtig reagierte und ihn stets so gut wie möglich vor der Umwelt »schützte«. Als der Kaiser die »Schreckensbotschaft«, wie er sagte, von der bevorstehenden Trennung erhielt, ahnte er natürlich, daß diese Vorsichtsmaßnahme für Normalsterbliche nicht galt. Den Neujahrswünschen an die Schratt fügte Franz Joseph die Zeilen bei: ». . . Heute kommt der Präsident der Rettungsgesellschaft (Wilczek, Anm. d. A.) zu mir in Audienz. Der macht sich gewiß nichts aus den Masern und kann Sie sehen so viel er will! Es ist doch recht hart ein Megalotis zu sein!«

Der Kosename Megalotis war dem Kaiser übrigens von Elisabeth verliehen worden – die humanistisch geprägte Kaiserin hatte das Wort aus dem Griechischen abgeleitet. Es bedeutet Majestät.

Katharina Schratt an den Kaiser:

> »Den kleinen Hieb wegen Wilczek habe ich dankend empfangen und kann nur sagen, daß Eure Majestät wie immer Recht haben. Ich habe mich wieder einmal schlecht benommen. Ich werde mir aber die kleine Lektion merken und mich nicht mehr vom ersten Eindruck lenken lassen.«

Von einem Kuraufenthalt, während dessen Franz Joseph auf einen anderen Aristokraten eifersüchtig reagierte, schreibt sie nach Schönbrunn:

> »Auch der kleine schwarze Graf, mit dem ich von Eurer Majestät ungerecht verdächtigt wurde, ist da – aber wenn er

wirklich tausendmal schöner und gescheiter wäre, so könnte ich mich doch nicht für ihn intereßiren, da alles Intereße von mir nur bei Eurer Majestät ist. Einigemale versuchte er sich mir zu nähern, da ich aber unempfänglich für seine schöne Rede blieb, hat er mich wieder aufgegeben. Der Graf heißt Tony ...«

Als argen Konkurrenten empfand der Kaiser auch den deutschen Botschafter in Wien, Philipp Graf (seit 1900 Fürst) Eulenburg. Die Schratt war auch diesem hochrangigen Aristokraten viele Jahre hindurch freundschaftlich verbunden. Der Kaiser schreibt im Frühling 1896 von der Riviera, daß Elisabeth ihm gegenüber »die Bemerkung machte, daß mir Graf Eulenburg gefährlich werden wird. Das fürchte ich, wie Sie wissen schon lange, denn der Botschafter ist sehr aimable, viel geistreicher und amusanter wie ich und wird mich nur zu bald in Ihrem Herzen verdrängt haben. So werde ich beständig von schwarzen Gedanken verfolgt und es ist höchste Zeit, daß Sie mich wieder selbst beruhigen, daß ich wieder in Ihre lieben, klaren Augen sehe ...«

Und eine Woche später: »Daß Sie Graf Eulenburg dreimal gesehen haben, ist nach meinem Geschmacke zu oft. Hoffentlich bleibt es auch künftig nicht gefährlich.«

»Gefährlich« wurde Eulenburg im Sinne des Kaisers nicht – im Gegensatz zum »Bulgaren« und zu Wilczek dürfte er kein Verhältnis mit der Schratt gehabt haben. Dafür nützte er seine guten Kontakte zu ihr, um private Informationen an seine Regierung in Berlin weiterzuleiten:

> »Wer die Persönlichkeiten nicht alle in ihrer Eigenart kennt, wird dieses eigentümliche Verhältnis zwischen Kaiserpaar, Schauspielerin und Töchtern nicht begreifen.«

Eulenburg betätigte sich auch als Poet und versäumte keine Gelegenheit, die Schratt zu bitten, aus seinen »Werken« zu lesen. Diesen Gefallen tat sie dem Botschafter auch, als sie zu einer Wohltätigkeitsveranstaltung im Wiener Bösendorfersaal eingeladen worden war. Nach Eulenburgs Märchen *Weshalb die Rosen Dornen haben* las sie auch Kindergeschichten »von Anderen«.

Mittwoch den 8. Dezember 1897, Nachmittags 4 Uhr:

Märchen-Vorlesung

der Frau

Katharina Schratt,

k. k. Hof-Schauspielerin,

zu Gunsten des Frauen-Wohlthätigkeits-Vereines

„Providentia"

unter dem Protectorate Ihrer Excellenz der Frau Gräfin

Anastasia Kielmansegg-Lebedeff.

Programm:

I.

„Weshalb die Rosen Dornen haben" von Graf Eulenburg.

„Der Tannenbaum"
„Die Hirtin und der Schornsteinfeger" } von Andersen.
„Die Stopfnadel"

„Das Lumpengesindel" von Grimm.

II.

„'s gfangn Waldvögerl" von Flesheim.

„Zanker", eine Hundegeschichte, von Graf Eulenburg.

„Ostern in den Gassen" } von Chiavacci.
„Der Kreutzer"

Märchenstunde für den
befreundeten Grafen

Die verschiedenen Männerbekanntschaften der Schratt – neben Kaiser Franz Joseph I. vor allem der bulgarische König sowie Graf Wilczek – sprachen sich natürlich in Wien, der Stadt des Kaffeehaustratsches, wie ein Lauffeuer herum. So ist auch ein Witz zu erklären, der in der damaligen Zeit kursierte: »Hast schon g'hört? Die Schratt ist narrisch worden!«

»Wieso?«

»Sie hat dem Franz Joseph g'sagt, er ist der Erste!«

Nicht nur in hocharistokratischen Kreisen galt die Schratt als begehrenswerte Frau. Ein gewisser Felix Weiner verfolgte sie lange Zeit quer durch Europa und überschüttete sie mit Heiratsanträgen. Der Kaiser, der natürlich auch davon wußte, machte sich die größten Sorgen um ihre Sicherheit und wollte in allen Details über den verliebten Jüngling informiert werden. Franz Joseph an die

Schratt: »Im gestrigen Morgenblatt des *Fremdenblatts* stand schon die Meldung Ihrer Ankunft in Mendelhof und so wird es Herrn Felix Weiner nicht schwer werden, Sie zu finden. Ich bin neugierig, wann ich Ihr erbetenes Telegramm mit der Anzeige seines Eintreffens erhalten werde...« Ein anderes Mal: »Ich habe vergessen, Sie zu bitten, mir zu telegraphieren, sobald Herr Felix Weiner in Carlsbad eintrifft. Vielleicht haben Sie die Güte meine Neugierde, oder eigentlich mein Interesse zu befriedigen.« Nach dem tatsächlichen Eintreffen des jungen Mannes fürchtete der Kaiser, »daß die Frechheit Felix Weiners den ganzen Erfolg Ihrer Kur zerstören wird. Ich bin desparat, daß Sie von diesem unqualificirbaren Menschen keine Ruhe bekommen können und daß die Polizei so wenig thut, um Ihnen dieselbe zu verschaffen.« Und endlich, als die Schratt wieder einmal auf Kur weilte: »Ich bin froh, daß Herr Felix Weiner Sie in Gastein nicht belästigt hat. Wie mir Fürst Liechtenstein sagte, kommt das daher, daß der freche Jüngling kein Geld mehr hat...«

Weiner war tatsächlich infolge der heftigen Reisetätigkeit der Schratt und der damit für ihn verbundenen Spesen völlig verarmt und hatte in seiner Verzweiflung bei der »Verfolgungsjagd« in Bad Ischl ausgerechnet den Polizeibeamten Bayerl, der mit dem Schutz des Kaisers betraut war, angeschnorrt. »Wirklich ebenso frech wie naiv«, lautete der Kommentar Franz Josephs.

Nachdem er die Schratt zwei Jahre lang nicht aus den Augen gelassen hatte, landete Herr Weiner im Krankenhaus, »weil seine Mutter die Verantwortung der Überwachung nicht übernehmen wollte«. Der Kaiser hofft brieflich: »Wenn er nur nach ärztlicher Entscheidung in ein Narrenhaus käme...«

»Vom Cocainwahn befallen, irrsinnig und gemeingefährlich«
Katharina Schratt, der Kaiser und der »Fall Girardi«

»Es gab im Leben der Tante Kathi einige Männer, die sie sehr gern hatte«, erzählt die Nichte, »aber nur einen, den sie wirklich geliebt hat. Und das war der Girardi.« Über den Grund, warum aus den beiden populärsten Schauspielern Wiens kein Ehepaar wurde, gibt es zwei Versionen: Girardi sagte zu Bertha Zuckerkandl: »Für einen Baron hat sie mich sitzen lassen« und er meinte damit Nikolaus von Kiss. Die Schratt wiederum vertraute ihrer Nichte an, daß sie Girardi nicht geheiratet hätte, »weil er einen schlechten Charakter hat«. Während er ihr Heiratsanträge machte, hätte er ein Verhältnis mit einer anderen gehabt. Anton Maria Girardi, der Sohn des Schauspielers, bestätigt in der Biographie seines Vaters die Gerüchte, wonach dieser und die Schratt verlobt gewesen wären.

Jahrzehnte nach dem Abenteuer mit Alexander Girardi gelang es der Schratt jedenfalls, ihn vor einer existenzbedrohenden Katastrophe zu bewahren, ohne ihre Hilfe wäre er ins Irrenhaus eingeliefert worden. Der »Fall Girardi«, bei dem die Schratt eine Hauptrolle gespielt hatte, zählte im Wien vor der Jahrhundertwende zu den meistdiskutierten Skandalen.

Begonnen hat es damit, daß sich der am Höhepunkt seiner Popularität stehende, aber – wie sein Sohn schreibt – als Liebhaber grenzenlos naive Volksschauspieler in Helene Odilon, »die gefährlichste Frau Wiens« unsterblich verliebt hatte. Die Schauspielerin war von Berlin ans Wiener Volkstheater gekommen und hatte hier die Herzen des Publikums erobert. Wien war eine Stadt, meinte Karl Kraus, die vor Helene Odilon auf dem Kopf stand. Das »Sexualwunder« hatte es verstanden, innerhalb weniger Jahre mittels ihres verführerisch schmiegsamen Körpers, ihrer sinnlichen Sprechweise und ihres unvergleichlichen Lächelns Wiens Männerwelt zu verhexen. Ihr Geheimnis glaubte Oskar Maurus Fontana erkannt zu haben: »Die Mode der Zeit war hochgeschlossen, auch im Geistigen. Sie liebte das Decolleté, das Ahnenlassen, auch im Geistigen. Nichts Dekadentes war in ihr, sie hatte den gesunden Appetit eines jungen Raubtieres.«

Und diesem Raubtier war ausgerechnet Alexander Girardi, der ehemalige Schlosserbub aus Graz, in die Krallen geraten. Als der Gott-weiß-wievielte Mann, denn ihre Liebesaffären waren in der Stadt ihrer großen Erfolge Legion gewesen.

Am 14. Mai 1893 gab Pauline Fürstin Metternich ihr alljährliches Fliederfest. Girardi kommentierte es in seinem volkstümlichen Jargon so: »Derer ihr ganzes Fliederfest wär' in Frans'n gangen, ich hätt' bloß sagen braucht, daß wir heiraten.« Denn, hätten der dreiundvierzigjährige Erzkomödiant und seine siebenundzwanzigjährige Kollegin ihre Hochzeit an eben diesem Nachmittag nicht geheimgehalten – ganz Wien hätte der Trauung beigewohnt. Ihre Sensation hatten die Wiener dann eben ein paar Tage später, als doch bekanntgeworden war, daß sie geheiratet hatten: Helene Odilon, die verführerischste Frau und Alexander Girardi, der – gleich nach dem Kaiser – populärste Mann von Wien, ein Künstler, von dessen Kleidungsgewohnheiten eine ganze Modeindustrie lebte. Im ganzen Raum der Monarchie hatte jeder, der auf sich hielt, einen aus Stroh geflochtenen »Girardihut« auf dem Kopf, war – wie Girardi – in einen Pelzmantel gehüllt und auf ein zartes Girardi-Stöckchen gestützt. Zwischen den Lippen klemmte stets die unvermeidliche Zigarre mit weißer Papierspitze. Das war Girardi und die Männerwelt wollte es ihm gleichtun. Seit seinen ersten Erfolgen als Dritter-Akt-Komiker am Theater an der Wien war alles im Girardi-Fieber.

Die Ehe wurde – wie es ihm Freunde vorausgesagt hatten – zur Hölle auf Erden. Die Odilon dachte nicht daran, ihre Liebschaften aufzugeben. Der im Privatleben zu Depressionen neigende Komiker wurde krankhaft eifersüchtig. Nicht nur wegen der zahlreichen Männerbekanntschaften seiner leichtlebigen Frau, sondern auch auf ihre immer größer werdenden beruflichen Erfolge. Helene

Odilon beschreibt in ihren Memoiren mit dem mutigen Titel *Das Buch einer Schwachsinnigen* den Abend nach ihrer glanzvollen hundertsten Vorstellung als *Madame Sans-Gêne* am Volkstheater, während der sie mit unzähligen Blumenkörben und Kränzen überschüttet worden war: »...Freudetrunken kehrte ich in meine Wohnung zurück. Wie ich glücksstrahlend Girardi von den mir zuteil gewordenen Ehrungen erzählte, nimmt er ein ganz ausdrucksloses Gesicht an und verlangt schließlich, daß die Blumen, die ich nach Hause gebracht, hinausgeworfen werden, ›weil man von dem Zeug nur Kopfschmerzen bekommt‹. Ganz niedergeschlagen schleiche ich mich in mein Speisezimmer... Nach einigen Minuten tritt auch Girardi ins Zimmer, aber, welch ein beschämender Anblick! Ein Tischtuch als Toga um den Leib geworfen, in der Hand einen – Nachttopf, kniet er vor mir nieder und mit malitiöser Miene ruft er in seinem burgtheatralischen Deutsch mir zu: ›Heil! Heil, der großen Künstlerin!‹«

Die zahlreichen Affären seiner Frau hatten aus Girardi ein Nervenbündel gemacht. Doch was das Schrecklichste für ihn war: Während seine geliebt-gehaßte Frau einen Triumph nach dem anderen feierte, war er den ehelichen Belastungen nicht gewachsen, sodaß plötzlich seine Wirkung beim Publikum nachließ. Genau in den Tagen, als es zum Höhepunkt der Ehekrise kam, hatte Girardi mit der Operette *Waldmeister* von Johann Strauß Premiere am Theater an der Wien. Der Star hatte schon während der Probezeit ausspringen wollen, und es gelang nur durch persönliche Intervention des »Walzerkönigs«, daß er überhaupt in seiner Rolle als Botanikprofessor Erasmus Müller auftrat. Girardi, der es gewohnt war, sein Publikum zu elektrisieren, sobald er nur die Bühne betreten hatte, fand nun selbst bei den komischsten Szenen Totenstille im Theatersaal vor. Der vom Erfolg verwöhnte Liebling sah keinen anderen Ausweg als zur Droge zu greifen: Nachdem er einmal trotz einer Halsentzündung auftreten und zur Erhöhung der körperlichen Leistungsfähigkeit Cocain hatte schnupfen müssen, wurde er jetzt süchtig, um seinen Jammer vergessen zu können.

In dieser Situation befand sich die gerade zweijährige Ehe Girardis, als Helene Odilon von einem der wohlhabendsten und einfluß-reichsten Männern Wiens, dem Bankier Albert Baron Rothschild, heftig umworben wurde. Für Girardi: Wie bei der Schratt »wieder ein Baron«, der ihm die Frau wegschnappen wollte. Auf dem Schreibtisch seiner Frau entdeckte er ein Stück Löschpapier mit Tintenspuren. Mit Hilfe eines Spiegels gelang es dem rasend eifer-süchtigen Volksschauspieler, Spuren einiger Liebeszeilen zu entzif-fern, die seine Frau an Rothschild geschrieben hatte.

Es kam zu erbitterten Szenen, Helene Odilon ließ mitten in der Nacht vom Dienstmädchen ihre Koffer packen und übersiedelte ins Hotel Sacher.

Um ihren Mann loszuwerden, ersann sie jetzt einen teuflischen Plan. Sie ließ am nächsten Morgen den berühmten Psychiater Professor Julius Wagner-Jauregg zu sich ins Hotel kommen. Er sollte Girardi ins Irrenhaus bringen. Der spätere Nobelpreisträger und Gegenspieler Sigmund Freuds setzte sich mit Girardis Hausarzt Dr. Joseph Hoffmann in Verbindung, um gemeinsam mit ihm den Schauspieler in seiner Palaiswohnung aufzusuchen. Die beiden Ärzte gingen nun in die Wiener Nibelungengasse, trafen Girardi aber nicht zu Hause an. Und dann passierte das Unfaßbare: Professor Dr. Julius Wagner-Jauregg diagnostizierte – ohne Girardi persönlich gesehen zu haben – daß dieser »vom Cocainwahn befallen, irrsinnig und gemeingefährlich« sei und beantragte bei der Wiener Polizeidirektion seine Einweisung in die Irrenanstalt Svetlin. Wagner-Jauregg rechtfertigte sich später damit, daß er sich auf die Aussagen Dr. Hoffmanns verlassen hätte.

Girardi war, als Wagner-Jauregg und Hoffmann an seiner Tür geklopft hatten, wohl zu Hause, doch hatte er dem Personal Anweisung gegeben, nicht zu öffnen; er war mittlerweile von Freunden telephonisch von der geplanten Einweisung informiert worden. Der Schauspieler schaute jetzt zum Fenster hinaus und entdeckte vor seinem Haus tatsächlich einen Ambulanzwagen mit zwei Wärtern, die ihn abzupassen und festzunehmen hatten.

Nun nahm die Tragödie kurzfristig einen komödiantischen Ver-lauf: Als der Nachbar des Schauspielers, ein hochrangiger Staatsbeamter, der – wie so viele Wiener – á la Girardi gekleidet war, auf die Straße trat, wurde er von den Wärtern in den Krankenwagen gezerrt.

Nachdem sich die Festnahme im Sanatorium Svetlin dann als Mystifikation erweisen hatte, erließ Polizeipräsident Franz Ritter von Stejskal an sämtliche Dienststellen den Fahndungsbefehl, »den Schauspieler Alexander Girardi, wo immer er angetroffen werde, als gemeingefährlich festzunehmen.«

Der Komödiant verkleidete sich jetzt – er hatte eine weiße Perücke und einen Bart für ein Grazer Gastspiel in seiner Wohnung – und begab sich in den Modesalon Madeleine im ersten Stock seines Hauses. Über einen Durchgang geriet Girardi in das zum Salon gehörende Atelier im Nebenhaus.. So trickste er seine mittlerweile wieder eingetroffenen Verfolger aus und flüchtete über eine andere Stiege. In seiner Verzweiflung hatte er nur einen Gedanken: Zur Kathi Schratt – sie war dank ihrer Beziehungen die einzige, die seine polizeilich beantragte Einlieferung ins Irrenhaus verhindern konnte. Es war Abend geworden und der verkleidete Girardi ließ sich durch einen Fiaker auf dunklen Schleichwegen in die Gloriette-gasse bringen.

Das Stubenmädchen meldet der Schratt: »Ein alter Mann ist da, er bittet, die gnädige Frau sprechen zu dürfen.«

Die wohltätige Schratt weist Bettler und Hausierer selten ab und läßt ihn herein. Der »alte Mann« tritt ein und schluchzt: »Kathi, ich bitt dich, erbarm dich meiner.«

Ein Abendessen wird gerichtet und Katharina Schratt läßt sich von ihrem ehemaligen Verlobten das ganze Drama in allen Einzelheiten schildern. »Gut, morgen Vormittag werd ich mit Seiner Majestät darüber sprechen,« beruhigt sie den Freund. Da es für den polizei-lich gesuchten Schauspieler zu gefährlich wäre, das Haus noch einmal zu verlassen, richtet sie ihm ein Bett in einem ihrer beiden Gartenpavillons her. Dort befinden sich große Kartons voll mit Spielzeug aus der Kindheit des Schratt-Sohnes Toni. Auch eine Sammlung alter Bleisoldaten ist vorhanden, unter anderem ein ganzes Bosniakenregiment und der Kaiser hoch zu Roß. Girardi nimmt ein winziges Geschütz, stellt es auf den Fußboden und richtet das Kanonenrohr gegen die Glastür des Pavillons. »Falls in der Nacht wer kommen sollte, um mich zu holen«, sagt er und lacht.

Am nächsten Tag ging die Schratt in aller Früh zum Kaiser: »Majestät, in Ihrem Staat geht es schön zu,« begrüßte sie ihn und erzählte dann von der Verfolgung ihres Freundes.

Der gewissenhafte Kaiser wollte nicht voreilig handeln: »Der Girardi muß sich unbedingt einer ärztlichen Kommission zur Untersuchung stellen. Wenn die konstatiert, daß er gesund ist, laß' ich die polizeiliche Verfügung sofort aufheben, früher nicht.«

Die Schratt ging nach Hause, beruhigte Girardi und rief den gemeinsamen Freund und Burgtheaterkollegen Max Devrient an. Devrient war damals die eleganteste Erscheinung des Burgtheaters. Hans Thimig, der jüngste Sohn Hugo Thimigs, der selbst noch mit Devrient auf der Bühne stand, erinnert sich: »Max Devrient war so nobel, daß er selbst bei den Proben nur mit weißen Handschuhen die Bühne betrat. Das Theater verglich er mit einem Gotteshaus, denn als er mich einmal mit dem Hut auf dem Kopf in der ›Burg‹ sah, stellte er mich und fuhr mich in scharfem Tonfall an: ›Junger Mann! Die Bühne ist etwas Heiliges. Auch wenn es dunkel ist und kein Mensch da ist, hat man den Hut abzunehmen!‹«

Die Schratt entschied nun, daß die elegante Villa dieses seriösesten aller Kollegen der richtige Ort für Girardi wäre, die nächste Nacht zu verbringen. Da man Angst hatte, daß eine aus Wiener Ärzten bestehende Kommission die Diagnose Wagner-Jaureggs – aus reiner Kollegialität – bestätigen würde, erhielt das Kollegium den Salzburger Psychiater Regierungsrat Dr. Hinterstoisser aus Mattsee zum Vorsitzenden. Am 10. Dezember 1895, vierundzwanzig Stunden nachdem die Schratt beim Kaiser interveniert hatte, untersuchten die Ärzte den Schauspieler Alexander Girardi in der Villa des Hofschauspielers Max Devrient in der Döblinger Hasenauerstraße auf seinen Geisteszustand. Er wurde für völlig normal befunden.

»Wer von den Psychiatern sich da nur ›geirrt‹ haben mag?«, fragt Helene Odilon in ihren Memoiren, auf die beiden einander widersprechenden Gutachten anspielend. Sie, die nach Bekanntwerden der Affäre mit Drohbriefen überschüttet und in Wien geächtet wurde, verteidigte sich dann noch: »Gesetzt den Fall, Dr. Hinterstoisser wäre wirklich im Recht gewesen – kann man es mir verübeln, wenn ich einer Kapazität vom Rufe des Professors Wagner-Jauregg Glauben schenkte?« Wenige Wochen später, am 16. Januar 1896, vormittags um elf, wurde das ungleiche Paar geschieden.

Für die Presse war der »Fall Girardi« natürlich ein Fressen. Nach dem skandalösen Attest Wagner-Jaureggs erstellten auch die Karikatursiten ihre »Gutachten«

Girardis Karriere erlebte nach dieser, ganz Wien in helle Aufregung versetzenden Affäre einen weiteren Höhenflug. Er konnte durch diese Popularität an jeder Bühne jeden Vertrag bekommen, den er wünschte. Da er die Eigentümerin, Direktorin und Regisseurin des Theaters an der Wien nicht leiden konnte, setzte er durch, daß sie in ihren eigenen Hausrechten beschnitten wurde. So findet sich in seinem Kontrakt mit den Theater an der Wien der ungewöhnliche Paragraph: »Wenn Herr Girardi in einer Probe die Bühne betritt, hat Fräulein von Schönerer dieselbe augenblicklich zu verlassen.«

Girardi war bei Kollegen und Mitarbeitern unbeliebt – sicherlich nicht nur aus Neid über seine Erfolge, auch weil er seinen unvergleichlichen Aufstieg zum Publikumsliebling nur schwer verkraftet hatte. Es war damals üblich, daß die Gagen immer unmittelbar vor der Vorstellung ausbezahlt wurden. Girardi war berühmt dafür, daß er solange mit verschränkten Armen vor dem großen Wandspiegel seiner Künstlergarderobe saß, bis der Kassier den Gagenzettel in den Spiegelrahmen geklemmt und das vertraglich fixierte Spitzenhonorar von vierhundert Kronen pro Abend auf den Schminktisch gelegt hatte. Dann erst durfte der Garderobier eintreten und den Publikumsliebling für den Auftritt herrichten.

Als ihn einmal Elevinnen des Theaters an der Wien bei einem Spaziergang im Volksgarten trafen und freundlich »Guten Morgen, Herr Kollege!« grüßten, drehte er sich um und erwiderte, nicht gerade sehr charmant: »Bin ich a Hur, daß sie Kollege sagen?«

Der aufsehenerregende »Fall Girardi« war natürlich auch Anlaß für harte Kritik an den österreichischen »Vorschriften über Irrenwesen«. Wie war es möglich, fragte die Öffentlichkeit, daß ein Mann, ohne tatsächlich erfolgte psychiatrische Untersuchung in eine geschlossene Anstalt hätte eingeliefert werden sollen? Wie schützt sich ein Betroffener, der keinen direkten Draht zur Frau Schratt und damit zum Kaiser hat? Kein Geringerer als der Jurist und Burgtheaterdirektor Dr. Max Burckhard verlangte in der österreichischen *Zeit* eine radikale Gesetzesänderung: »Die Behörde war zu allem bereit,« schreibt er zum ›Fall Girardi‹, »die Atteste waren ihr nichts als die Mittel, sich den Wünschen des Barons Soundso und der Frau Soundso* gefügig zu erweisen. Und wäre der Wunsch, der Frau Schratt gefällig zu sein, nicht der stärkere gewesen, so hätte man Girardi eben ›eingefangen‹ und zwangsweise in die Anstalt gebracht, und vielleicht hätte er dort zu toben angefangen, wie ich und hundert andere im gleichen Falle toben würden, und wahrscheinlich wäre er heute noch drinnen. Und da wagt man zu bestreiten, ob unsere Vorschriften über Irrenwesen ganz erbärmlich sein müssen und daß auf dem Gebiete des Irrenwesens dem Verbrechen, der Fahrlässigkeit und dem Irrtum Tür und Tor weit offen stehen!«

Die jetzt einsetzende Diskussion war von Erfolg gekrönt: Jahre nach der Girardi-Affäre brachte Franz Joseph eine kaiserliche Verordnung heraus, in der das Problem der Entmündigung völlig neu geregelt wurde. So ist – und im wesentlichen gilt diese Novellierung bis zum heutigen Tag – ein gerichtliches Verfahren notwendig, ehe eine Person in eine Anstalt für Geisteskranke eingeliefert wird. Nicht ein von der gegnerischen Partei bestimmter Psychiater sondern ein vom Gericht berufener unabhängiger untersucht den Patienten.

»Ein Fall Girardi wäre heute nicht mehr möglich«, sagte der Kaiser befriedigt, nachdem er die Verordnung verabschiedet hatte.

Rund ein Jahr, nachdem der Girardi-Spuk vorbei war, traten Kathi Schratt und Xandl Girardi, die beiden Lieblinge des Wiener Publikums, anläßlich einer »Benefice-Vorstellung« in Ferdinand Raimunds *Verschwender* im Raimundtheater gemeinsam auf. Girardi spielte den Valentin, die Schratt die Rosa. In ganz Wien war längst bekanntgeworden, daß sie ihn durch Intervention des Kaisers vor dem Abgrund gerettet hatte. Der Auftritt hatte Volksfestcharakter und wurde zur unvergleichlichen Sympathiekundgebung des Publikums. Der Höhepunkt des Jubels brach aber erst aus, als Girardi die Raimund-Zeilen zu singen hatte: »Vom Verstand will ich nichts

---

* Gemeint sind Baron Rothschild und Helene Odilon

wissen, weil ich zu bescheiden bin...« Dabei tippte er vielsagend
mit dem Zeigefinger auf seinen Kopf und machte seinen berühmten,
einmalig-komödiantischen Augenaufschlag.

Die Sensation von Wien:
Katharina Schratt und Alexander Girardi auf einer Bühne:
»Vom Verstand will ich nichts
wissen, weil ich zu bescheiden
bin...«

Einige Zeit später wollte der Kaiser seinen Schützling Girardi auch
persönlich kennenlernen. Man traf sich bei Kaffee und Kuchen in
der Schratt-Villa. Der Kaiser erzählte, die Schratt erzählte – nur
Girardi sprach kein Wort. »Was ist denn mit Ihnen los, Girardi?«,
wollte Franz Joseph wissen, »Sie sollen der amüsanteste Mann von
Wien sein!«
Worauf der Schauspieler seufzte: »Schon, schon, Majestät. Aber
jausnen Sie einmal mit dem Kaiser von Österreich!«
Der Bann war gebrochen und das vom Kaiser ersehnte Plauderstündchen am Nachmittag gerettet. Franz Joseph empfing Girardi
im Verlauf der kommenden Jahre auch mehrmals in Audienz. Für
die Zeitungen waren solche Begegnungen der beiden populärsten
Männer der Monarchie jeweils reif für Schlagzeilen.

18 Als Franz Joseph und Elisabeth 1879 Silberne Hochzeit feierten, heiratete die Schratt Herrn von Kiss

19 Die Kaisertöchter Gisela und Marie Valerie. 20 Déjeuner in den kaiserlichen Gemächern. Franz Joseph und Elisabeth fanden keine Gesprächsthemen. Die Schratt wußte aber viel zu erzählen

21　Ankunft in Bad Ischl. Von der Kaiservilla führte ein Steg zum Grundstück der Villa Felicitas, die Katharina Schratt für die Sommermonate gemietet hatte. Franz Joseph kam jeden Morgen zum Frühstück und genoß die Gesellschaft der geliebten Freundin

22 Elisabeth initiierte die
Freundschaft Kaiser–Schratt.
23 Ida von Ferenczy, eine
der wenigen am Hof, die der
Schratt gut gesinnt waren.
24 Franz Joseph und Kam-
merdiener Eugen Ketterl

25 Mehr als drei Jahrzehnte dauerte die schauspielerische Karriere der Katharina Schratt. In dieser Zeit verkörperte sie hunderte Rollen, ihr Repertoire reichte von Klassikern bis zu trivialen Komödien. Auch in Hosenrollen war sie zu sehen

26 In dem Lustspiel »Frau Wahrheit will niemand beherbergen« – vom Burgtheater anläßlich des 400. Geburtstags von Hans Sachs gegeben – gefiel Katharina Schratt dem Kaiser so gut, daß Elisabeth sie in dieser Rolle von dem Maler Franz Matsch porträtieren ließ. Das Bild schenkte sie dann Franz Joseph

28 Mit dem Korb auf dem Rücken, als Lorle in dem Schauspiel »Dorf und Stadt« – so trat die Schratt ihr Engagement am Wiener Hofburgtheater an. Diese Rolle zählte damals schon sehr bald zu ihren beliebtesten

27 Heinrich Laube holte die Schratt im Jahre 1873 von Berlin an sein Wiener Stadttheater. Von hier aus unternahm die bald sehr populäre Schauspielerin zahlreiche Gastspiele, die sie in alle Teile der Monarchie führten. In der Komödie »Die Seiltänzerin« trat sie unter anderem auch in Triest auf

29–39 Die vielen Gesichter einer Frau. Die Züge der Katharina Schratt veränderten sich ständig. Franz Joseph war von ihren Augen fasziniert. »Augen einer Melusine, die sich nach dem Wasser sehnt«, schreibt Hermann Bahr, »verträumt, unirdisch, entrückt ...« Um den Mund blitzt es hingegen – laut Bahr – »sehr weltlich, sehr irdisch, hausfraulich verständig«

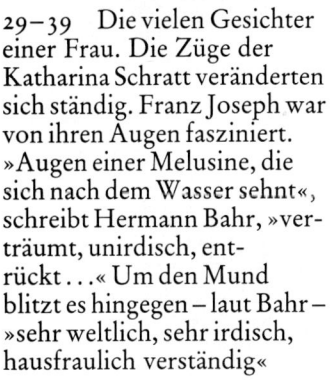

Die drei wichtigsten Theaterstationen der immer populärer werdenden Schauspielerin Katharina Schratt. Ihr Wiener Debüt hatte sie 1873 am Stadttheater (40). Hier wurde sie zum ersten Mal von Kaiser Franz Joseph in »Der Widerspenstigen Zähmung« gesehen. Jahre später wechselte sie ans Burgtheater, das damals noch am Michaelerplatz (41) stand. Es war mit den kaiserlichen Gemächern in der Hofburg verbunden. Nach Eröffnung der neuen »Burg« wechselte sie in das Haus auf der Ringstraße (42) über. Hier blieb sie bis zu ihrer frühzeitigen Pensionierung

Nachdem er von der Schratt
dem Kaiser vorgestellt worden
war, wurde Alexander Girardi
des öfteren von Franz Joseph
in Audienz empfangen, Der
»Fall Girardi« gehörte bald
zur Justizgeschichte Österreichs

Eine andere Anekdote in Zusammenhang mit dem Kaiser hatte der
eitle Girardi selbst in die Welt gesetzt. Er sei einmal neben Franz
Joseph durch Ischl spaziert und da hätten sich die Leute umgedreht
und gefragt: »Wer is denn der alte Herr in der Uniform neben dem
Girardi?«

Geschichten aus Monte Carlo
Die teuren Leidenschaften der Kathi Schratt

Die Wintermonate verbrachte man – so man es sich leisten konnte – im Süden. Katharina Schratt hätte es sich eigentlich nicht leisten können. Sie hatte zwar eine sehr gute Gage am Burgtheater, doch dafür sollte sie ja anwesend sein und auftreten. Aber der Kaiser machte seiner Freundin auch die ausgedehnten Winterferien möglich. Es gibt einen Brief, in dem er ihr mitteilt, er habe dem Burgtheaterdirektor »die Weisung ertheilen lassen, Ihnen einen so langen Urlaub zu gewähren, als Sie brauchen und wünschen...«

Sie »brauchte und wünschte« im allgemeinen zweieinhalb Monate, die sie alljährlich am Meer verbrachte. Von Mitte Februar bis Ende April mietete sie meist die »Villa Bambou« an der französischen Reviera, ganz nahe dem monegassischen Nobelort Monte Carlo. Und sie fuhr in erster Linie nicht des Klimas wegen dorthin. Katharina Schratt war eine versessene, mehr noch, eine krankhafte Spielerin. Roulette und Trente-et-Quarante waren ihre großen Leidenschaften. Und der Kaiser litt unter ihrem Spieltrieb. Erstens weil sie ihn aus diesem Grund monatelang allein ließ und zweitens, weil ihn diese ihre Leidenschaft sehr viel Geld kostete.

Am 23. Februar 1891, also wenige Tage nach ihrer Ankunft an der Riviera, schreibt er der Schratt nach Monte Carlo:

> »Sie scheinen aber dieses Mal wirklich *arg* gespielt zu haben und diese Leidenschaft im Zunehmen zu sein. Wenn ich richtig zwischen den Zeilen lese, so haben Sie Ihr Reisegeld verspielt und werden daher welches pumpen müssen, um die Heimath wieder erreichen zu können...«

So war es auch. Sie »pumpte« natürlich beim Kaiser. Nichte Katharina Hryntschak, die in späteren Jahren oft mit der »Tant' Kathi« nach Monte Carlo reiste, erinnert sich:

»Ich war damals im Gymnasium und habe manchmal wochen-
lang die Schule geschwänzt, um mit der Tante an die Riviera zu
fahren. Natürlich bin ich nicht so lange geblieben wie sie.
Kaum war ich zurück in Wien, mußten entweder meine Mutter
oder ich in Audienz zum Kaiser.« Der Grund war jedes Jahr
derselbe: »Die Tante brauchte Geld. Geld fürs ferne Monte
Carlo. Sie hatte meist schon in den ersten Tagen alles ver-
spielt«, oder – wie es der Kaiser brieflich formulierte: »...und
endlich das Resultat, daß Alles pfutsch ist.«

Einmal schrieb die Schauspielerin von der Riviera: »Diesen Ausschlag, so meint der Doctor habe ich Monte Carlo zu verdanken –
die Verluste sind mir erst im Magen, dann in die Nerven und endlich
in die Haut gefahren. Gott! Hätte Eure Majestät doch die Spielader
von den Urahnen geerbt – Eure Majestät würden dann viel begreifen, aber so muß ich gegenwärtig mit Ausschlag verschandelt und
unverstanden durch das Leben wandern.« Der Kaiser antwortete:
»Die medzinische Wissenschaft hat durch Ihre Krankheit offenbar
eine neue Entdeckung gemacht, denn von einem durch Unglück im
Spiele herbeigeführten Ausschlage habe ich noch nie etwas gehört.
Es sollte eine Warnung für Sie sein, künftig Monte Carlo zu meiden
und Sich nicht in neue Verluste zu stürzen, welche Ihre Nerven
wieder aufregen würden, wo Ihnen doch Ruhe vor Allem noth
tut...« Und im Verlaufe derselben Erkrankung in einem anderen
Brief:

> »Trotz Ihrem Unwohlsein scheinen Sie Sich doch nicht zu
> schonen, da Sie wieder über Ihr Unglück in Monte Carlo
> klagen, also wieder dort gespielt haben. Sie verlangen von mir,
> ›ein selbstberührtes Almosen‹ und wenn ich das recht ver-
> standen habe, so handelt es sich um ein Geldstück, welches
> Glück bringen soll und nicht um eine größere Summe, die
> bestimmt wäre, Ihre Spiel Leidenschaft zu unterstützen. Um
> Ihren dringenden Wunsch zu erfüllen und obwohl es
> eigentlich unmoralisch ist, lege ich hier eine kleine Münze bei,
> bitte Sie aber freundlichst nicht zu große Summen zu ver-
> lieren...«

Mit »kleinen Münzen« begnügte sie sich aber nur selten.

»Der Spielteufel der Tante hat den Kaiser ganz verrückt gemacht – aber er hätte mir gegenüber während der Audienzen nie ein böses oder ungalantes Wort verloren. Ich hab' es ihm jedenfalls immer schonend beibringen müssen, daß er sie wiedereinmal auslösen muß. Exzellenz Hawerda hat dann am nächsten Tag das Geld nach Monte Carlo überwiesen. So konnte sie ihre Spielschulden, die Villa, Mietwagen und Chauffeur bezahlen und die Rückfahrt per Bahn antreten.«

Während sie abends in den Spielsälen von Monte Carlo saß, unternahm sie tagsüber – begeisterte Spaziergängerin, die sie war – Ausflüge und ließ sich herumchauffieren. »Daß Sie ein Automobil gemiethet haben, freut mich weniger,« schreibt der Kaiser an die Riviera, »da man sich beständig ängstigen muß«. Zehn Tage später fand er seine düsteren Prophezeiungen bestätigt: »Daß Sie einen Autounfall hatten ist beängstigend, war aber vorauszusehen.«

Gemeinsam mit Elisabeth besuchte auch er einige Jahre hindurch die Riviera – und zwar den Monaco vorgelagerten Badeort Cap Martin. Von dort aus unternahm er immer wieder Ausflüge nach Monte Carlo – in erster Linie, um nach Besichtigung des Kasinos der Schratt abzuraten, je wieder dorthin zu fahren: »Die Spielsäle fand ich in der Architektur überladen und nicht élégant, auch das Publicum war recht ordinär und meistens alt. Hübsche Cocotten und überhaupt hübsche Damen sah ich wenige,« schreibt er 1894 und ein Jahr später meint er, daß »in Ihren geliebten Spielsälen so ein Gedränge« herrsche, »daß man kaum an die Tische gelangen kann...«.

Es half jedoch alles nichts. Die Schratt fuhr Jahr für Jahr nach Monte Carlo, spielte und spielte – und verlor jedes Mal ein beträchtliches Vermögen. Sie entschädigte den Kaiser mit dem von ihm so heißersehnten Tratsch:

»Sehr gerührt und auch unterhalten hat mich Alles, was Sie schreiben, um mich wegen Ihres Spieles in Monte Carlo zu beruhigen, oder viel mehr Sich rein zu waschen... Auf die Geschichten aus Monte Carlo, die Sie mir in Wien erzählen werden, freue ich mich schon sehr.«

Und Geschichten gab's von der Riviera zur Genüge. Auch die Nichte – die in die Spielsäle mitgenommen wurde und, was sie heute noch unter Beweis stellt, das Erzähltalent von der Tante geerbt hat – mußte während ihrer Bitt-Audienzen für Katharina Schratt über Monte Carlo berichten. »Seine Majestät wollte ganz genau wissen, was wir im Spielsaal erlebt hatten. Es waren ja alle dort. Die Rothschilds haben gespielt, die elegante Gräfin Potocka oder Cäcilia, die Mutter des deutschen Kronprinzen. Der Kaiser ließ sich über die Damen im großen Dekolleté, die aufs Tollste geschminkt ins Kasino kamen, berichten und wollte auch in allen Einzelheiten wissen, wie es denn nach Mitternacht im Sporting-Club weitergegangen ist, wo man bis in die Morgenstunden spielte. Am meisten hat er sich aber über eine Geschichte gefreut: Daß nämlich der Victor Adler, der Führer der österreichischen Sozialdemokraten, ein leidenschaftlicher Spieler war. Darüber wollte er in allen Einzelheiten unterrichtet werden.«

Nun ist es aber so, daß – heute wie damals – die Spieler als verschworene Gemeinschaft gelten. Über alle Gesinnungsgrenzen hinweg bilden die Damen und Herren an den Roulettetischen eine Front gegen die »Nichtspieler«.

»Es war mir von meiner Tante und den anderen ausdrücklich verboten worden, außerhalb des Kasinos auch nur ein Wort darüber zu verlieren, wer aller spielte. Für den Arbeiterführer Victor Adler wäre das ja sehr peinlich gewesen, wenn seine Spielleidenschaft in Wien publik geworden wäre. Der Kaiser war der einzige, dem ich's erzählen durfte. Er hat schallend gelacht, wenn er gehört hat, daß der Dr. Adler neben dem Louis Rothschild gesessen ist. Victor Adler hat ausschließlich mit Fünf-Francs-Stücken gespielt und war selig, wenn sich sein Einsatz einmal verdoppelt hat.«

Wie der Dr. Adler »auch der Tante furchtbar sympathisch war« und man merkt es Katharina Hryntschak heute, nach mehr als siebzig Jahren, noch an, daß sie nicht gerade glücklich darüber ist, über die »verschworene Gemeinschaft« der Spieler von damals Auskunft zu geben.

Die Audienzen, in denen der Kaiser die Schratt-Nichte empfing, fanden meist in Schloß Schönbrunn statt.

»Ich war natürlich gemeldet, da standen zwei Kammerdiener im Frack, die mir die großen Flügeltüren öffneten. Ich bin hineingegangen und da ist der Kaiser, wunderschön in der Silhouette, vor mir gestanden. Einmal, als meine Erzählungen vom Spielbetrieb beendet waren, und ich bemerkt hatte, daß es schon ziemlich spät war, sagte ich zu ihm: ›Jetzt habe ich Eure Majestät aber lange genug aufgehalten.‹ Im selben Augenblick bin ich erschrocken, denn das war natürlich gegen jedes Protokoll; selbstverständlich war es der Kaiser, der seine Besucher zu verabschieden hatte. Er hat aber nur gelacht und wollte noch die neuesten Geschichten vom Affen hören.«

Katharina Schratt war eine große Tierliebhaberin – und ein Gutteil ihrer Menagerie begleitete sie auch an die Riviera. Unter anderem besaß sie einen Java-Affen, der einen Meter groß war und auf den Namen »Gigi« hörte. »Die Katastrophe hat schon auf der Fahrt nach Monaco begonnen. Wir hatten einen Reisekäfig mit, aber das Viech konnte natürlich nicht von Wien bis an die Riviera da drinbleiben. Da hat ihn die Tante – sie hat den Affen wahnsinnig gern gehabt und er hat sie vergöttert – im Zugabteil ausgelassen. Er setzte sich dann wie ein Mensch neben die Tante. Die Kondukteure waren natürlich neugierig und haben durch die Glastür ins Coupé geschaut. Ein Schaffner ist einmal hereingekommen, weil er den Gigi streicheln wollte. Kaum war aber die Tür offen, ist der Aff' aus dem Coupé und während der langsamen Einfahrt in einen Bahnhof kurz nach Genua, durch das offene Fenster aus dem Zug hinausgeflitzt. So schnell konnten wir gar nicht schauen, wie er weg war. Die Kammerjungfrau und ich, wir haben ihn dann auf einem Felsen am Meer sitzend gefunden.« Genau das waren die Geschichten, die der Kaiser hören wollte.

Auch die Gendarmen von Bad Ischl hätten ein Lied über »dieses Miststück von einem Affen,« wie die Nichte lachend sagt, singen können. »Fast jeden Tag haben die braven Beamten den Gigi stundenlang verzweifelt gesucht. Das Tier hatte nämlich die Eigenschaft, auf Bäumen zu sitzen und, wenn jemand kam, ihm auf die Schulter zu springen. Die große Angst aller war, daß er das einmal beim Kaiser machen und diesen verletzen könnte.«

Gigi lebte auch in der Wiener Schratt-Wohnung völlig frei, also außerhalb seines Käfigs. Mit Vorliebe saß er ungesehen auf der Klosettspülung, die er betätigte, sobald jemand den Toiletteraum betrat. »Seinetwegen sind deshalb schon Gott und die Welt fürchterlich erschrocken.«

Neben dem Affen befanden sich in den diversen Schratt-Haushalten auch drei Papageien und bis zu sieben Hunde. »Wenn sie von einem Hund hörte, der kein Zuhause hatte, nahm sie ihn gleich zu sich auf.« Der Kaiser, der natürlich von Katharina Schratts Tierliebe wußte, versuchte immer wieder – es war ja sein großer Wunsch, möglichst auch sie zu unterhalten – über dieses Thema zu sprechen oder zu schreiben. So etwa nach einem Besuch beim Tiergartendirektor von Schönbrunn, »wo ich mir von Krauß die charmanten drei jungen Giraffen und noch einige mit ihnen gekommene Antilopen, Gazellen und zwei junge Löwen zeigen ließ«.

Ihre Tierliebe machte auch vor der Mode nicht halt. Als Besitzerin einer Kollektion extravaganter Hüte war die Schratt einmal mit einem ausgestopften Papagei am Kopf ins Burgtheater gekommen. Hugo Thimig, stets für einen Streich gut, montierte während sie auftrat, in ihrer Garderobe das Tier ab, ließ sich vom Requisiteur einen Vogelkäfig geben und überreichte ihr – als Diener verkleidet – Käfig samt ausgestopftem Vogel auf offener Bühne, als ob die Szene zum Stück gehörte. »Zuerst war sie bitterböse,« erinnerte sich Kollegin Rosa Albach-Retty viele Jahre später, »mußte dann aber über sein zerknirschtes Gesicht so lachen, daß ihr gar nichts anderes übrigblieb, als sich mit ihm zu versöhnen«.

Zurück nach Monte Carlo. Die Schratt nahm nicht nur die noch minderjährige Nichte, sondern auch ihren Sohn Toni mit ins Spielparadies. Was den Kaiser natürlich wiederum erzürnte. Als er erfuhr, daß sie sich im Hotel Metropole in Monte Carlo einquartiert hatte »und es mir ganz wahrscheinlich erscheint, daß Sie sich in der Nähe Ihrer theuren Spielsäle niedergelassen haben,« folgerte er:

»wo Sie nun auch Toni in die Freuden des Rouge et noir einweihen; eine jedenfalls gelungene Erziehungsmethode...«

Anton von Kiss war mittlerweile zum jungen Mann herangereift. Er hatte am Theresianum, Wiens Elitegymnasium, maturiert und später dann sein Einjährig-Freiwilligenjahr in Brünn absolviert. »Die Tante hat den Toni wahnsinnig gern gehabt und sich sehr um ihn gekümmert.«

Vater hatte er ja »praktisch keinen«, denn Nikolaus von Kiss war so gut wie nie in Wien. Der Ehemann der Schratt hatte eine österreichisch-ungarische Konsularkarriere gemacht. Er war als Vizekonsul in Tunis und Buenos Aires, als Konsul in Barcelona und Algier. Auch er lebte weit über seine Verhältnisse und auch ihm wurde immer wieder – auf Veranlassung des Kaisers – unter die Arme gegriffen.

Toni von Kiss, der später ebenfalls Diplomat wurde, mußte in der frühen Jugend unter dem Verhältnis, das seine Mutter zum Kaiser hatte, leiden. Nicht nur, daß er von seinen Mitschülern ständig auf Ähnlichkeiten mit Franz Joseph unter die Lupe genommen wurde, auch ein anonymer Brief mit diffamierenden Äußerungen, der an den zwölfjährigen Theresianisten gerichtet war, dürfte einen ziemlichen Schock in ihm ausgelöst haben. Der Kaiser nahm darauf in einem Gratulationsschreiben zum neununddreißigsten Geburtstag der Schratt bezug.

»Ihre Wünsche sollen in Erfüllung gehen und Sie sollen von ähnlichem Schmerze verschont bleiben, wie Sie ihn durch meine Schuld erlebt haben.«

Trotz heftigster Bemühungen gelang es der Polizei nicht, den anonymen Briefschreiber auszuforschen. Als Elisabeth von dem unangenehmen Vorfall erfuhr, lud sie Katharina Schratt und ihren Sohn nach Ischl ein. Wie sich Anton Kiss später erinnerte, sprach die Kaiserin mit ihm des längeren im Park der Kaiservilla, betonte immer wieder, wie sehr sie seiner Mutter zugetan sei und er selbst sie lieben und verehren müsse. So lange sie lebte, ließ die Monarchin dann dem jungen Mann immer wieder aus der Hofkonditorei Demel Süßigkeiten schicken.

Kiss junior begann seinen diplomatischen Dienst als Attaché in Konstantinopel, war dann in Stockholm und als Legationssekretär in Brüssel. Später wurde er dem Delegierten des Außenministeriums in Warschau zugeteilt und zum Legationsrat ernannt. Kaiser Franz Joseph verlieh ihm die »Baronie ad personam«.

Neben dem Roulettespiel hatte Katharina Schratt noch eine – auch nicht gerade billige – Leidenschaft. Sie sammelte Antiquitäten. Ihre Wohnung war angestopft mit Mobiliar aus verschiedensten Epochen und Stilrichtungen, an den Wänden hingen unzählige Bilder, die Vitrinen waren voll mit Porzellan. »Verstanden hat sie ja nicht viel davon,« berichtet die Nichte. »Sie hat eben nur alles gekauft – da war auch sehr viel Kitsch dabei. Ich war einmal mit ihr in der Münchner Pinakothek und habe sie gefragt, was das Besondere an einem dort ausgestellten berühmten Bild sei. Da hat sie nur geantwortet: ›Na, das ist halt so!‹ Erklären konnte sie es nicht. Manchmal war ich mit ihr bei Kunsthändlern, auch im Ausland – die waren verzweifelt, weil die Tante oft den größten Ramsch zusammengekauft hat – übrigens meist ›auf Pump‹. Aber jedes Stück hat seine Geschichte gehabt, die Antiquitätenhändler haben ihr gesagt, woher die Sachen kamen und wer die Besitzer waren. Und sie hat diese ›Geschichterln‹ dann wieder dem Kaiser erzählt, der seine Freud' daran gehabt hat.«

Tatsächlich bezieht er sich in seinen Briefen mehrmals auf ihre Sammelleidenschaft. Einmal wundert er sich, daß es sie nach Innsbruck verschlagen hat und fragt: »Sollte ein Tandler daran Schuld sein?« Nachdem er vom Dresdner Hof kommend, in Bad Kissingen eingelangt war, meldet er: »Bei den Hoffesten waren eine Masse der prachtvollsten Gold und Silber Aufsätze und Gegenstände, so wie die herrlichsten Porcellane zu sehen, bei deren Anblick ich beständig an Sie dachte. Das hätte eine Auktion geben können…«

In Kissingen, von wo aus er diesen Brief schrieb, hatte Franz Joseph die dort zur Kur weilende Elisabeth besucht. Es sollte der letzte gemeinsame Aufenthalt mit seiner Frau sein.

»Sie wissen nicht, wie ich diese Frau geliebt habe«
Die Ermordnung der Kaiserin Elisabeth

Aus Anlaß des vierhundertsten Geburtstags von Hans Sachs gibt das Burgtheater im Jahre 1894 eine Festvorstellung seines Lustspiels *Frau Wahrheit will niemand beherbergen*, Katharina Schratt spielt die Titelrolle. Dem Kaiser gefällt sie in dem anspruchslosen Stück so gut, daß Elisabeth wieder eine Geschenkidee hat: Sie beauftragt den Maler Franz Matsch, die Schratt als »Frau Wahrheit« zu porträtieren. Acht Jahre nach Heinrich von Angeli sitzt sie diesem Künstler – Matsch hat übrigens an der Innendekoration des Burgtheaters mitgearbeitet – Modell, wobei sie diesmal den Auftraggeber genau kennt. Kaiserin Elisabeth zahlt für zwei Bilder – ein Miniaturporträt in Öl und ein lebensgroßes Kniestück 4.502 Gulden.

Am 9. Mai 1896 stirbt Erzherzog Karl Ludwig, der Bruder und – seit Rudolfs Tod – Thronfolger Franz Josephs. Karl Ludwigs Sohn Franz Ferdinand wird neuer Thronfolger. Ein Jahr später wird Gustav Mahler Hofoperndirektor, Johannes Brahms stirbt in Wien. Dr. Karl Lueger wird von Franz Joseph als neuer Wiener Bürgermeister bestätigt, nachdem ihn der Kaiser trotz drei erfolgreicher Wahlgänge mehrmals als »demagogischen Umstürzler« abgelehnt hat. Unter Luegers Amtszeit wird Wien zur modernen Weltstadt. Gas- und Elektrizitätswerke, elektrische Straßenbahnen und viele andere wichtige kommunale Einrichtungen entstehen. Die Schratt kann erstmals per Stadtbahn nach Hietzing fahren. Zwei Wochen nach Luegers definitiver Ernennung besucht Kaiser Franz Joseph Zar Nikolaus II. in Petersburg.

Die »Wiener Secession« wird von neunzehn Künstlern gegründet. Unter ihnen sind bedeutende Architekten und Maler wie Otto Wagner, Adolf Loos, Josef Hoffmann, Kolo Moser und Gustav

Klimt. Die Zeit verlangt nach neuen Formen, der Jugendstil verdrängt den Historismus der Gründerzeit. Die Einbeziehung der Stilelemente verschiedener Jahrhunderte – vor allem beim Gründerzeitbau der Wiener Ringstraße – ist von Anfang an auf harte Kritik gestoßen. Das Gebäude der Hofoper stand genau wie das Burgtheater, im Zentrum der Angriffe. Heute zählen die beiden ersten Wiener Bühnen zu den bekanntesten Bauwerken Wiens, doch damals scheute selbst der Kaiser nicht davor zurück, die Architektur des Opernhauses öffentlich zu kritisieren.

Die Wiener spöttelten in Gedichten über die Erbauer August Siccardsburg und Eduard van der Nüll und deren architektonische Mischung aus verschiedenen Epochen:

Siccardsburg und Van der Nüll

Die haben beide keinen Styl

Griechisch, Gotisch, Renaissance

Das is denen alles ans!

Van der Nüll war den Anfeindungen nicht gewachsen, er nahm sich knapp vor Eröffnung der Hofoper das Leben, Siccardsburg erlag zwei Monate nach dem Tod seines Freundes und Partners einem Herzschlag. Der Kaiser, der sich durch seine Kritik am Selbstmord des Architekten mitschuldig fühlte, antwortete von da an – wann immer er um seine Meinung gebeten wurde – mit der berühmt gewordenen Phrase: »Es war sehr schön, es hat mich sehr gefreut.«

Nun hatte das Wien der Jahrhundertwende seinen eigenen »Styl« – den Jugendstil. Aber auch er blieb den Bewohnern dieser Stadt lange Zeit fremd. Als der Kaiser die neugegründete Secession besuchte und die Werke Klimts und Kolo Mosers betrachtete, vergaß er seine Floskel ausnahmsweise einmal und beurteilte den Jugendstil so: »Ich hab's mir eigentlich ärger vorgestellt.« Er war vom modischen Einfluß Hans Makarts geprägt und als fast Siebzigjähriger nicht mehr willens, sich der neuen Richtung zu unterwerfen. Genau wie die wesentlich jüngere Katharina Schratt übrigens, deren Wohnungen alle frei nach Makart prunkvoll überladen eingerichtet waren.

Im Mai 1897 kam die jüngste Schwester der Kaiserin, Sophie Herzogin von Alençon, bei einem Unfall tragisch ums Leben. Ein Zelluloidstreifen fing bei einer Filmvorführung Feuer, die Halle eines zu wohltätigen Zwecken veranstalteten Basars geriet in Brand. Der Herzogin war es gelungen, ins Freie zu laufen, als sie aber entdeckte, daß ihre Mitarbeiter in dem Verkaufspavillon nicht vollzählig gerettet waren, kehrte sie in das Zelt zurück. Unter den bis zur Unkenntlichkeit verkohlten Leichen konnte Sophie anhand des Gebisses von ihrem Zahnarzt identifiziert werden. Für Elisabeth war der Verlust der Schwester ein weiterer furchtbarer Schicksalsschlag. Der Kaiser, durch die Trauer seiner Frau ebenso deprimiert, reagierte auf Beileidworte mit einem anderen Satz, der in Zukunft für ihn symptomatisch werden sollte: »Uns bleibt nichts erspart!«

Monate später blieb Franz Joseph der sicherlich härteste Schlag seines Schicksals »nicht erspart«. Mehr als dreißig Jahre nach der Hinrichtung seines Bruders Maximilian in Mexiko durch Republikaner und fast zehn Jahre nach dem Selbstmord seines Sohnes Rudolf wird seine Frau von dem fünfundzwanzigjährigen Anarchisten Luigi Lucheni am Genfer See mit einer Feile niedergestochen.

Als der Kaiser Stunden später, am Nachmittag des 10. September 1898, von dem Anschlag informiert wird, ist er soeben von Manövern aus Ungarn nach Schönbrunn zurückgekehrt. Am selben Abend sollte er zu weiteren Truppeninspektionen wieder abreisen. Sein Generaladjutant Eduard Graf Paar überbringt ihm die Schreckensbotschaft mit den Worten: »Majestät werden heute abend nicht abreisen können!«, aus Genf sei soeben die Nachricht eines Attentats gemeldet worden; die Kaiserin, heißt es, sei schwer verletzt. Minuten später trifft ein Flügeladjutant mit einer weiteren Depesche ein. In höchster Erregung reißt der Kaiser das Kuvert entzwei und muß erfahren, daß seine Frau tot ist. Noch einmal – und nicht zum letzten Mal in seinem Leben – drückt er den Schmerz mit den Worten aus: »Mir bleibt nichts erspart auf dieser Welt!«

Die Kaiserin war – wie schon des öfteren – nach Territet bei

Montreux gereist, um sich dort einer vierwöchigen Kur zu unterziehen. Mit ihr war ihre Hofdame Gräfin Irma Sztáray unterwegs, nachdem ihre langjährigen Begleiterinnen Festetics und Ferenczy kränklich und den Strapazen der ausgedehnten Reisen seit einiger Zeit nicht mehr gewachsen waren. Elisabeth und Sztáray unternahmen während des Kuraufenthalts einen Ausflug, um die Baronin Julie Rothschild zu besuchen. Bevor sie die Rückreise nach Territet antraten, wollten sie – inkognito – im Genfer Hotel »Beau Rivage« absteigen. Die Kaiserin hatte sich dort unter falschem Namen eintragen lassen.

Einer Genfer Zeitung war jedoch hinterbracht worden, wer hinter der »Gräfin Hohenembs« steckte und meldete dies in großer Aufmachung. Diesem Bericht konnte Lucheni die Anwesenheit der Kaiserin entnehmen.

Das Attentat geschah am 10. September um 13.38 Uhr, auf der Uferpromenade des Genfer Sees, direkt neben der Dampferanlegestelle. Zwei Minuten später sollte Elisabeth mit dem Linienschiff zurück nach Montreux reisen. Sieben Minuten nach dem Anschlag starb die Kaiserin.

Gräfin Sztáray, die einzige unmittelbare Zeugin des Mordanschlags, gab etwas später dem Untersuchungsrichter Charles Léchet zu Protokoll:

> »Beim Hotel de la Paix, wo drüben auf der anderen Straßenseite die Kutscher mit ihren Wagen stehen, kam ein Mann auf uns zu. Unmittelbar vor uns schien er plötzlich zu straucheln. Er machte eine Bewegung mit der Hand. Ich glaubte, um sich beim Stolpern aufrecht zu halten. Mehr habe ich in der Sekunde nicht wahrgenommen. Ich wäre bereit gewesen zu schwören, daß er nichts in der Hand hatte. Gar nichts. die Kaiserin sank zur Erde. Völlig lautlos. Da erst kam mir der Gedanke, daß dieses Scheusal Ihre Majestät geschlagen haben mußte. Das war gewiß schlimm. Aber Schlimmeres konnte ich auch noch nicht ahnen, als ich mich voller Entsetzen zu ihr niederbeugte, denn sie richtete sich bereits wieder auf... ›Wie fühlen sich Majestät?‹ fragte ich in großer Erregung auf unga-

risch. ›Ist Ihnen etwas geschehen?‹ – ›Nein, es ist mir nichts geschehen‹ antwortete die Kaiserin ruhig… Wir erreichten die Anlegestelle. Auf der Gangway, die zum Dampfer hinüberführte, ging die Kaiserin noch leichten Schritts vor mir her. Kaum hatte sie jedoch das Schiff betreten, sagte sie mit erstikkender Stimme ›Jetzt Ihren Arm! Schnell, bitte!‹ Ich konnte sie nicht halten, ihren Kopf an meine Brust pressend sank ich mit ihr in die Knie. ›Ein Arzt! Einen Arzt!‹ schrie ich. Die Kaiserin lag totenbleich in meinen Armen… Ich war überzeugt, Ihre Majestät hätte einen Herzschlag erlitten. Jemand meinte, es wäre besser, die Ohnmächtige aufs obere Deck zu bringen, wo sie eher zu sich kommen würde… Sie öffnete die Augen und lag einige Minuten mit umherirrendem Blick da. Dann setzte sie sich langsam mit meiner Hilfe auf. ›Was ist denn mit mir geschehen?‹ fragte sie. Das waren ihre letzten Worte! Unmittelbar danach sank sie wieder in Bewußtlosigkeit. Ich öffnete ihre Bluse und das Seidenmieder, um ihr Erleichterung zu verschaffen. Als ich die Bänder auseinanderriß, sah ich auf dem Batisthemd darunter einen dunklen Fleck in der Größe eines Silberguldens. Ich schob das Hemd beiseite und entdeckte in der Herzgegend eine kleine Wunde. Ein Tropfen gestocktes Blut klebte an ihr. In diesem Augenblick stand die lähmende Wahrheit vor mir. die Kaiserin war erdolcht worden!…«

Die Schratt befindet sich zu diesem Zeitpunkt auf Gebirgstour im Salzkammergut. Gleichzeitig mit Franz Josephs Töchtern Gisela und Valerie trifft sie in Wien ein. Der Kaiser schreibt ihr einen Tag nach der Ermordung Elisabeths nach Hietzing:

»Schönbrunn, den 11. September 1898

Theuerste Freundin,

Das ist schön von Ihnen, daß Sie gekommen sind, mit wem kann ich besser von der Verklärten sprechen, als mit Ihnen. Ich erwarte Sie von 11 Uhr an und bitte nicht durch den Garten, sondern durch meine Kammer zu kommen.

Ihr

Franz Joseph«

Der Tod ist für die seit vielen Jahren psychisch schwerkranke Elisabeth nur die Erlösung aus ihrem Dasein. Immer wieder hat sie ihr Ende herbeigesehnt, in selbstverfaßten Gedichten und in Gesprächen mit ihrer Umgebung. So lehnte sie auch während dieses Kuraufenthalts – trotz energischer Empfehlungen durch die Schweizerischen Polizeibehörden – jede Überwachung ab. Tochter Marie Valerie notiert: »Nun ist es gekommen, wie sie es immer wünschte, rasch, schmerzlos, ohne ärztliche Beratungen, ohne lange, bange Sorgentage für die Ihren.«

Nach dem Tod Rudolfs war sie – prinzipiell Trauerkleidung tragend – ruhelos in der Welt umhergeirrt. Franz Joseph hatte sie immer nur wenige Wochen im Jahr – meist bei den gemeinsamen Aufenthalten in Cap Martin an der Riviera – gesehen. Ihre Ehe war seit Jahrzehnten nicht mehr als solche zu betrachten – aus diesem Grund hatte sie Franz Joseph die Schratt »zugeteilt«. Elisabeth sah den Kaiser als armen Kerl, der einsam in der Hofburg sitzt, Akten unterschreibt und seine Frau nicht verstehen kann. Allen Ernstes hatte sie ihm mehrmals vorgeschlagen, als Kaiser von Österreich »in Pension zu gehen«. Für diesen Fall und die damit verbundene Emigration hatte Elisabeth ein beachtliches Vermögen in die Schweiz transferiert.

Wie sie in den letzten Jahren – als Kaiserin von Österreich und Königin von Ungarn – überhaupt antimonarchistisch dachte! Ebenso wie Rudolf war sie begeisterte Republikanerin. »Gäb's keine Fürsten, gäb's keine Kriege,« hinterließ sie in ihren Aufzeichnungen. Das Leben am Wiener Hof war für die bei ihren Eltern Max in Bayern und Ludovika auf Schloß Possenhofen, frei von jedem Protokoll aufgewachsene Kaiserin sehr bald unerträglich geworden. Mit zahlreichen Aktionen hatte Elisabeth die sie unendlich langweilende Gesellschaft der Monarchie provoziert und schockiert. So hingen auf Schloß Gödöllö und in der Hofburg anstatt der üblichen Ahnengalerie die Porträts ihrer Lieblingshunde und -pferde. Auf Korfu hatte sie sich das im altgriechischen Stil geplante Schloß, genannt Achilleon, errichten lassen; hier verbrachte sie, begleitet von ihrem Griechischlehrer Konstantin Christomanos, die meiste Zeit. Blumen pflückend und in der Welt der toten Vorbilder wie Achill, Odysseus, Homer und Heinrich Heine lebend.

Sie litt unter Depressionen, schweren Schlafstörungen und unerträglichen Kopfschmerzen. Und als Folge der psychischen Labilität stellte sich eine totale körperliche Erschöpfung ein. Durch ihre krankhafte Magersucht war sie fast zum Skelett abgemagert. Bei einer Größe von 1,72 Meter wog sie infolge übertriebener Gewichtsreduktionen zeitweise nur noch 43,5 Kilogramm (87 Pfund). Dabei sah ausgerechnet die Gertenschlanke sich – wie der Kaiser an die Schratt schreibt – »von galoppierender Fettsucht verfolgt. Sie, die nur mehr Haut und Knochen ist...« An den Beinen der Kaiserin hatten sich bereits Hungerödeme gebildet. Wie ihr Vetter König Ludwig II. von Bayern und ihr Sohn Rudolf sah sie im irdischen Dasein keinen weiteren Sinn.

Obwohl Franz Josephs Leben neben seiner Frau nur durch die Anwesenheit der Schratt erträglich sein konnte, vergötterte er Elisabeth bis zuletzt. Zum Grafen Paar sagte der Kaiser, kurz nachdem er die Todesnachricht vernommen hatte: »Sie wissen nicht, wie ich diese Frau geliebt habe.«

Nun hatte der Mann, der bis dahin zwischen zwei Frauen stand, nur noch eine. In Gesprächen und Briefen ließ jetzt der Kaiser seine Freundin immer deutlicher wissen, daß er sie mehr denn je brauchte. Aus Budapest schreibt er einen Monat nach dem Attentat: »Am wohlsten ist es mir doch in Ihrer Gesellschaft, da ich mit Ihnen so gut von der Unvergeßlichen sprechen kann, die wir beide so geliebt haben und da ich Sie so lieb habe. Ich sehne mich schon nach unserem Wiedersehen und freue mich auf Anfang November.«

Und kurz nach diesem Wiener Treffen schreibt er schon wieder von Schloß Gödöllö: »...Gott beschütze Sie, Er verleihe Ihnen Gesundheit und mehr Ruhe und vergelte Ihnen die Güte und Liebe, welche Sie mir schon so lange, besonders aber wieder bei dem entsetzlichen Schlage erwiesen haben, der uns getroffen hat, ich sage ›uns‹, weil Sie bei dieser traurigen Gelegenheit wieder gezeigt haben, wie sehr Sie zu uns gehören.«

Während der Kaiser die Schratt also fast schon als Familienmitglied betrachtet, wird das Verhältnis zu der Schauspielerin am Hof immer mehr als unvereinbar mit seiner Position angesehen. Denn die Schratt galt bisher offiziell als »Freundin der Kaiserin«, nach deren Tod gab es aber keine Bezeichnung, die nicht zu Peinlichkeiten geführt hätte. Insbesondere war es der ausgerechnet jetzt immer mächtiger werdende Zweite Obersthofmeister Alfred Fürst Montenuovo, der die Treffen des Kaisers mit der Schratt mehr denn je zu verhindern versuchte. Obwohl der ihr gutgesinnte Fürst Liechtenstein nach wie vor im Amt war, hatte Montenuovo von ihm bereits die Führung sämtlicher Hofbühnen übernommen. Damit konnte er auf die berufliche Tätigkeit der Schratt Einfluß nehmen, er wurde *der* Feind der Hofschauspielerin.

Obwohl auch die engsten Angehörigen des Kaisers von der Bedeutung der Schauspielerin für Franz Joseph wußten, empfanden sie das Verhältnis als fast unhaltbar. Marie Valerie notiert zehn Tage nach dem Tod ihrer Mutter im Tagebuch:

»Jeden Morgen macht Papa seinen Spaziergang mit der Schratt, die ich auch wiederholt sehen und umarmen mußte – nicht von Herzen – aber doch halte ich sie für eine in sich selbst... harmlose treue Seele. Mit Angst denke ich an Mamas mir gegenüber oft ausgesprochenen Wunsch, wenn ich sterbe, solle Papa die Schratt heiraten. Ich will mich jedenfalls passiv verhalten, will mich in Anbetracht Papas wahrer Freundschaft für sie nicht kalt gegen sie benehmen, fände es unrecht und grausam, Papa diesen Trost zu verbittern, aber mitzuhelfen, finde ich nicht meine Pflicht.«

Als Marie Valerie knapp ein Jahr später die Verbitterung ihres depressiver werdenden Vaters miterlebt, weil die Treffen mit der Schratt mehr und mehr vereitelt werden, findet sie doch die »Pflicht mitzuhelfen« – wenn ihr Vorschlag auch an den Haaren herbeigezogen erscheint. Sie versucht ihrem Vater einzureden, Elisabeths jüngere Schwester, »Tante Spatz«, die verwitwete Gräfin Mathilde Trani, zu heiraten, damit die Schauspielerin auf diese Weise wieder »die Freundin von Papas Frau« sein könne. Doch lehnte Franz

Joseph diese Idee brüsk ab, während er sich, wie wir wissen, einige Jahre später für die ritterliche Lösung, eine »Gewissensehe« mit der Schratt einzugehen, entschieden haben dürfte.

Zu den wenigen Familienangehörigen, die das Verhältnis des Kaisers mit der Schauspielerin billigten, zählte Prinz Leopold von Bayern, Ehemann der ältesten Kaisertochter Gisela, der seiner Schwägerin Valerie gegenüber die Sache als »ganz natürlich« bezeichnete. Am Hof selbst gab es jetzt vor allem eine hochrangige Person, die der Schratt wohl gesonnen war – Ida von Ferenczy. Die bisherige Vorleserin der Kaiserin schreibt nach deren Tod an Katharina Schratt:

> »Sie haben in Allerhöchst Ihrer Majestät ›die beste‹, die wohlmeinendste und edelste Freundin – die Allerhöchsten Worte gebrauchend – ›Wahlschwester‹ verloren…«

Tatsächlich hatte die beiden Frauen, Elisabeth und Katharina Schratt, durch viele Jahre hindurch eine innige Freundschaft verbunden. Wie der Kaiser die Schratt schon zu Lebzeiten Elisabeths brieflich wissen ließ, hätte sich die Kaiserin »wiederholt auf das günstigste und liebevollste über Sie ausgesprochen und ich kann Ihnen die Versicherung geben, daß sie Sie sehr lieb hat.« So hatte die Kaiserin auch schriftlich von der Schratt »eine gute Photographie von sich mit Unterschrift ihres Namens in einem Rahmen« erbeten, damit diese auf Korfu aufgestellt würde. Ein andermal hatte Elisabeth ihrem Mann empfohlen, das für ihn eher trostlose Budapest zu verlassen, damit er sich in Schratts Gesellschaft »bei schönen Promenaden erheitern« lassen könnte. Und während eines Italienaufenthalts hatte Elisabeth Franz Joseph gegenüber bemerkt, daß »zur vollkommenen Zufriedenheit nur die liebe Gesellschaft« der Schratt fehlte und daß diese ihr so abgehe.

Während Katharina Schratt die Kaiserin »sehr verehrt, ja eigentlich geliebt hat« (Katharina Hryntschak), hatte Elisabeth ein ambivalentes Verhältnis zu ihrer eigenen und der Freundin ihres Mannes. Die Schratt versuchte Elisabeth in vielem zu imitieren. So unternahm sie – gleich der Kaiserin – Abmagerungskuren, nur mit dem Unterschied, daß die Schratt tatsächlich zum Dicksein neigte. Sie hätte am

liebsten – wie die Kaiserin – reiten können und betrieb – ebenso wie
die Kaiserin – einen fast krankhaften Haarkult. In einem ihrer
zahlreichen Gedichte spöttelte Elisabeth, die sich selbst als »Ti-
tania« bezeichnete, über das »Nachäffen« der Schratt:

Dein dicker Engel kommt ja schon
Im Sommer mit den Rosen
Gedulde Dich, mein Oberon!*
Und mach nicht solche Chosen!

Sie bringt sich mit ihr Butterfaß,
Und läßt sich Butter bereiten,
Sie macht mit Cognac die Haare naß
Und lernt am End' noch reiten.

Sie schnürt den Bauch sich ins Korsett,
Daß alle Fugen krachen,
Hält sich gerade wie ein Brett
Und »äfft« noch andre Sachen

Im Häuschen der Geranien
Wo alles so fein und glatt,
Dünkt sie sich gleich Titanien,
Die arme dicke Schratt.

Auch im »Dichten« wollte die Schauspielerin der Kaiserin nachge-
raten. Hier frei nach Wilhelm Busch ein paar – ziemlich unbehol-
fene – Zeilen, die Katharina Schratt für den Kaiser verfaßt hat:

Wie wohl ist dem, der dann und wann
Sich etwas Schönes dichten kann
Und bei der schönen Aussicht hier
Dies bringen darf gleich auf Papier!

* gemeint ist der Kaiser

Ich bin leider sehr kummervoll
Da ich nicht weiß, *was* ich schreiben soll
Ihr ahnt nicht, von der Mus' geküßt,
Princeß, wie schwer mir's Dichten ist!

Während Elisabeth an Marie Valerie nach einem Besuch der Schratt geschrieben hatte: »So gut ist es, in dieser dunklen, traurigen und verlassenen Burg endlich ein glückliches Gesicht zu sehen...« und die hin und wieder vorkommenden Diners mit der Schratt als »gemütlich« bezeichnet hatte, erklärte sie ihrer Tochter ein andermal:

»Warum bin ich geboren? Mein Leben ist unnütz und ich stehe nur zwischen dem Kaiser und Frau Schratt. Ich spiele doch da eine fast lächerliche Rolle.«

Elisabeths Verhältnis zur Schratt war also unglaublichen Gefühlsschwankungen unterworfen.

Bescheiden ist auch das Erbteil, welches Elisabeth für die Freundin bestimmt hat. Im »Nachtrag zum Testament Ihrer Majestät«, ein Jahr vor deren Tod aufgesetzt, hinterließ sie der Schratt lediglich »einen großen Georgstaler in Gold als Brosche,« wohingegen Vertraute wie Ida Ferenczy oder Marie Festetics wesentlich wertvollere Schmuckstücke erbten.

Bis zu seinem Lebensende erwähnt der Kaiser in den Briefen an die Schratt immer wieder die geliebte, verstorbene Frau. So etwa, als er erstmals wieder die Gemächer der Kaiserin auf Schloß Ofen besuchte: »...Der gestrige Tag war für mich wieder ein besonders trauriger, da ich so vieles wiedersah, was mich schmerzlich, aber doch auch mit einer Art wehmütiger Befriedigung an unsere theure Verklärte erinnerte. In Ofen habe ich alle ihre Zimmer im ersten Stocke und zu ebener Erde durchwandert. Es war Alles wie sonst zu Ihrem Empfange bereit, jeder Gegenstand an seinem Platze, auch die Waage, auf welcher sie täglich ihr Gewicht messen ließ. Der neue Balkon mit der schönen Aussicht auf Pest und auf die Donau, der sie voriges Jahr so freute, war mit allen éléganten Meubeln geziert und doch alles leer, ohne Leben und keine Hoffnung auf ein Wiedersehen in diesem Leben!«

Oder zwei Jahre nach dem Tod der Kaiserin: »Morgen werden sich unsere Gedanken wieder im Gebete für unsere unvergeßliche, theure Verklärte vereinigen. Die Zeit vergeht, der Schmerz bleibt...«

Der Schmerz blieb auch deswegen besonders groß, weil sich der Kaiser – zumindest im Unterbewußtsein – am Tod seiner Frau ebenso mitschuldig gefühlt haben dürfte wie am Tod seines Sohnes. Der bekannte Wiener Psychiater Universitätsprofessor Dr. Erwin Ringel sieht heute das Verhältnis Franz Josephs zu Frauen im allgemeinen und zu Elisabeth und Katharina Schratt im besonderen aus der Sicht der modernen Psychologie:

»Kaiser Franz Josephs Kindheit war durch eine extreme Bindung an seine Mutter Sophie geprägt. Diese dominierende Persönlichkeit erzeugte mit ihren ›Besitzansprüchen‹ ambivalente Gefühle in ihrem Sohn, teils Liebe und Bewunderung, teils Ablehnung und Erbitterung, gefolgt von Schuldgefühlen. Dazu kam eine in höchst übertriebenem Maße auf Entbehrungen gerichtete Erziehungsmethode. Diese beiden Faktoren verliehen Franz Joseph schon in jüngsten Jahren masochistische Züge, eine ihm unbewußte Selbstbestrafungstendenz ist erkennbar. Dementsprechend ist es sicher kein Zufall, daß er sich später, während seines ganzen Lebens, von einem Unglück ins andere stürzte (›Mir bleibt auch nichts erspart‹). Der Mutterkonflikt und die zeremonielle Erziehung hatten bei ihm vielfache Folgen, etwa seine Flucht ins Pedantische, in die fast zwangsneurotische ›Pflichterfüllung‹, aber auch seine allgemeine Gehemmtheit, wohl auch auf sexuellem Gebiet.«

Das ambivalente Verhältnis zur Mutter sei später sicherlich auf andere Frauen übertragen worden, meint Ringel, vor allem natürlich auf seine Gattin Elisabeth. »Für sie, die als blutjunges Mädchen nach Wien gekommen war, brachte die Ehe mit dem Kaiser dadurch vielfache, schwere Enttäuschungen – sicherlich auch in der Sexualität. Diese dürften eine bedeutende Rolle für das Entstehen ihrer nervösen Magersucht gespielt haben. Sie entwickelte alle charakteristischen Symptome dieser Krankheit: Hungerdiät, Abmagerung, Depressionen und den dazugehörenden Lebensstil, also immer auf der Flucht sein, rastlos, immer in Bewegung, weg von Wien sein, weg von sich selbst, weg von ihrem Mann.«

Elisabeths Tochter Marie Valerie bestätigt diese »Flucht-These« in ihrem Tagebuch. »Mama immer gedrückter. Ihr Los am schwersten, wenn sie mit Papa ist.« Das Beisammensein mit Franz Joseph sei für die Mutter »ein Opfer«.

Professor Ringel weiter: »Elisabeth floh also vor ihrem Mann, der infolge seiner Hemmungen und Verkrampfungen einfach trotz seines guten Willens nicht imstande war, ihm nahestehenden Menschen jenen gefühlsmäßigen Rückhalt zu geben, den sie gebraucht hätten. Sicher hat diese Problematik auch beim Selbstmord des Kronprinzen eine Rolle gespielt.«

Was die Beziehung des Kaisers zu Katharina Schratt betrifft, folgert der Psychiater, »war diese sicherlich auch von neurotischen Komponenten beeinflußt. Die Schratt war für ihn eine Mutterfigur, dazu kam noch adelsmäßiger ›Abstand‹, der zu einer ständigen Geheimhaltung zwang. Und dennoch dürfte Franz Joseph in dieser Beziehung eine gewisse Oase errichtet haben, in der seine Neurose am wenigsten zur Darstellung gekommen ist, sie zeigt ihn am wenigsten selbstschädigend, am menschlichsten, man könnte fast von einem ›Heilungsversuch‹ sprechen.«

Ringel abschließend: »Dieser Heilungsversuch reichte aber natürlich nicht aus und so wirkte sich die Neurose Franz Josephs von Jahr zu Jahr stärker auf den Staat aus, den er regierte.« Wie der Psychiater nach Studium der Persönlichkeit Franz Josephs davon überzeugt ist, »daß der Kaiser ein Mann mit überstrengem Gewissen war, ein durch und durch um Anständigkeit und Aufrichtigkeit bemühter Mensch, der all die Katastrophen nicht wollte – nur: er war durch seine Neurose dazu gezwungen.«

»Und man kniet auf allen vieren, wenn sie kommt«
Die Schratt nützt ihre Protektion

Drei Monate nach dem Tod Elisabeths muß der völlig gebrochene Monarch ausgerechnet das Jubiläum seiner fünfzigjährigen Regentschaft über sich ergehen lassen.

Kaum hatten sich die Untertanen vom ersten Schock des Mordes erholt, wollte ein ganzes Volk seinem Kaiser huldigen. Doch der hatte verständlicherweise überhaupt keine Freude daran. Der Schratt schreibt er: »Noch froher wie Sie, werde ich sein, wenn dieser entsetzliche Tag überstanden sein wird, von welchem ich nur Arbeit und Plage habe.«

Unter anderem zwang ihn das Protokoll, an der Eröffnung des ihm zu Ehren errichteten Kaiserjubiläums-Stadttheaters teilzunehmen. In einer der ersten Vorstellungen der heute als Volksoper bekannten Bühne, zu der sich »eine wahre Völkerwanderung bewegte«, spielte die Schratt »für Bekleidung armer und bedürftiger Schul- und Waisenkinder« die Rolle der Anna Birkmeyer in Anzengrubers *Pfarrer von Kirchfeld*. Der Bericht der *Neuen Freien Presse* zeigt einmal mehr, wie populär des Kaisers Freundin jetzt war:

> »Wagen auf Wagen fuhr an der Rampe vor. Ein Sensationsereigniß lockte gestern das Publikum ins Haus. Zum ersten Male erschienen Hofschauspieler auf den Brettern der jüngsten Bühne Wiens ... Es war eigentlich kein Beifall mehr, sondern heller Jubel. Bei Erscheinen der Herren Reimers und Lewinsky auf der Bühne ging nur eine leise Bewegung durch das Haus, als aber Frau Schratt den Bergpfad herabschritt, erbrauste schallender Beifall, der sich dann im Verlaufe der Vorstellung nach den Aktschlüssen immer steigerte.«

Ein Wiener Kaufmann namens Ignaz Schnitzer hatte sich – wie Tausende andere Bürger – aus Anlaß des Jubiläums den Franz-

Josephs-Orden ersehnt und aus diesem Grund zu Ehren des Kaisers am Jubeltag, dem 2. Dezember 1898, ein überdimensionales Panoramabild anfertigen lassen, auf dem »alle Persönlichkeiten, die während der 50jährigen Regentschaft des Monarchen irgendwie hervorragten« abgebildet waren. »Außer den österreichischen Schlachtengewinnern«, stellt Karl Kraus in seiner *Fackel* sarkastisch fest, »finden wir da die Hofschauspieler mit Frau Schratt an der Spitze als die wichtigsten Repräsentanten jener Zeit…« Herr Schnitzer dürfte wohl mit dem Gedanken gespielt haben, Katharina Schratt könnte, da ihr die Ehre zuteil war »neben der vornehmsten Aristokratie« auf dem Rundgemälde verewigt zu sein, bei dem ihr freundschaftlich gesinnten Allerhöchsten Ohr ein gutes Wort für seine Ordensverleihung einlegen. Was sie auch getan zu haben scheint. Doch der Kaiser antwortet der Freundin wenige Tage vor den Jubiläumsfeiern: »Die viele Neugierde Ihrer Bekannten wegen der Jubiläumsauszeichnungen kann ich jetzt nicht befriedigen, ich fürchte aber, daß der 2. Dezbr. eine Enttäuschung sein wird…«
Befriedigt stellt Karl Kraus einige Tage danach fest: »Der 2. December kam, die *Wiener Zeitung* erschien, sechs Ordensregenbogen stark, aber Herr Schnitzer, der eifrig nachgesehen hatte, hatte das Nachsehen.«
Ansonsten war gut beraten, wer über die Schratt versuchte, an den Kaiser heranzukommen. Es schien ihr direkt Vergnügen zu bereiten, für alle möglichen Leute zu intervenieren, ihnen irgendetwas zu verschaffen – sei es ein Orden, ein Titel, ging es um einen Pensionsanspruch oder sonst eine staatliche Vergünstigung. Es war die einzige Möglichkeit für sie, in der Gesellschaft als die »Vertraute des Kaisers« aufzutreten, denn offiziell wurde sie ja nirgendwo als solche erwähnt. Es muß für die Schratt befriedigend gewesen sein, wenn sich etwa die allgegenwärtige Pauline Fürstin Metternich an sie wandte, um den Kaiser zur Eröffnung eines ihrer berühmten Feste zu bewegen. In diesem Fall ging es um die Teilnahme an der Internationalen Musik- und Theaterausstellung. Der Kaiser an die Schratt: »Ich bin froh, daß Sie nichts zugesichert haben, denn wenn Sie natürlich thun können, was Sie wollen und was Sie freut, so darf

ich es wohl sagen, daß es mich wenig freuen würde, wenn Sie in der Bretterbude im Prater die Thalia darstellen würden, zum Theile weil die Fürstin Metternich und Compagnie glauben, mich dadurch für die Ausstellung zu enthusiasmiren... Ich halte aber fest und finde die ganze Ausstellungs Hetze täglich unausstehlicher.«

Die Schratt schaffte es trotzdem: Der Kaiser kam zur Eröffnung.

Ein anderes Mal intervenierte Katharina Schratt beim Kaiser für die Witwe des Theaterarztes Dr. Heinrich Staniek. Hugo Thimig notiert verwundert in seinem Tagebuch: »Es tritt der seltsame Fall ein, daß sie mehr Gnadengehalt erhält (1200 Kr.) als ihr Mann Bezüge (1000 Kr.) gehabt hat. Die Geschichte dieses Gesuchs ist sehr charakteristisch. Der Kaiser war sofort dafür gewesen, durch die Schratt.« Die Schauspielerin erzählte ihrem Kollegen Thimig in Zusammenhang mit diesem Gnadengesuch von folgendem Dialog mit dem Kaiser.

Schratt: »Muß es gestempelt sein, Majestät?«

Franz Joseph: »Ja, gnädige Frau, das wird es wohl müssen.«

Schratt: »Mit wieviel denn, Majestät?«

Franz Joseph: »Das weiß ich nicht, gnädige Frau.«

Schratt: »Ich habe hier zwei Stempelmarken, jede zu einer Krone.«

Franz Joseph: »O, soviel wird wohl nicht nötig sein. Wissen Sie was, gnädige Frau, lassen Sie mir die Marken da, ich werde mich erkundigen, was darauf gehört und Ihnen den Rest wiedergeben.«

Und etliche Jahre später, als Thimig provisorischer Leiter des Burgtheaters war, kam die Schratt in Sachen »Fanny Walbeck, einer Dilettantin, die nun 40 Jahre im Burgtheater geduldet wurde« (Thimig), zu ihm, damit diese – trotz ihrer Erkrankung – nicht in Pension geschickt würde. Darüberhinaus wollte Fräulein Walbeck noch Sonderregelungen in ihrem Vertrag haben.

Thimig: »Sie muß aber doch Gott danken, daß Sie nicht pensioniert wird. Sie leistet nichts...«

Schratt: »Naja, aber wissen Sie, die Walbeck gratuliert halt immer dem Kaiser zum Namenstag und zu Neujahr und ich trag ihre Briefe dann immer zum Kaiser und nun wird sie halt wollen, daß ich dem Kaiser ihr Anliegen vortrage.«

Thimig: »Seine Majestät hat zu befehlen, aber Direktor möchte ich nie und nimmer werden!« (Er wurde es trotzdem, Anm. d. A.)

So gab es unzählige Interventionen und der Kaiser ließ sich alle Anliegen – und seien es die unbedeutendsten – in detailliertester Form von der Schratt vortragen. Es scheint, daß er froh war, auf diese Weise die Gesprächsstunden mit der geliebten Frau verlängern zu können.

Des öfteren nützte sie die Protektion auch zugunsten des stets schwer verschuldeten Ehemanns Nikolaus von Kiss, der immer wieder auf verschlungenen Wegen zu Geldern kam. Die meisten Anliegen der Schratt waren aber aus naheliegenden Gründen im Bereich des Theaters zu finden. Fürst Eulenburg an Kaiser Wilhelm II. über die Schratt:

> »Im Theater herrscht sie natürlich unumschränkt, und man kriecht auf allen vieren, wenn sie kommt, der Intendant nicht ausgeschlossen.«

Der nächste »Intendant« kroch allerdings nicht auf allen Vieren: Paul Schlenther folgte Max Burckhard im Todesjahr der Kaiserin als neuer Direktor des Burgtheaters. Burckhard, der große Förderer der Schratt, war – erst vierundvierzig Jahre alt – aus seinem Amt gedrängt und in Pension geschickt worden. Dem Ensemble fehlte unter seiner Führung die künstlerische Autorität, weniger bekannte Mitglieder protestierten gegen seinen Starkult. Selbst Burckhards Freund Hermann Bahr meinte: »Gute Schauspieler allein genügen noch nicht. Sie müssen auch gut spielen... Die Burg hat keinen Ton, die Burg hat keinen Stil.«

Hugo Thimig setzte sich bei des Kaisers Obersthofmeistern Liechtenstein und Montenuovo für den Berliner Schriftsteller und Kritiker der *Vossischen Nachrichten*, Dr. Paul Schlenther, als Nachfolger Burckhards ein. Doch die Schratt – wie immer hatte sie ihre Hände im Spiel – war gegen diesen. Hoftheater-Kanzleidirektor Eduard von Wlassak glaubte die Macht der »Gnädigen Frau« erkannt zu haben und sagte zu Thimig: »Die Schratt muß er (Schlenther) für sich gewinnen, das ist die Hauptsache. Sie muß bald dem Kaiser sagen können: ›Da haben wir einen guten Fang gemacht.«« Doch die Schratt dachte nicht daran. Ihrer Kollegin Babette Reinhold – der Gattin Max Devrients – vertraute sie vielmehr an, daß sie gegen Schlenther sei. »Er ist ein preussischer Journalist und hat eine böse Frau.«

Doch diesmal hatte die Schratt das Rennen verloren. Dem Zug der Zeit folgend – Schlenther galt als einer der literarischen Vorkämpfer des Naturalismus und war Mitbegründer der dieser Strömung Rechnung tragenden »Freien Bühne« in Berlin – wurde er zum neuen Direktor ernannt. Möglicherweise war für Montenuovo sogar ausschlaggebend, daß die von ihm gehaßte Schratt gegen Schlenther war. Nicht zuletzt als Folge der ständigen Interventionen der Schratt dauerte das Interregnum monatelang, das Burgtheater wurde zwar immer noch von Burckhard geleitet, war aber während der Zeit der sogenannten »Directionskrise« faktisch führerlos. Darüber sprach man auch in der Öffentlichkeit. Als während so einer Direktionskrise der witzige Kulturhistoriker, Feuilletonist und Schriftsteller Egon Friedell von einem Journalisten, für den Fall, daß er Burgtheaterdirektor werden sollte, nach seinem künstlerischen Programm gefragt wurde, antwortete er:

»Ich würde vor allem die Tradition des Hauses mit dem Zeitgeist versöhnen, das heißt, ich würde zugkräftige Stücke spielen, ohne minderwertige zuzulassen, ich würde ferner der Cliquenwirtschaft ein Ende setzen, ohne selbstverständlich wertvolle Einflüsse zu unterbinden, und ich würde das Burgtheater wieder zur ersten deutschsprachigen Bühne machen, ohne den hohen, pathetischen Stil zu dulden.«

»Und dann?« wollte der Interviewer wissen.

»Dann würde ich wegen Undurchführbarkeit meines Programms zurücktreten.«

Schlenther jedoch blieb. Er blieb sogar zwölf Jahre Leiter des Burgtheaters – und er war ein erfolgreicher Direktor. Zwar wurde er von der zeitgenössischen Kritik nicht gerade verwöhnt, aber mit dem Ensemble fand er sich offensichtlich weit besser zurecht als sein Vorgänger Burckhard. Seine wahrscheinlich bedeutendste Tat war die Berufung von Josef Kainz ans Burgtheater.

Burckhard hatte Kainz bereits kurze Zeit vorher für zwei Gastspiele nach Wien geholt. Katharina Schratt an Franz Joseph: »Das Gastspiel von Kainz macht hier Aufsehen – ich habe ihn vom Zuschauerraum noch nicht bewundert – da Hietzing vom Burgtheater zu weit entfernt liegt – aber morgen soll er mit Herrn und Frau Tewele bei mir speisen ...« Etwas später: »Kainz findet noch immer geteilte Meinungen – er wird noch immer fremdartig gefunden, aber Alle Welt hält sein Engagement für einen Gewinn.« Dem eifersüchtigen Kaiser konnte es nicht recht sein, daß einer der meistgeliebten Männer seiner Zeit in Wien, noch dazu am Burgtheater, war. Franz Joseph an die Schratt:

»In der Zeitung las ich auch das Eintreffen in Wien des Herrn Kainz, für Sie eine große Freude, für mich weniger...«

Josef Kainz war als Sohn eines Wiener Bahnbeamten im ungarischen Wieselburg zur Welt gekommen. Alexander Strakosch, der auch die Schratt ausgebildet hat, schlug den blutjungen Kainz dem Burgtheater vor, doch Direktor Dingelstedt war nicht interessiert. Über Leipzig und Meiningen kam er an das Bayerische Hoftheater in München, wo er zum erklärten Liebling Ludwig II. wurde. Nach einem Zerwürfnis mit dem König wurde Kainz ans Deutsche Theater Berlin engagiert, wo ihn Burckhard in seinen Glanzrollen als *Don Carlos*, *Prinz von Homburg* und *Hamlet* sah. Er holte ihn für Einzelauftritte nach Wien. 1898 spielte er den Romeo und wurde – bei aufgehobenem Vorhangverbot – vierzigmal hervorgerufen!
Während dieses Gastspiels stand er auch gemeinsam mit der Schratt in Hermann Sudermanns *Morituri* auf der Bühne des Burgtheaters. Wieder schreibt der Kaiser:

»Sie sollten die Vorstellungen des Herrn Kainz nicht versäumen, da Sie gar so sehr von ihm entzückt sind. Gestern haben Sie einen glücklichen Abend gehabt, da Sie mit dem großen Künstler und idealen Manne spielten.«

Dem neuen Direktor gelang es, Kainz trotz gigantischer Gagenforderungen, fest ans Burgtheater zu holen. Was gar nicht so einfach war, denn der Kritiker Schlenther hatte seinerzeit in Berlin Kainz als Marc Anton fürchterlich verrissen und als »verhungerten Bacchus«

bezeichnet. Doch auch er erkannte, daß nur Kainz die Lücke, die der verstorbene Mitterwurzer hinterlassen hatte, schließen konnte.

Hugo Thimig notiert in seinem Tagebuch, nachdem er Kainz erstmals auf der Bühne sah: »Er wird unserem in den Dreck geführten Burgtheater sehr wohlthun.«

Wer Kainz einmal gesehen hat, kann dieses Erlebnis nicht mehr loswerden. Hans Thimig – Hugos Sohn – erlebte ihn noch als Kind als Dusterer in Anzengrubers *G'wissenswurm* am Burgtheater. Er erinnert sich heute noch: »Diese schwarze Gestalt hat auf mich einen derartigen Eindruck gemacht, daß ich sie mein Leben lang nicht vergesse. Bis heute werde ich das Gefühl nicht los, damals etwas Unheimliches erlebt zu haben.«

Verkörperte Sonnenthal noch das Pathos, so war Kainz das Moderne, mit ihm rückte Wien in eine neue Theaterepoche. Er war ein universell begabter Mann – betätigte sich auch als Schriftsteller und Übersetzer und war, zum Erstaunen seiner Kollegen, im Spiel ein ungeheurer Techniker. Wenn er irgendwo gastierte, und für die Rückreise einen bestimmten Zug erreichen mußte, konnte er durch schnelleres Sprechen zwanzig Minuten früher fertig sein, ohne an Wirkung zu verlieren.

Im Privatleben war er humorvoll und natürlich. In der Rolle des *Cyrano de Bergerac* erschütterte Kainz das Publikum bis zum lauten Schluchzen. Als einem seiner Partner ebenfalls die Tränen herunterrannen, zischelte ihm Kainz zu: »Du wirst doch nicht auch auf mich hereinfallen!«

Am 17. Dezember 1899 wird zum ersten Mal Ferdinand Raimunds *Verschwender* an der »Burg« gespielt. War zwei Jahre zuvor Girardi in diesem Zaubermärchen am Raimundtheater der Partner der Schratt, so singt jetzt Josef Kainz neben ihr das Hobellied. Hugo Thimig notiert:

> »Sieg auf allen Seiten, das Hauptinteresse richtete sich auf Kainz als Valentin. Er spielte ihn schlicht, gewandt, mit natürlichem Schwung und gewann als Valentin, nicht nur als Kainz ... Die Rosel ist das Beste, was die Schratt zu geben hat: Lieb, hübsch, naturwüchsig ...«

Die Wiener begrüßen im Jahre 1899 mit Josef Kainz ein neues Idol. Und ein altes wird zu Grabe getragen. Der Walzerkönig Johann Strauß stirbt im Alter von 74 Jahren.

Der Erfolg mit dem *Verschwender* sollte nicht lange anhalten. Wie zu erwarten, imponiert dem neuen Direktor, dem »preußischen Journalisten«, wie die Schratt noch vor ein paar Monaten spitz bemerkte, ihr Naheverhältnis zum Kaiser überhaupt nicht. Schlenther läßt sich von niemandem in seine Direktionsgeschäfte dreinreden, am allerwenigsten ist er gewillt, sich dies von der Schratt, die ja schließlich seine Berufung ans Burgtheater verhindern wollte, gefallen zu lassen. Es kommt zum Krach. Zehn Tage nach der Premiere sagt sie die *Verschwender*-Vorstellung ab. Der Stern der Burgschauspielerin Katharina Schratt beginnt zu verlöschen...

»Ich soll in meinen alten Tagen einsam weiter leben«
Abschied vom Burgtheater, Bruch mit dem Kaiser

Dem Bruch mit dem Burgtheater ging ein viele Monate anhaltendes Zerwürfnis der Schratt mit dem Kaiser voraus. War sie in der Lage gewesen, etlichen ihrer Kollegen und Bekannten staatliche Auszeichnungen zu verschaffen, so gelang ihr das für ihre eigene Person nicht.

Kaiserin Elisabeth hatte kurz vor ihrem Tod der Freundin den »Elisabeth-Orden I. Klasse« versprochen, eine hohe Ehrung, der die Schratt mit Freude entgegensah. Einige Zeit nach dem Mordanschlag ersuchte die Schratt Franz Joseph, dieses Versprechen einzulösen, denn der Elisabeth-Orden wurde nun »in Erinnerung an die verstorbene Kaiserin« verliehen.

Ohne zu wissen, was er damit anrichtet, lehnt Franz Joseph dieses Ansuchen ab. Die Auszeichnung, seitens der Kaiserin verliehen, meint er, wäre nach außen hin vertretbar gewesen, aber er könne dies »nicht tun, ohne Aufsehen zu erregen«. Die Schratt fühlt sich verletzt, es kommt zum ersten Zerwürfnis in der nun rund fünfzehn Jahre währenden Freundschaft.

Der Kaiser bereut seine Härte natürlich sofort und fleht brieflich:
»Hoffentlich beruhigen Sie sich bald, so daß ich Sie recht bald wiedersehen darf, denn die Stunde, die ich mit Ihnen zubringe, ist meine einzige Erheiterung, ist mein Trost in meiner traurigen, sorgenvollen Stimmung. Mit der innigen Bitte, mich noch ein wenig lieb zu haben und Sich nicht zu sehr über mich zu ärgern, bliebe ich Ihr treu ergebener Franz Joseph.«
Jedoch die Differenzen dauern an. Marie Valerie hat die Schratt noch zu Lebzeiten ihrer Mutter für den Herbst 1899 nach Schloß Wallsee, ihrem Wohnsitz in Bayern, eingeladen. Da Valeries Ehemann, Erzherzog Franz Salvator, nun – die Schratt kann ja nicht

mehr die »Freundin der Kaiserin« sein – gegen diesen Besuch ist, empfiehlt auch der Schwierigkeiten stets scheuende Kaiser, die Reise abzusagen. Die Schauspielerin ist wiederum verstimmt. Es muß zu heftigen Szenen gekommen sein, die der Kaiser sofort wieder brieflich gutzumachen versucht. Er schreibt von einer »Intrigue« gegen ihre Person, »an der mein Schwiegersohn (Franz Salvator) unschuldig zu sein scheint«. Und dann weiter einlenkend: »Übrigens was immer an der Sache sein mag, mich werden alle etwaigen Intriguen und Verschwörungen in meiner treuen Freundschaft für Sie und in meiner unauslöschlichen Dankbarkeit nicht irre machen ...«

An der immer stärker einsetzenden Hetze gegen die Schauspielerin beteiligt sich neben Franz Salvator und Montenuovo vor allem auch Anton Joseph Kardinal Gruscha, der Fürsterzbischof von Wien, der das nun auch nach außen hin offensichtliche Verhältnis des Kaisers mit Katharina Schratt aus religiösen Gründen ablehnt. Ja sogar Anton von Kiss, der Sohn der Schratt – der einige Male vom Kaiser in Audienz empfangen wurde – rät seiner Mutter eindringlich, die Liaison zu beenden; freilich, weil er der Meinung ist, daß es seiner diplomatischen Karriere schaden könne, Sohn einer Mätresse zu sein.

Der Kaiser ist den am Hof und innerhalb seiner Familie ständig zunehmenden »Intriguen« gegen die Schratt nicht gewachsen. Denn der härteste Schlag folgt erst jetzt. Hugo Thimig notiert in den ersten Januartagen des neuen Jahrhunderts:

> »Aus allernächster Umgebung der Schratt höre ich: ihre Verstimmung darüber, daß Schlenther keine neuen Glanzrollen für sie bringt, daß er ihrem Ansinnen, ein schales französisches Ausstattungsstück (das die Schratt gekauft hat) aufzuführen, Widerstand entgegensetzt, scheint den Höhepunkt erreicht zu haben. Sie hat angefangen, dem Kaiser, der ihrem direkten Wunsch nach einem Directionswechsel nicht entsprach, ihre Verstimmung entgelten zu lassen. Als der Kaiser (mit dem König von Serbien) bei der letzten Aufführung des *Verschwender* zum ersten Mal nach dem Tod der Kaiserin wieder in

seiner Loge erschien, hat sie ihm nicht die gewohnte und gewünschte Aufmerksamkeit von der Bühne herab erwiesen. Darauf hat Seine Majestät das Dienstmädchen der Schratt zu sich beordert, die Netty, und hat Rücksprache mit dieser genommen!!! Die Schratt äußert sich in dem Sinn, daß sie ernstlich gesonnen sei, die bestehenden Beziehungen zum Kaiser zu lockern; sie sei der ewigen ›Habt Acht Stellung‹ müde.«

Im Burgtheater beginnt nun ein unerbittlicher Machtkampf zwischen Schratt auf der einen und Schlenther (gemeinsam mit Montenuovo) auf der anderen Seite. Thimig:

»Ist die Macht Kathi's auf unseren alten Kaiser so stark, daß er diese Lockerung des gewohnten lieben Verkehrs nicht ertragen kann, so steht das arme Burgtheater vor einem schweren Schlage, der es ganz darniederwerfen kann; siegt die correcte und in solchen Auflehnungsfragen sehr empfindliche Anschauung des Monarchen, so fällt die Schratt, was der schönste und reinste Segen für unser Theater wäre.«

Am 6. März des Jahres 1900 kommt es zu der bisher heftigsten Auseinandersetzung zwischen Kaiser und Schratt. Wie immer tut dies Franz Joseph schon am nächsten Tag leid, und er versucht alles brieflich wiedergutzumachen:

»Meine liebe gute Freundin,

Eigentlich weis ich nicht, ob ich diese Worte noch gebrauchen darf, oder ob ich nicht schreiben sollte: ›Gnädige Frau‹, allein ich kann die Hoffnung nicht aufgeben, daß die gestrige schwarze Gewitterwolke sich verziehen und das alte, glückliche Freundschaftsverhältniß wieder hergestellt wird. Sie haben meine dringenden, gut gemeinten und in unserem beiderseitigen Interesse gelegenen Vorstellungen und Bitten so hartnäckig und leidenschaftlich abgewiesen, daß ich mich zu einer Heftigkeit hinreißen ließ, die ich bereue und wegen welcher ich Sie aus vollem Herzen um Verzeihung bitte. Auch will ich die rasche, kränkende und mich tief schmerzende Art ihres gestrigen Abschieds vergessen. Lassen Sie aber auch die Stimme

Ihres so guten Herzens sprechen, überlegen Sie die Lage in Ruhe und Sie werden finden, daß wir uns gar nicht trennen können, daß wir uns wiederfinden müssen. Denken Sie an die langen Jahre unserer ungetrübten Freundschaft, an Freud und Leid das wir theilten, leider mehr Leiden, welche Sie mir tragen halfen, denken Sie an die theure Unvergeßliche, welche wir Beide so liebten und welche als Schutzengel über uns schwebt und dann werden Sie hoffentlich zur Versöhnung gestimmt sein. Ich bin namenlos traurig, denn der Gedanke, daß ich bei meinem vielen Kummer meinen Trost, diejenige, die mich aufrecht erhaltet, mit der ich Alles besprechen konnte, verlieren soll, ist zu schrecklich. Früh Morgens beim Aufstehen waren Sie immer mein erster Gedanke, die Aussicht, Sie im Laufe des beginnenden Tages sehen zu können, brachte meine Stimmung in das richtige Gleichgewicht, wenn Kummer und Sorge mich bedrückte, so war die Hoffnung, Sie zu sehen, so war Ihre liebe Gesellschaft der Trost, welcher mir Kraft gab und welcher mich aufrecht erhielt und nun sollte das Alles anders werden, ich soll in meinen Alten Tagen einsam weiter leben. Das können Sie nicht wollen. Ihr gutes Herz wird es nicht zugeben. Die Art, wie Sie mich Gestern verlassen haben, erweckt in mir leider den Zweifel, ob Sie mich noch lieb haben, aber wenn Sie noch etwas von der alten Freundschaft für mich fühlen, so denken Sie, wie schrecklich für mich die Ungewißheit ist, wie schrecklich, nichs von Ihnen zu wissen und geben Sie mir ein Zeichen, das mich hoffen laßt, daß noch Alles wieder gut werden kann, daß wir uns in einiger, hoffentlich nicht gar zu langer Zeit entweder bei mir oder in Ihrer Wohnung wiedersehen werden. Gott beschütze Sie und lenke Ihr Herz zur Milde und Versöhnung. Meine Gefühle für Sie bleiben immer die gleichen treuester Anhänglichkeit und erfüllt von denselben, bleibe ich

Ihr Sie innigst liebender
Franz Joseph«

Trotz dieser flehenden Zeilen bleibt die Schratt zunächst hart. Zwei Monate später gibt sie dem Kaiser allerdings eine »Chance«, das zerbrochene Verhältnis zu retten. Ende Juni zeigt sie mit einem Brief, abgesandt in Paris, in der Wiener Hoftheater-Intendanz an, daß sie ihren »Burg«-Vertrag per 7. Oktober 1900 zu kündigen wünsche. Die Künstlerin dachte zu diesem Zeitpunkt nicht wirklich daran, das Burgtheater zu verlassen, sie erhoffte sich mit dieser »Drohung« vielmehr, beim Direktor endlich mit ihren Forderungen nach besseren Rollen durchzudringen. Doch Obersthofmeister Montenuovo nützte die für ihn einmalige Gelegenheit, die Schratt loszuwerden und legte dem Kaiser das Gesuch mit dem Kommentar vor, daß Katharina Schratt – sie war jetzt 47 – »offensichtlich vom Theaterspielen genug hat«. Franz Joseph konnte sich in seiner grenzenlosen Naivität Frauen gegenüber nicht vorstellen, daß seine langjährige Vertraute ein taktisches Spiel trieb und nahm die Kündigung an.

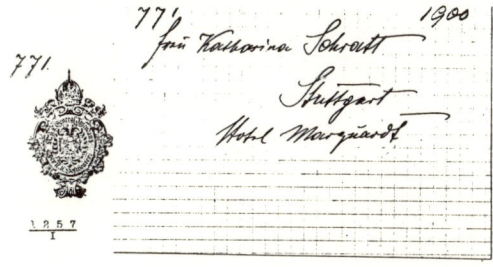

Auf Grund einer Ermächtigung SEINER DURCHLAUCHT des ERSTEN OBERSTHOFMEISTERS vom 25.d.Mts. Z.3456 wird die von der Hofschauspielerin Frau Katharina S C H R A T T s.z. eingebrachte Kündigung ihres Engagement-Vertrages angenommen und wird demnach Frau SCHRATT mit 7.October d.J. aus dem Verbande des Hofburgtheaters scheiden.

Ihre Activitätsbezüge werden eingestellt und wird ihr von 1.October 1900 angefangen der ihr s.z. zugesicherte Ruhegehalt jährlicher 12.000 Kronen bei der Hoftheaterkasse flüssig gemacht. Auch ist ihr daselbst für die Zeit vom 1. bis 7.October die Differenz zwischen ihrer Pension und der Activitätsbezüge zu erfolgen.

Hievon ist Frau SCHRATT mittelst Decretes zu verständigen.

Wien, am 27.September 1900.

Der Leiter der k.und k.General-Intendanz der k.k.Hoftheater.

Die Kündigung der Schratt wird angenommen
Original: Haus-, Hof- und Staatsarchiv, Wien

Mit seiner Unterschrift hat er für lange Zeit die Möglichkeit vertan, die Schratt zurückzuerobern. Am 29. Juni 1900 tritt sie zum letzten Mal am Burgtheater auf: als Isabella in dem historischen Lustspiel *Schach dem König* von August Schaufert. Die *Abendpost* veröffentlicht als erste Zeitung die Nachricht von der bevorstehenden Pensionierung der Schratt und die Generalintendanz teilt dem Burgtheater mit, daß die Kündigung angenommen wird. Es gibt kein Zurück mehr.

Während sie von der ungewollten Annahme ihrer Kündigung bereits im Stuttgarter Hotel Marquardt erfahren muß, macht es die Schratt jetzt erst recht wieder einmal ihrem großen Vorbild, der Kaiserin, nach und geht in die Ferne. Sie bereist Italien, Deutschland, die Schweiz, England, Südamerika und die kanarischen Inseln. Dem Kaiser ist kein Aufwand zu groß, mit detektivischer Akribie ihren jeweiligen Aufenthaltsort ausfindig zu machen. Seine an sie gerichteten – und oft unbeantwortet bleibenden – Briefe verdeutlichen die Verzweiflung des Monarchen über den Bruch und die Trennung von der angebeteten Frau.

Immer wieder ersucht er sie, »mich von Ihrem Reiseziele in Kenntniß zu setzen, und mich wissen zu lassen, ob ich Ihnen noch schreiben darf, oder ob Ihnen meine Briefe unangenehm sind. Außer aller Verbindung mit Ihnen zu bleiben oder gar nichts mehr von Ihnen zu hören, wäre doch gar zu hart.«

Als eine Urenkelin des Kaisers stirbt, war Franz Joseph »so naiv zu hoffen, daß Sie mir ... in Erinnerung an 15jährige, treue Freundschaft, ein Zeichen zur Theilnahme geben würden. Auch darin habe ich mich getäuscht und das hat mir sehr weh gethan. Nun, etwas mehr oder weniger Kummer ändert nichts an der Sache und man muß es eben ertragen.«

»Natürlich bin ich beängstigt und auch ein wenig gekränkt, daß Sie mich so ganz ohne Nachricht lassen«, meint er in einem Brief, den er nach Frankfurt schickt. Und nachdem er bei Netty erforscht hat, daß die Schratt gerade in München weilt, schreibt er ihr in das dortige Hotel Continental, »obwohl ich fast fürchten muß, daß es Ihnen unangenehm sein könnte ... nachdem Sie mich im Unklaren über Ihren Aufenthalt und Ihre Projekte gelassen haben.« In Neapel erreichen sie die Zeilen »Wie schön und interessant muß der Ausbruch des Vesuv sein!« und später hofft er (vergeblich), »daß Ihr Aufenthalt auf den canarischen Inseln wegen der bald zu großen Hitze nicht von sehr großer Dauer sein kann«. Nach einem Besuch seiner Tochter Valerie teilt der Kaiser der Schratt in Berlin brieflich mit, daß er jetzt »wieder ganz allein mit meinen trüben Gedanken« sei.

Valerie notiert übrigens bei diesem Zusammentreffen, der Vater habe ihr »fast mit Tränen« erklärt, die Schratt »arbeite schon seit Mamas Tod an diesem Entschluß (sich von ihm zu trennen), da sie das Gefühl habe, seither nicht mehr gehalten zu sein, ihre Stellung sei keine richtige«.

»Wie beneide ich die glücklichen Menschen, welche Sie sehen dürfen, während mir nur die Sehnsucht bleibt«, schreibt der Kaiser nach Rom. Und als er Anfang Dezember 1900 von Netty erfährt, »daß Sie die schreckliche Absicht haben, nach Egypten zu reisen«, sucht er verzweifelt nach Möglichkeiten, dies zu verhindern. »Wenn es möglich wäre, Sie hier zurückzuhalten und Ihrem Nomadenleben ein Ende zu machen, wenn sich nur ein Mittel fände, welches auch ausführbar wäre, um Ihren leider unbekannten Wünschen zu entsprechen und Sie zu beruhigen. Fürst Liechtenstein wird sich den Kopf zerbrechen...«

Der Fürst und Erste Obersthofmeister des Kaisers zerbricht sich den Kopf sehr schnell. Wenige Tage später beauftragt er Burgtheaterdirektor Schlenther, der Schratt nach Rom zu schreiben, damit dieser zum ehestmöglichen Termin ein versöhnliches Gespräch mit ihr führen könne.

Liechtenstein macht Schlenther auf die immer schlimmer werdende Verfassung des Monarchen aufmerksam und überzeugt ihn von der Dringlichkeit der Schratt-Rückkehr für das Wohlergehen des Reiches. Der Burgtheaterdirektor schreibt – sicherlich gegen seinen Willen – am 21. Dezember an die »Hochverehrte gnädige Frau. Wie ich zuverlässig höre, werden Euer Hochwohlgeboren demnächst für kurze Zeit nach Wien kommen, ich ersuche Euer Hochwohlgeboren ganz ergebenst, mir dann Gelegenheit zu einer mündlichen Aussprache zu geben. Allem Anschein nach hat sich gewiß ein ganzer Koloß von Mißverständnissen, irrtümlichen Auffassungen, falschen und gefälschten Nachrichten aufgetürmt, sodaß ein allgemeines Interesse, vielleicht auch Ihnen, gnädige Frau von Werth sein möchte, alles das offen und freimütig ohne Zwischenträgerin zur Sprache zu bringen. Ich bitte mir daher, geeigneten Falles Ort und Zeit einer Zusammenkunft gefälligst bestimmen zu wollen.« Am Christtag trifft ein eindeutig gehaltenes Telegramm der Schratt bei Schlenther ein:

Originalabschrift des Telegramms: Haus-, Hof- und Staatsarchiv, Wien

»Gestern Brief erhalten, hätten Sie wirklich das Verlangen gehabt, sich mit mir auszusprechen, so würden Sie dies jedenfalls vor drei Monaten selbst schriftlich oder mündlich gethan haben. Das Kanzlei-Schriftstück beweist mir, daß die Zusammenkunft eine gezwungene oder von anderen gewünschte sein soll und dieser bedaure ich nicht folge leisten zu können.

Ergebenst K. Schratt«

Dieser Versuch, die Schauspielerin nach Wien zurückzuholen, ist also schmählich gescheitert. Doch am 10. Juni 1901 freut sich der Kaiser wie ein kleines Kind. Die Schratt weilt für kurze Zeit in Wien und er hat sie nach mehr als einjähriger Pause – durch Zufall – auf der Straße gesehen. Sofort setzt er sich hin und schreibt:

»Verzeihen Sie, theuerste Freundin, daß ich Sie belästige, aber ich muß es Ihnen sagen, wie sehr mich die heutige Begegnung ergriffen hat, was es mir war, Ihr liebes, leider nicht freundliches Gesicht nach langen Monaten endlich wieder einmal zu erblicken.«

Da Franz Joseph weiß, daß sie an jedem Zehnten des Monats – dem Sterbetag der Kaiserin – für Elisabeth betet, nimmt er an, »daß Sie am Wege zur Gruft waren, um so mehr, da Sie schwarze Toilette trugen«. Noch einmal nimmt er die Gelegenheit wahr, ihr vorzuschlagen, diesmal über das »Bindeglied der theuren Verklärten«, das Verhältnis wieder aufleben zu lassen, denn »die Liebe zu ihr ist das Letzte, was uns noch verbindet«.

Mit dieser Formulierung dürfte dem Kaiser der entscheidende Schritt gelungen sein. Eine Woche später läßt ihm die Schratt durch einen seiner engsten Vertrauten – die in ununterbrochenem Kontakt mit ihr stehen – mitteilen, daß sie ihn in der Gloriettegasse erwarte.

»Hawerdas, mir Gestern Abend erstattete Meldung, daß ich Sie besuchen darf, macht mich glücklich. Wie ich mich auf das Wiedersehen nach so langer Trennung freue, können Sie sich denken, ich werde aber sehr ruhig sein und Sie nicht aufregen. Haben wir uns doch so vieles zu erzählen und hoffe ich von Ihnen Manches von Ihren interessanten Reisen zu hören«, schreibt der sie nach wie vor »innigst liebende Franz Joseph«.

Doch auch nach diesem Treffen ist die alte Freundschaft noch nicht vollständig wiederhergestellt. Während der Kaiser nämlich wie jedes Jahr im Sommer nach Ischl fährt, reist die Schratt nach St. Moritz. Verstohlen schleicht der Monarch um die geliebte Villa Felicitas, »in der Hoffnung vielleicht dort eindringen zu können, um den sonst in freudiger Stimmung betretenen Ort wieder zu sehen«.

Nachdem der alte Steg, der die beiden aneinandergrenzenden Grundstücke verband, nicht mehr besteht, muß der Monarch über alte Pfeiler und Bretter steigen, um ans andere Ufer der Ischl zu gelangen. »Durch die Gitterthüre bei Ihrem Waschhäusel, welche offen wahr« stiehlt er sich in den Garten zum Haus und »blickte durch das Fenster der Bauernstube. Es ist noch alles da, als wenn Sie dort wohnen würden, in der Veranda hängen noch alle Bilder und sogar die Kukuruzkolben.« In seiner traurigen Stimmung trifft er das Hausmeisterehepaar: »Ich sprach mit Herrn und Frau Strodl, letztere sieht entsetzlich aus, klagt über ihren elenden Zustand und dürfte es kaum mehr lange machen... Am folgenden Morgen bin ich in das Jainzenthal gegangen und habe den Platz besucht, wo wir mit und ohne Hunden so oft gesessen sind.«

Die Hoffnung des Kaisers nach einem baldigen Wiedersehen erfüllt sich, denn die Schratt kehrt nach Bad Ischl zurück und verbringt dort die zweite Hälfte des Sommers. In dieser Zeit kommt es zur völligen Versöhnung, das Verhältnis ist wieder das alte. Wieder in Schönbrunn angelangt, freut er sich, »daß mir durch Ihre Güte so schöne, glückliche Stunden in Ihrer Gesellschaft geworden sind«.

Da ausgerechnet des Kaisers Vermögensverwalter Hawerda in den Monaten der Trennung immer wieder als Vermittler in Erscheinung tritt, liegt der Schluß nahe, daß der Monarch die stets in Geldnot befindliche Schauspielerin durch finanzielle Zuwendungen und großzügige Geschenke zurückzuerobern versucht hat. Immer wieder kommen in Briefstellen solche und ähnliche Versöhnungsversuche vor: »Durch Hawerda wäre es zu bewerkstellen.« Da die in der Zwischenzeit getätigten Reisen – welche die Schratt stets mit Stil, und von einem Teil ihres Personals begleitet, antritt – Unsummen gekostet haben, muß angenommen werden, daß der gutmütige Kaiser diese entweder finanziert oder die Schratt einen Teil ihrer von Franz Joseph erhaltenen Schmuckstücke verkauft hat.

Und der Wert der erlesenen Schmuckstücke war so groß, daß die Schratt im Laufe der Jahre zu einer der reichsten Juwelensammlungen der Monarchie kam. Der Kaiser schenkte bei jeder Gelegenheit: zum Namenstag, zum Geburtstag, zu Weihnachten – aber auch zwischendurch. So schreibt er am Heiligen Abend des Jahres 1890:

> »Gleichzeitig mit diesen Zeilen erlaube ich mir, Ihnen meine bescheidenen Gaben zum Christkindl mit der Bitte zu Füßen zu legen, daß Sie dieselben mit gewohnter Güte und Nachsicht entgegen nehmen wollen. Die Diamanten sollen sich an die früheren anreihen und wenn ich noch einige Jahre lebe, so wird vielleicht doch endlich ein Collier zu Stande kommen.«

Da er tatsächlich lange lebte, kamen im Lauf der Jahre sogar unzählige Colliers, Broschen, Anhänger, Ringe und Armbänder »zu Stande«. Johanna Nebehay, die in Wien lebende Enkelin von Heinrich Schratt, dem älteren Bruder der Schauspielerin, berichtet:

> »Der Wert der Schmucksammlung meiner Großtante muß in der Tat unermeßlich gewesen sein. Ich weiß noch, daß sie schon lange nach dem Ende der Monarchie an alle ihre Nichten Kleinigkeiten aus der ›Schatzkiste‹ des Kaisers verschenkte. Meine Mutter bekam damals eine sehr schöne Libelle, besetzt mit Rubinen, Smaragden und Saphiren. Als wir das Schmuckstück etliche Jahre später verkauften, hat meine Mutter dafür eine Herrschaftswohnung erwerben und renovieren können. Dabei war diese Libelle nur ein ganz kleines Geschenk im Vergleich zu den anderen Pretiosen, die die Tante vom Kaiser bekommen hatte.«

Kaiser Franz Joseph konnte der Schratt gegenüber ganz offen sein, er wußte von ihrer Liebe zu schönem Schmuck und wertvollen Kleidern:

»Da Sie mir erlauben, mitunter als Ihr Finanz-Minister zu fungiren, so werde ich mir gestatten bei unserer nächsten Begegnung in Schönbrunn wegen Ihrer Toilette einige Fragen, aber erschrecken Sie nicht, durchaus keine Vorwürfe, an Sie zu stellen, welche ich Sie bitten werde, mir bestimmt und mit jener Aufrichtigkeit zu beantworten, die zwischen uns bestehen soll und hoffentlich auch besteht...«

Glücklich zeigte er sich, wenn die Schratt – solange sie am Burgtheater spielte – auf der Bühne eines seiner Schmuckstücke trug. »Sehr stolz war ich auch, daß Sie Ihre schönen Arme mit meinen beiden letzten Bracelets geschmückt haben.«

Und sie verstand es, sich mit schmeichelnden Worten zu bedanken: »Eure Majestät sind so überaus gnädig für mich immer, daß ich am Anfang, in der Mitte und am Ende meiner Briefe fort zu danken habe und dabei habe ich noch immer das bestimmte Gefühl, niemals genug danken zu können ...« Ein andermal: »Verzeihen Sie mir, daß ich Ihnen erst heute für das großartige Geschenk danke. Eigentlich bin ich noch immer fassungslos darüber. Als Sie Freitag fort waren und ich das Etui öffnete und diese Pracht sah – fiel mir das Geschenk beinahe aus der Hand und auch jetzt kann ich noch immer nicht glauben, daß es mir gehören soll. Auf so Etwas war ich nicht vorbereitet ...«

Die Schratt ihrerseits schenkte dem Kaiser wiederum nette kleine Aufmerksamkeiten und Überraschungen, die ihn maßlos freuten. So schickte sie ihm – auch wenn sie gerade an der Riviera war – an jedem 1. März des Jahres einen Veilchenstrauß als vorzeitigen Frühlingsgruß. In all seinen Räumlichkeiten hingen Schratt-Fotografien, meist mit vierblättrigem Klee geschmückt, die sie ihm geschenkt hatte, ein Kalender mit der Aufschrift »Dieu vous garde«, den sie ihm zu Weihnachten überreicht hatte, stand auf seinem Schreibtisch. Ein anderes ihrer Geschenke hatte er oft bei sich, wie er schreibt:

»... das CigarenEtui habe ich bei meinen Gebirgsjagden im Herbste benützt und es brachte mir Jagdglück. Und so erinnern mich Ihre Geschenke immerwährend und überall an die liebe Geberin.«

Besonders gefeiert wurde der Namenstag Franz Josephs. Einem kleinen Paket legte die Schratt dieses Brieferl bei: »Vor den anderen Feiertagen des Jahres hat der Namenstag Manches voraus: Zuerst macht er Einen nicht gleich ungalanter Weise auf das Alter aufmerksam, wie der Geburtstag, dann ist er nicht ein allgemeiner Festtag, wie das neue Jahr, sondern ein spezieller, dem Namensträger eigenthümlicher. Für mich natürlich ist der vierte Oktober der allerbesonderste, allermächtigste Namenstag im ganzen Jahr und was ich an ihm, nach meiner Empfindung, auszusetzen habe, ist nur, daß er nicht viel öfter im Kalender vorkommt. Ja, eigentlich ist für mich seit den Jahren, da mich Eure Majestät durch die allerhöchste Huld und Gnade auszeichnen, kein einziger Tag, der, in meinem Innersten nicht ganz und gar Eurer Majestät gewidmet wäre und verdiente, danach benannt zu werden ...«

Bei anderer Gelegenheit erhielt er von ihr eine winzige, nachgebildete Alpenhütte. Sobald er das Fenster öffnete, lächelte ihm »Ihr liebes Bild als Nandl entgegen« – dies war ihr Rollenname in der volkstümlichen Posse *Versprechen hinterm Herd* von Alexander Baumann. Auch die Kaiserin war zu ihren Lebzeiten mit Gaben der Schratt verwöhnt worden. Franz Joseph: »Sie ist sehr gerührt und dankbar, daß Sie ihr eine solche Menge Wasser von Lourdes mitbringen...«

Aus dem Jahr 1908 fand sich im Schratt-Nachlaß eine von Franz Josephs Kammerdiener Ketterl unterzeichnete Wunschliste »für Allerhöchst S. k. u. k. apostol. Majestät.«

»Pelzdecke sehr leicht f. geschl. Wagen Vasen (Metall oder Glas 15 Ctm. hoch Zeiss-Feldstecher für Manöver Zigarrentasche zum Schieben für 5 Stück Zigarren (60 Jub.) Kognak

Ketterl«

Fröhliche Weihnachten

Katki Schratt

Den Geschenken waren auch immer vorgedruckte Weihnachtsgrüße beigelegt.

Mit diesen kleinen Aufmerksamkeiten revanchierte sich die Schratt für den wertvollen Schmuck und die erlesenen Kleidungsstücke, die ihr der Kaiser zu Füßen legte und von denen man sogar an den europäischen Fürstenhöfen sprach. Eines Tages wollte ihr Freund König Ferdinand von Bulgarien die unermeßliche Schmucksammlung betrachten. Bertha Zuckerkandl schreibt:

»Meine Nichte war eine Art Vertraute der Schratt. Sie erzählte mir, daß der große Salon damals ausgeräumt und vier Tische darin aufgestellt wurden – ein Einfall der Schratt. Sie wollte einen Diamanten-, einen Rubin-, einen Smaragd- und einen Saphirtisch decken. Ferdinand erklärte, er habe so eine vollendete Sammlung noch selten gesehen.«

Franz Joseph, der weder ein Experte für Schmuck war noch eine Beziehung zu Geld hatte, konnte gar nicht ahnen, welches Vermögen er Katharina Schratt im Laufe der Jahre geschenkt hatte – es ging ihm einfach darum, der Angebeteten immer wieder Freude zu bereiten. Nachdem er ihr einmal über seinen Finanzverwalter Hawerda irgendeine Summe überweisen ließ, damit sie sich ein Schmuckstück nach Wahl kaufen konnte, wurde ihm dieses von der Freundin gezeigt.

Als es der Kaiser von allen Seiten bewundert hatte, fragte ihn die Schratt. »Was glauben Majestät, hat dieser Ring gekostet?«

Franz Joseph nahm das Schmuckstück noch einmal zur Hand, betrachtete die eingefaßten Steine und schätzte dann: »Fünfzig Kronen.«

Die Freundin lachte. »Aber Majestät. Achtzigtausend hat's gekostet.«

»So, so, achtzigtausend. Auch nicht teuer!«

»Der Gipfel der Geschmacklosigkeit«
Die Schratt als Kaiserin auf der Bühne

Ein Jahr nach ihrem Abschied von der Bühne wird die Schratt
»rückfällig«. Am Theater an der Wien spielt sie »zum Besten des
Journalisten- und Schriftsteller-Vereines Concordia« die Titelrolle
ihres alten Sardou-Erfolgs *Cyprienne*. Der Kaiser ist schon Tage
vorher aufgeregt. »Bisher fand ich nur im *Fremdenblatte* einen
Feuilleton über die Proben von Cyprienne, in welchem gesagt ist,
daß Sie Ihre eigenen Möbel Style Empire dem Theater, in Ermange-
lung vorhandener, geeigneter, geliehen haben ...« Und kurz nach
der Aufführung: »Sehr erfreut bin ich, daß Sie mit dem Erfolg Ihres
Wiederauftretens nach so langer Unterbrechung zufrieden waren
und ich bin neugierig auf die Heute eintreffenden Zeitungen, die
Berichte über die Vorstellung zu lesen.«
Nun, Franz Joseph, der in Ungarn weilte und daher nicht ins
Theater kam, konnte mit den Kritiken zufrieden sein – wenn sie ihm
vermutlich auch eine gehörige Portion an schlechtem Gewissen
eingetragen haben. Denn kein Geringerer als Felix Salten prangert
in der *Wiener Allgemeinen Zeitung* die Verantwortlichen an, die die
Schratt vom Burgtheater ziehen ließen – und daran war sicherlich
auch der Kaiser nicht ganz unschuldig. Felix Salten schreibt also
nach *Cyprienne:*
»Die Directions-Camarilla des Burgtheaters, die es liebt, von
persönlichen Interessen dictierten Maßregeln den Schimmer
objectiver Sachlichkeit anzuschminken, war vor wenigen
Tagen in nicht geringer Verlegenheit, als die ›Cyprienne‹ der
Frau Schratt ein großes Haus bis auf den letzten Platz füllte. Ja,
das sei für einmal, meinten die Gegner, die natürlich nur
sachliche, beileibe keine persönlichen Gegner der Schratt sind,
und die nur aus sachlichen, um Gotteswillen nicht aus persön-

Ein Jahr nach ihrem Ausscheiden aus dem Burgtheater wird die Schratt »rückfällig«: Auftritt im Theater an der Wien

lichen Gründen jene Frau zum Burgtheater hinausgedrängt haben, wo die Schratt in vielen Jahren so viel Gutes geleistet und gestiftet hat. Nun, Frau Schratt ist wieder aufgetreten. Und ein Blick auf den Zuschauerraum zeigte, daß die Künstlerin in Wien ihr Publicum besitzt, daß man sie nur von diesem Publicum listig getrennt hat. Es war jener Gesellschaftskreis, der sonst ins Burgtheater gehört. Wenn es dafür überhaupt noch eines Beweises bedürfte, dann wurde er mit dieser Rolle erbracht...«

Eine Woche später tritt sie noch einmal »an der Wien« auf, diesmal »zugunsten des Anzengruber-Denkmalfonds«. Felix Salten stichelt wieder: »Frau Schratt spielt die Vroni in Anzengrubers ›Meineidbauer‹. Für österreichische Gestalten aus dem Volke besitzt das Burgtheater recht wenig Darsteller. Es wird im ersten Theater der Monarchie (Salten meint die ›Burg‹, Anm. d. A.) viel gesächselt, geschwäbelt, berlinert, aber wienerisch, österreichisch wird nicht gesprochen. Da war es gewiß sachlich nicht zu rechtfertigen, eine Frau ziehen zu lassen, die das seltene Element des ›Kreuzbraven‹ so frisch verkörpert. Nun, da auch Nestroy seinen Einzug im Burgtheater gehalten, bleiben zur Verkörperung österreichischer Typen fast nur mehr Schwaben, Sachsen und Preußen.«

Rosa Albach-Retty, die damals im Theater an der Wien mit der Schratt in einer Garderobe saß, erinnert sich in ihren Memoiren *So kurz sind hundert Jahre*, daß sich die berühmte Kollegin für alle Neuigkeiten am Burgtheater interessierte und sie bemerkte, »daß sie immer noch sehr gut auf dem laufenden war, obwohl sie das Haus am Ring ja nur noch selten und dann fast immer nur als Publikum betrat«.

Während die Schratt also ein triumphales – heute würde man sagen: »Comeback« – feierte, machte sich der Kaiser die größten Sorgen, ob sie die Strapazen eines Wiederauftretens auch gesundheitlich durchstehen würde:

»Aus Ihren beiden lieben Telegrammen, für welche ich innigst danke, ersehe ich mit Betrübniß, daß Ihr Husten noch andauert und daß *Cyprienne*, wie leider zu erwarten, denselben noch verschlimmert hat. Da wird der baldige *Meineidbauer* Ihr Unwohlsein noch verschlimmern und ich hoffe nur, daß Sie sich nach diesen Anstrengungen gründlich schonen werden…«

Die Sorge um die Gesundheit der Schratt zieht sich wie ein roter Faden durch die jahrzehntelang andauernde Korrespondenz des Kaisers mit der Schauspielerin. Und diese Sorge war nicht unbegründet. Denn sicherlich waren auch dem Monarchen die ärztlichen Atteste bekannt, die ihren Burgtheaterakten beigefügt sind. Bereits im Jahre 1886 sprachen der Wiener Universitätsprofessor Dr. Drasche und der Burgtheaterarzt Dr. Staniek im »ärztlichen Zeugnis«* der erst dreiunddreißigjährigen Künstlerin von »heimtückischen, unter Umständen lebensbedrohenden Recidiven« (Rückfälligkeiten), nachdem sie bereits »seit mehr als zehn Jahren vielfach magenleidend, unter dem typischen Bilde des runden Magengeschwürs erkrankt gewesen« sei. Die Mediziner empfahlen die Karlsbader Thermen.

Karlsbad war dann auch einer der bevorzugten alljährlichen Kuraufenthalte der Schratt. Der Kaiser sorgt sich:

»Auszanken muß ich Sie in der Eile auch noch, daß Sie Sich so gar nicht schonen. Zwei Abende angestrengt spielen, alle Tage Proben, weis Gott wie lange auf dem Balle bleiben, dann bereits vor 7 Uhr (früh) in der Kirche sein, zur Erholung Mittags durch drei Akte weinen, dann noch ein großes Diner, das hält am Ende Niemand aus…«

Ein anderes Mal: »Ich denke so viel an Sie und ängstige mich gleich, wenn Ihre Augen nicht so frisch blicken, wie sie sollen.« Oder: »…so muß ich Sie noch wegen der leichtsinnigen Behandlung Ihrer Gesundheit à propos der letzten italienischen Medicin zanken. Sie experimentiren in einem fort und werden immer erst durch Schaden klug.« Im Oktober 1892: »Die Cholera macht in Buda-Pest Fortschritte, was auch nicht zur Erheiterung der Stimmung beitragt, obwohl wir uns hier gar nicht fürchten. Gott gebe, daß Wien und besonders Hietzing verschont bleibe!«

---

* Original im Österreichischen Haus-, Hof- und Staatsarchiv

Von der ärztlichen Schweigepflicht hielten offenbar weder der Kaiser noch sein Leibarzt Professor Hermann Widerhofer viel. Denn der Mediziner schreibt Franz Joseph am 29. Dezember 1890, nachdem er von diesem zur Schratt beordert wurde: »Euer Majestät! Bei der Patientin wurde gestern Abend wirklich Fieber constatirt und zwar über 39, also immerhin nicht unbedeutend; heute Morgens Fieber sehr gering ... ganz im Geheimen liegt der Verdacht vor, daß die gnädige Frau ganz im Stillen ›Pfarrer Kneippt‹ unter ihrer eigenen Anleitung, es wäre nicht unmöglich, daß darin die Ursache der Erkrankung lag, denn gar vorsichtig wurde dabei sicher nicht vorgegangen; es ist aber tiefes Geheimniß! Unterthänigst H. Widerhofer.«

Der Kaiser legte seinem Brief an die Schratt vom nächsten Tag das Attest Widerhofers bei und schimpfte: »Ich habe Sie immer pflichtmäßig vor allen den vielen, selbstverordneten Kuren gewarnt, aber Erfolg hatten meine Worte nie ...«

Angst hatte der Kaiser aber auch in anderer Weise des öfteren um seine Freundin. Während ihrer Zeit am alten Burgtheater sorgte er sich noch – nach den Brandkatastrophen an Wiener Bühnen: »Ist denn neulich die Probe mit dem Fensteraufmachen in der Garderobe vollkommen gelungen und würden Sie im Nothfalle schnell genug auf den Michaelerplatz hinausspringen können?«

Da sie im Sommer meist ausgedehnte Wanderungen unternahm, warnte der Kaiser immer wieder vor den »halsbrecherischen Gebirgstouren«, Zell am See nannte er einen »gefährlichen Ort wegen der Gletscher, welche Sie anlocken werden« und als sie an der erwähnten Ballonfahrt mit Alexander Baltazzi teilnahm, war es »das erste Mal, daß ich auf Sie böse sein könnte ...« denn: »Daß die Luftfahrt ein großer Leichtsinn war, habe ich Ihnen schon gesagt.«

Zwei Jahre nachdem sie mit *Cyprienne* und *Meineidbauer* »rückfällig« geworden war, hat Wien eine weitere Sensation: Die Schratt tritt noch einmal auf. Am Deutschen Volkstheater spielt sie die *Maria Theresia* in Franz von Schönthans gleichnamiger Komödie. In allen Teilen der Monarchie bilden sich zwei Gruppen. Die eine ist begeistert, daß die Schratt wieder Theater spielt – was immer es auch sei. Die andere ist entsetzt, man spricht von einer ungeheuren Taktlosigkeit, weil die Freundin des Kaisers selbst als Kaiserin auftritt. Franz Joseph kann es vorerst gar nicht recht glauben. Zwei Monate vor der Premiere fragt er bei ihr an:

>In der Zeitung habe ich gelesen, daß Sie im Oktober im Deutschen Volkstheater die Maria Theresia spielen werden. Ist das wahr?...<

Ursprünglich hätte das Stück sogar >Die Kaiserin< heißen sollen, doch verhinderte die Schratt diesen noch publikumswirksameren Titel in letzter Minute. Die schärfsten Worte gegen das Spektakel fand Karl Kraus in seiner *Fackel*, als >der Protest nicht des Literaturrezensenten, aber des Gesellschaftskritikers ansetzen< muß. Diesmal, so Kraus, habe Frau Schratt >der schauspielerische Urtypus primitiver Gesundheit, das Raffinement besorgt<. Umso peinlicher wirke die neue Sensation. In einem seitenlangen Feuilleton schreibt er dann über den >Gipfel der Geschmacklosigkeit<, um zu dem für die Schratt vernichtenden Urteil zu kommen:

>Dies wertvolle Stück Privatleben könne, so hoffte man, eine in gesellschaftlichen Höhen lebende, durch erlauchtesten Verkehr geadelte Künstlerin der Kulissensensation nicht opfern, allem Spieldrang zum Trotz nicht eine Spekulation auf die widerlichste Anzüglichkeit unterstützen, nicht die schlechteste Gelegenheit ergreifen, um vor einem nach Klatsch, nicht nach Kunst geilen Publikum die leeren Kassen eines Geschäftstheaters füllen zu helfen... Das Unglaubliche geschah. Frau Schratt griff nach der Rolle, auf deren Feingehalt an beziehungsreicher Landesmütterlichkeit die Theatermacher ihre Hoffnungen bauten, und ließ bloß den Titel ändern... Die Sensation verlief programmgemäß. Die in und außerhalb der Volkstheaterkasse etablierte Agiotage feierte Orgien, die gewiß nicht im Kunstwert Schönthan'schen Schaffens und in der schauspielerischen Anziehungskraft der Frau Schratt begründet sind. Frecher Reklameeifer, der noch ein Übriges tun zu müssen glaubte, ließ verkünden, der Kaiser werde der

Premiere beiwohnen ... Was Wien an Schäbigkeit der Gesinnung und Noblesse der Erscheinung, an Glanz und Schwindel aufzuweisen hat, war erschienen, um dem seltenen Spektakel beizuwohnen, und die Zeitungen verliehen dem Abend eine besondere Weihe, indem sie ausnahmsweise auch die Zuschauer aufzählten und Individuen, deren Anwesenheit schon bei gewöhnlichen Prémieren unangenehm auffällt, besonders hervorhoben ... Ziemt solcher Unfug dem Wesen der bescheidenen und liebenswürdigen Frau? Schlechte Ratgeber waren es, die sie zur Duldung eines Rummels bewogen haben, der nicht geräuschvoller hätte ausfallen können ...«

Das Hauptaugenmerk der breiten Öffentlichkeit richtete sich am *Maria Theresien*-Premierenabend freilich auf eine ganz andere »Sensation« – endlich sollte das Volk Gelegenheit haben, bewußt ein paar der Juwelen persönlich betrachten zu können, die die Schratt vom Kaiser erhalten hat. Rosa Albach-Retty, die damals dem Volkstheater angehörte:

»Im ganzen Haus wimmelte es von Detektiven, denn sie (die Schratt Anm. d. A.) hatte angekündigt, daß sie ihren eigenen Schmuck tragen würde. Natürlich wußte ganz Wien, wer der edle Spender war und das Publikum strömte schon aus diesem Grund in die Vorstellungen. Trotz gründlicher Bewachung – «Observanz« hat man das damals genannt – kam Frau Schratt in der Premiere von ihren Juwelen etwas abhanden. Was, erinnere ich mich nicht mehr. Die Sache wurde allerdings geheimgehalten. In den Zeitungen durfte darüber nichts erscheinen.«

Das Feuilleton aus der Feder eines Mannes wie Karl Kraus muß sowohl die Schratt als auch den Kaiser fürchterlich geschmerzt haben. Denn beide waren von Beginn der Beziehung an penibel darum bemüht, daß ihr Verhältnis in der Öffentlichkeit nicht in schiefes Licht geraten könnte (was, mit wenigen Ausnahmen, auch nie geschehen ist). Aber Ausdrücke wie »peinlich ... Geschmacklosigkeit ... widerlichste Anzüglichkeit ... Schäbigkeit der Gesinnung ... Glanz und Schwindel ... Spektakel ... Unfug ... Rummel« in Zusammenhang mit ihren Personen, müssen weh getan haben, vor allem, wenn man weiß, welchen Aufwand die beiden trieben, damit ihr Verhältnis nur ja so wenig wie möglich registriert würde.

So fanden die Treffen entweder in den Residenzen statt oder an verschwiegenen Plätzen, da man neugierigen Augen aus dem Weg gehen wollte. »Ich fürchte nur, daß in dieser Jahreszeit noch viele Leute im Garten sein werden, allein in den oberen Parthien wird es wohl nicht so arg sein«, schreibt der Kaiser etwa über einen geplanten gemeinsamen Spaziergang im Schönbrunner Park. Die Briefe wurden fast ausschließlich von persönlichen Boten, die über jeden Verdacht erhaben waren, befördert, »denn es könnte Ihr Schreiben in falsche Hände gerathen«. Mit welchen Komplikationen die »Liebesgrüße« oft verschickt wurden, geht aus einem in Ischl verfaßten Schratt-Brief an den Kaiser hervor: »Von meinem letzten Brief muß ich Eurer Majestät noch eine Räubersgeschichte schreiben. Ich wollte es recht gut eintheilen, schrieb am 30. und hoffte, der Brief würde Eure Majestät am 31. in Wien erwarten. Ich bestellte Donnerstag Nachmittag die Postfrau hierher und trug ihr auf, den Brief an Fr. Mittell so schnell wie möglich zu expediren. Sie versicherte, sie werde selbst noch den Brief Abends mit dem Nachtzug aufgeben. Nun wurde Mittell das Eintreffen des Briefes telegrafisch angezeigt. Am anderen Morgen dachte ich, der Brief sei längst in Wien, als mir die Postfrau entgegenkam und mir mittheilte, es wäre Abends in Ischl kein Zug mehr abgegangen, aber er käme Abends 6 Uhr hin (das war am 31.) Ich fuhr nach Aussee diesen Tag. Abend kamen wir unter strömendem Regen um halb 12 Uhr heim und hier angekommen war die Confusion fertig. Mittell hatte bereits 2 Telegramme geschickt, was sie tun soll, da noch immer Nichts angekommen. Ich war natürlich desparat. Bis heute Nachricht kam, daß der Brief eingetroffen aber Eure Majestät nicht in Wien seien, also bin ich mit meiner Combination schrecklich blamirt ...« Für den Brieftransport der Schratt war auch sonst kein Aufwand zu groß: »Ich beeile mich jetzt, diese Zeilen zu schreiben, welche entweder der angekündigte Reitknecht Abends überbringen darf odere Netti muß Morgen früh damit nach Ischl fahren ...« Telegrafierte man sich, dann geschah dies unter Pseudonym und als die Schratt den Kaiser einmal in Budapest besuchte, trug sie sich im Hotel unter anderem Namen ein, was den Kaiser zu der Gratulation veranlaßte: »Die Einschreibung in die Fremdenliste zur Wahrung des Incognito ist jedenfalls genial.« Wie in der ungarischen Hauptstadt noch mehr Vorsicht als in Österreich geboten war, denn die Journalisten, »diese Reptilien sind hier noch ärger wie in Wien«. Als man einmal ein Treffen an der Riviera erwog – der Kaiser weilte damals noch mit Elisabeth in Cap Martin – sagte es Franz Joseph mit der Begründung ab: »Von Incognito ist hier natürlich keine Rede, man ist von einer Menge Leute beständig beobachtet, es wimmelt von Neugierigen und von hohen Herrschaften und wir fürchten, daß unsere Beziehungen zu Ihnen einer boshaften Kritik unterzogen werden könnte. Bei uns zu Hause hat man fast allgemein die Art unserer Freundschaft verstehen gelernt, hier im Auslande und an diesem leider nicht stillen, sondern sehr besuchten Ort ist es etwas anderes.«

Den schmerzenden Worten von Karl Kraus stand eine fulminante Kritik, die Hermann Bahr Katharina Schratts Darstellung der Maria Theresia gewidmet hatte, gegenüber:

»Und das ist das große Geheimnis der Schratt, die jetzt in der Gunst der Stadt neben Girardi steht: weil an ihr die Wienerin sich selbst zu erblicken glaubt, wie sie ist oder doch gern wäre, und weil an ihr der Wiener seine liebsten Wünsche anmutig behaglich erfüllt sieht ... man hat sie noch kaum erblickt, und schon ist das Ohr betört, so freundlich klingt uns diese helle und resche Stimme an, in der alle kleinen Teufel der Wiener Laune lauern, gutmütiger Spott, Verschlagenheit und unsere böse Lust am Frozzeln, alle bereit, bunt durcheinander loszufahren. Aber jetzt schlägt sie die Augen auf, diese unglaublichen Augen, fern und still, wie ein weit weg glitzernder Stern, Augen einer Melusine, die sich nach dem tiefen Wasser sehnt, verträumt, unirdisch, entrückt, zu denen nun der fröhlich-gesprächige Mund eigentlich gar nicht paßt, um den es, sehr weltlich, sehr irdisch, hausfraulich verständig, von tätiger Entschlossenheit und munterer Verwegenheit blitzt… Die Schratt ist vielleicht die letzte Meisterin der alten Wiener Kunst des Plauschens, in der noch einmal alle gute Geister unserer gemütlichen Eleganz versammelt sind…«

Gerade die letzten Worte über die »Meisterin des Plauschens« müssen dem Kaiser aus der Seele gesprochen haben. Doch selbst diese Kritik Hermann Bahrs konnte nicht wiedergutmachen, was Karl Kraus den Liebenden angetan hatte. Katharina Schratt, jetzt erst fünfzig Jahre alt, ist nach ihrer Rolle als Kaiserin Maria Theresia nie wieder auf einer Bühne gestanden.

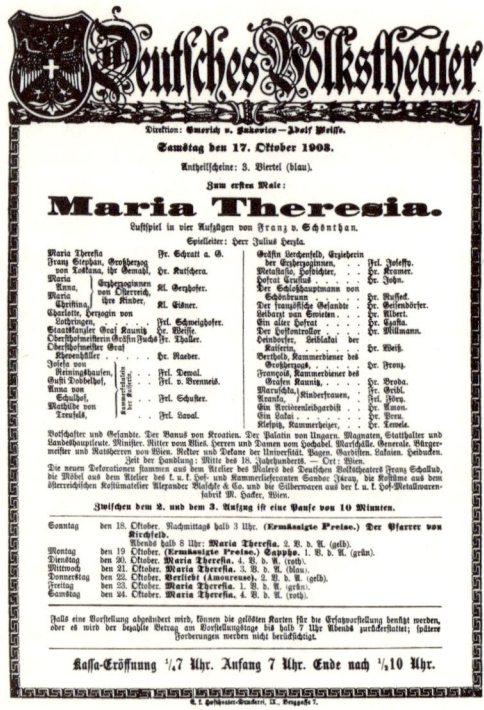

Maria Theresia war die letzte Rolle der Schratt. Karl Kraus bezeichnete diesen Auftritt als den »Gipfel der Geschmacklosigkeit…«

»Meine herzliche Theilnahme an dem Tod des armen Kiss«
Katharina Schratt wird Witwe

Fast wäre die Schratt doch noch einmal aufgetreten, und zwar nachdem sie im Jahre 1903 – ausgerechnet während einer neuerlichen, aber kleineren Verstimmung zwischen ihr und dem Kaiser – ein Angebot für eine zweite Amerikatournee erhalten hatte. Da der gesamte Hofstaat allmählich wußte, wie sehr Franz Joseph litt, wenn seine geliebte Freundin für längere Zeit nicht in seiner Nähe war, versuchte man mit allen Mitteln, dies zu verhindern.

Den ersten »diplomatischen Vorstoß« unternahm Fürstin Nora Fugger. Sie ließ durch einen Mittelsmann beim Kaiser melden, daß sie ihn zu sprechen wünsche, da es sich aber um eine sehr vertrauliche Angelegenheit handelte, würde sie darum ersuchen, nicht im Rahmen der regulären Audienzen erscheinen zu müssen. Daraufhin schlug der Kaiser ein Treffen in der Elisabethstraße, der Stadtwohnung der Schratt, vor.

Frau Schratt zog sich in ein Nebenzimmer zurück und der Kaiser fragte die Fürstin: »Nun, also, was gibt es?«

»Majestät, Frau Schratt will nach Amerika...«

»Na und, also?«

»Das muß unbedingt verhindert werden. Wenn sie mit ihrem Schmuck dort auftritt, werden alle Zeitungen davon voll sein, die Leute werden Reklame machen und ich fürchte, sie wird nicht nur als Künstlerin gefeiert werden.«

»Versuchen Sie nur, ihr das zu sagen.«

»Majestät mißverstehen mich, ich will auf keine Weise die künstlerischen Fähigkeiten von Frau Schratt schmälern; doch Amerika ist nun einmal das Land der Sensation, man wird sie, noch bevor sie dort eintrifft, durch Plakate...« – jetzt stockte die Fürstin einen

Moment lang – »...als das ankündigen, was sie bei Euer Majestät nie gewesen ist.«

Der Kaiser »zupfte etwas nervös an seiner Manschette, was er immer zu tun pflegte, wenn er befangen war« (Fugger). Nach einer Weile sagte er: »Ja, ja, Sie können recht haben, aber wie soll man das verhindern?«

»Majestät brauchen doch nur zu sagen, daß Sie ihr Hierbleiben wünschen und dann wird sie es tun.«

»Da kennen Sie sie schlecht. Wenn sie sich einmal etwas in den Kopf setzt, ist sie davon nicht mehr abzubringen...«

»Das wollen wir doch sehen«, meinte daraufhin die Fürstin und holte Katharina Schratt aus dem Nebenzimmer.

Nora Fugger versuchte nun in Anwesenheit des Kaisers, der Schratt mit List und Tücke klarzumachen, daß es der ausdrückliche Wunsch Seiner Majestät wäre, daß sie in Wien bliebe. Sie erinnerte auch an die verstorbene Kaiserin und daß sie ihr einmal versprochen hätte, Franz Joseph nicht allein zu lassen.

Doch die Schratt entgegnete in ihrem Stolz immer wieder, daß sie der Kaiser nicht mehr brauche.

Daraufhin blickte die Fürstin den Monarchen an, der bisher stumm in seinem Lehnstuhl saß, damit auch er endlich die passenden Worte an die Freundin richten und er ihr endlich sagen könnte, wie wichtig ihm ihre Anwesenheit wäre, daß er sie eben sehr wohl brauchte. Aber was brummte der Kaiser in seiner Naivität?

»Gnädige Frau, Sie haben doch gar keinen Impresario!«

Als daraufhin ein Disput zwischen Kaiser und Schauspielerin entstand – die Schratt machte ihm klar, daß sie sehr wohl einen Agenten hätte – zog sich die Fürstin verzweifelt zurück, »mit dem Gefühl, daß Seine Majestät gewiß kein homme à femme sei«.

Erst Länderbank-Generaldirektor Palmer gelang es dann nach dem Fehlschlagen dieses Vermittlungsversuchs, die Amerikatournee zu verhindern. Dabei kam ihm besonders der Umstand zugute, daß die Schratt wieder einmal – sie hatte sich in diesem Frühjahr in Monte Carlo aufgehalten – völlig verschuldet war. Nun brachte der Kaiser

Ordnung in ihre Finanzen und das »brachte« weit mehr als das geplante Gastspiel!

Im Januar 1907 sanktioniert Franz Joseph die Einführung des allgemeinen, gleichen, geheimen und direkten Wahlrechts in Österreich. Im Wiener Volksgarten wird ein Kaiserin-Elisabeth-Denkmal errichtet. Im selben Jahr stirbt der berühmte Charakterdarsteller Josef Lewinsky – einstmals der Lieblingsschauspieler der Kaiserin; er galt als einer der besten Sprecher seiner Zeit. Oft war er mit der Schratt auf der Bühne des Burgtheaters gestanden. Als Mephistopheles in Goethes *Faust*, in Lessings *Minna von Barnhelm*, als *Meineidbauer*, im *G'wissenswurm* und im *Verschwender*.

Im Jahr darauf feierte man im ganzen Raum der Monarchie das Jubiläum der sechzigjährigen Regentschaft des Kaisers. Ein zwei Stunden langer Huldigungszug bewegte sich über die Ringstraße, und da man im Kaiserhaus wußte, wie sehr Franz Joseph mit dem Theater verbunden war, erhielt Hugo Thimig – über Vermittlung der Schratt – den Auftrag, für diesen Festtag im Schönbrunner Schloßtheater ein Stück zu inszenieren. Das Besondere daran war, daß die Schauspieler ausschließlich Mitglieder der kaiserlichen Familie waren – darunter der spätere Kaiser Karl. Thimig urteilte: »Mit wirklichem, aber auch mit ganz hervorragendem Talente spielte nur der entzückende kleine Erzherzog Albrecht (Sohn des Erzherzogs Friedrich). Der Knabe steckt voll Grazie, Humor und Esprit. Drollerie zeigte noch die kleine Erzherzogin Sophie (Tochter des Erzherzogs Josef); alle Anderen brachten nur Eingedrilltes, und dieses schwach und unbeholfen...« Als die kleinen Erzherzoge auch noch tanzten, mußten »mehrere Touren auf Wunsch des Kaisers widerholt werden... Dann sangen alle Habsburger die Kaiserhymne, zu welcher sich der alte Kaiser in der Loge erhob. Ein rührender Anblick! Nun bewegten sich alle Mitwirkenden, die Kleinsten voran, die gebaute Stiege hinauf zur Mittelloge und brachten dem Kaiser ihre Blumen dar. Es blieb wohl kein Auge der Anwesenden trocken.«

Am 4. April 1909 stirbt Adolf Ritter von Sonnenthal, Sohn eines Kleingewerbetreibenden aus Budapest, der von Kaiser Franz

Joseph als einer der ganz wenigen Schauspieler geadelt wurde. Josef Kainz ist einer der Trauerredner bei der Gedenkfeier des Burgtheaters. Ein Jahr später ist auch Kainz tot. Unter entsetzlichen Qualen stirbt der berühmteste Charakterschauspieler des deutschen Sprachraums, nur zweiundfünfzig Jahre alt geworden, an Darmkrebs. Paul Schlenther, der große Widersacher der Schratt, legt die Direktionsgeschäfte des Burgtheaters, im Todesjahr von Kainz zurück. Alfred von Berger, der sich ein Vierteljahrhundert lang vergeblich um diesen Posten beworben hat und aus diesem Grund mehrmals »im Ischler Walde so vor sich hinging, um nichts zu suchen und zufällig die Schratt zu treffen« (Karl Kraus), wird endlich sein Nachfolger. Doch die heißersehnte Amtszeit dauert nur zwei Jahre – dann ist auch Berger tot. Hugo Thimig wird auf ausdrücklichen Wunsch des Kaisers neuer Direktor. Seit dem Ausscheiden der Schratt hat Franz Joseph das Burgtheater nicht mehr betreten.

Am 20. Mai 1909 stirbt Nikolaus von Kiss, bis zu seinem Tod immer noch rechtmäßiger Ehemann der Katharina Schratt, zuletzt k. u. k. Generalkonsul in Algier, in einem Wiener Krankenhaus an den Folgen einer Herzattacke. Der Kaiser kondoliert:

»Meine liebe, gute Freundin. Nur wenige Zeilen, um Ihnen meine herzliche Theilnahme an dem Tod des armen Kiss auszusprechen. Trotz Allem wird es Ihnen doch nahegehen und jedenfalls Ihre Nerven angreifen. Mich hat das doch schneller als erwartet eingetretene Ereigniß Gestern recht traurig gestimmt. Ich glaube, daß Sie kaum dazu aufgelegt sein werden Morgen, wie verabredet, bei mir zu speisen, frage mich aber doch um Ihre Befehle ab, die ich bitte mich wissen zu lassen. Mit den herzlichsten Grüßen Ihr Sie innigst liebender Franz Joseph.«

Der Eheschließung des Kaisers mit der Frau, die er seit mehr als zwanzig Jahren liebt, steht nun nichts mehr im Wege – abgesehen von der Unmöglichkeit, einen solchen Schritt öffentlich zu unternehmen. Daher die »Gewissensehe«. Es ist mit Sicherheit auszuschließen, daß es zu dieser Zeremonie vor Ablauf des Trauerjahres kam. Im Jahre 1910, dem wahrscheinlichsten Zeitpunkt der Eheschließung, war Franz Joseph achtzig Jahre alt, die Frau, der er vor Gott seinen Namen geben wollte, um die »jahrelange Verbindung zu legalisieren« (des Kaisers Urenkel Dr. Michael Habsburg-Lothringen) siebenundfünfzig.

»Ich bin sehr müde und die Altersschwäche nimmt zu«
Der Kaiser stirbt

Am 28. Juni 1914 bleibt dem alten Kaiser wieder einmal »nichts erspart«. Sein Thronfolger Franz Ferdinand und dessen Frau, die Herzogin von Hohenberg, sterben in Sarajewo unter den Revolverkugeln des neunzehnjährigen bosnischen Studenten Gavrilo Princip, einem Angehörigen des serbischen Geheimbunds »Schwarze Hand«. Fünf Jahre zuvor sind die Provinzen Bosnien und Herzogovina von den Habsburgern annektiert worden. Die Ermordung Franz Ferdinands sollte die Rache dafür sein. Als der geplante Sarajewo-Besuch des Kronprinzen bekannt wurde, erschien in der serbischen Emigrantenzeitung in Amerika folgender Aufruf: »Serben, ergreift, was immer ihr in die Hand bekommen könnt – Messer, Gewehre, Bomben und Dynamit. Übt heilige Rache! Tod der Habsburgerdynastie, ewiger Ruhm den Helden, die ihre Hand gegen sie erheben!« Nachdem eine Bombe ihr Ziel verfehlt hatte, trafen die tödlichen Kugeln Princips.

Franz Joseph und die Schratt weilten an diesem Tag – wie immer Ende Juni – in Ischl. Es ist bekannt. daß das Verhältnis des Kaisers zu Franz Ferdinand alles andere als gut war, zumal der Thronfolger immer mehr Rechte in Anspruch nehmen wollte, Franz Joseph aber nicht willens war, das Heft aus der Hand zu geben.

Zum Grafen Paar soll die Schratt (laut Bertha Zuckerkandl) kurz nach dem Tod des Thronfolgers gesagt haben:

> »Jetzt wird er ihn endlich nicht mehr quälen können. Es war ja
> schon nicht mehr zum Aushalten! Erbarmungslos hat er dem
> alten Herrn Szenen gemacht. Und als der Leibarzt Dr. Kerzl
> gebeten hat, man solle ihn nicht aufregen, hat es der Thronfol
> ger justament darauf ankommen lassen. Damit den Kaiser der

Schlag trifft. Glauben Sie, Graf Paar, ich wüßte nicht, daß, sooft der Kaiser einen Schnupfen gehabt hat, die Herrschaften im Belvedere (der Wohnsitz Franz Ferdinands und seiner Frau, Anm.) Bittmessen haben lesen lassen – daß er nicht gesund wird?«

Die Ermordung des Thronfolgers liefert Österreich-Ungarn den Grund, Serbien den Krieg zu erklären, nachdem es auf ein an Belgrad gerichtetes Ultimatum – Loslösung und Auflösung der Geheimbünde, Reinigung der österreichfeindlichen Presse, Mitwirkung österreichischer Beamter bei der Untersuchung des Attentats etc. – keine befriedigende Antwort erhielt. Der Erste Weltkrieg bricht aus. Er fordert zehn Millionen Menschenleben, mehr als doppelt soviele Soldaten und Zivilisten werden verwundet.

Eine Bilanz, die der Kaiser nicht mehr erleben sollte. Während sich die Welt auf ihren bisher grausamsten Krieg vorbereitet und auf Europas Schlachtfeldern dann ein nie dagewesenes Getümmel ausbricht, wird der österreichische Monarch zum Greis. Obwohl er bis zum Beginn seines achten Lebensjahrzehnts körperlich realtiv gesund ist, klagt Franz Joseph in den Briefen an Katharina Schratt – etwa ab seinem 70. Geburtstag über Alterserscheinungen. Der Einundsiebzigjährige schreibt: »Sie haben eine schöne, frohe Zukunft vor sich, können noch heiter in das Leben sehen, mit welchem ich so ziemlich abgeschlossen habe. Meine Stimmung ist eine unendlich traurige in meiner trostlosen Einsamkeit, das Alter macht sich, besonders in der letzten Zeit, immer fühlbarer und ich bin sehr müde...« Ein Jahr später aus Budapest: »Sie werden mich recht gealtert und geistig geschwächt finden. Ich denke viel über die Vergangenheit nach und viel an die traurige, hoffnungslose Zukunft und an den Tod, Letzteres ist nützlich, denn man kann sich auf den letzten Augenblick nicht genug vorbereiten.«

Der Vierundsiebzigjährige nach einer erfolglosen Jagd im ungarischen Gödöllö: »...Es will eben wegen zunehmender Altersschwäche mit dem ruhigen Schießen gar nicht mehr gehen...« Und der Achtungsiebzigjährige: »Verzeihen Sie das Gekritzel, ich kann die Feder nicht mehr führen.« Mit zweiundachtzig: »...Ich bin sehr müde und die Altersschwäche nimmt sehr zu. Stimmung traurig und langweilig. Auch fürchte ich, daß ich Sie sehr langweilen werde.«

Trotz der zunehmenden Beschwerden saß der Kaiser tagtäglich ab fünf Uhr früh an seinem Schreibtisch und versuchte, das riesige, langsam zerbröckelnde Reich zu regieren. Sein Leibarzt Hofrat Kerzl besuchte den Monarchen jeden Morgen, um ihn nach dem werten Wohlbefinden zu fragen, doch als »Antwort« wurde dem Doktor eine Virginia-Zigarre überreicht, und bei gemütlichem Plausche saßen die beiden Herren dann für gewöhnlich eine Viertelstunde lang beisammen. Eines Morgens, so erzählte man sich am Hof, sei der Arzt bei der Anmeldung vom Leibkammerdiener Ketterl mit ernstem Gesicht abgewiesen worden: »Majestät bedauern lebhaft, den Herrn Hofrat heute nicht empfangen zu können, Majestät fühlen sich nicht ganz wohl und sind zum Plaudern nicht aufgelegt.«

Die Briefe an Katharina Schratt werden kürzer und folgen immer seltener. Dafür besucht »die Stütze meiner alten Tage« (der Kaiser in einem Schreiben) den einsamen Herrn immer häufiger in Schloß Schönbrunn oder in der Hofburg.

Der letzte erhaltene Brief Franz Josephs an die Schratt stammt vom 4. April 1915. Der Fünfundachtzigjährige schreibt:

»Innigsten Dank, theuerste Freundin, für die schönen Blumen und für die guten Wünsche, welche ich von ganzem Herzen erwidere. Gott erhalte und beschütze Sie in diesen schweren Zeiten und bewahre mir Ihre Freundschaft. Hoffentlich auf Wiedersehen Morgen um 1 Uhr. Mit den herzlichsten Grüßen Ihr Sie innigst liebender Franz Joseph.«

In seinem letzten Lebensjahr ist die Lage Österreich-Ungarns und seiner Verbündeten in den Augen des Kaisers vielversprechend. Allerdings muß der alte Monarch noch einen Großteil der verlustreichen Isonzoschlachten miterleben, weiters den Mißerfolg vor Verdun und die Kriegserklärung Rumäniens an Österreich-Ungarn. Und am 21. Oktober 1916 – vier Wochen vor seinem Tod – wird dem Kaiser noch gemeldet, daß sein von ihm überaus geschätzter Ministerpräsident Karl Graf Stürgkh von Dr. Friedrich Adler, dem Sohn Victor Adlers, erschossen wurde.

Am 19. November 1916 besucht Katharina Schratt den Kaiser zum letzten Mal. Es ist dies der Namenstag Elisabeths und die beiden tauschen – wie so oft – Erinnerungen an »die Verklärte« aus. Franz Joseph lebt noch zwei Tage. »Dr. Kerzl ist täglich zur Tante in die Villa gekommen, um sie auf den laufenden zu halten«, erzählt Schratt-Nichte Katharina Hryntschak, »sie wollte auch an den beiden letzten Tagen zum Kaiser, doch Montenuovo hat es zu verhindern gewußt.«

Erzherzog Karl – der wenige Stunden später Kaiser werden sollte – und dessen Frau Zita sind die letzten, die Franz Joseph empfängt. Es ist der Morgen des 21. November. Bevor sie eintreten, läßt die Erzherzogin dem Kaiser durch einen Flügeladjutanten sagen, sie kämen nur, wenn Majestät ruhig sitzenbliebe. »Es ist unmöglich, eine Dame sitzend zu empfangen«, meint daraufhin Franz Joseph. Karl und Zita werden eingelassen, der Kaiser ist allen Bemühungen zum Trotz wirklich zu schwach, sich zu erheben. Zita beschreibt den letzten Besuch in ihrer Biographie: »Er saß an seinem Schreibtisch und arbeitete noch an einem Rekrutierungsakt. Er war brennend vor Fieber, und trotzdem ließ er nicht von der Arbeit. Er sagte uns, wie sehr er sich darüber freue, daß in Rumänien große Fortschritte gemacht worden seien, daß die Offensive gut weitergehe. Ferner freute er sich sehr über den Segen, den der Heilige Vater ihm geschickt hatte, und er erzählte uns, daß er am selben Morgen die heilige Kommunion empfangen habe. Dann entließ er uns mit viel Herzlichkeit.«

Am selben Abend stirbt Kaiser Franz Joseph. Wenige Minuten nach 21 Uhr erhält Katharina Schratt die telefonische Nachricht, mit der sie bereits stündlich gerechnet hat. Fürst Monteuovo ist am Apparat – doch ist mit Sicherheit anzunehmen, daß er im Auftrag von Franz Josephs Nachfolger Kaiser Karl anruft. »Die Tante hat nach dem Gespräch mit dem Fürsten tränenreich reagiert, doch blieb zum Weinen gar nicht viel Zeit, weil ununterbrochen das Telephon gegangen ist.«

Einer der nächsten Anrufe kommt wieder aus Schönbrunn. Kammerdiener Ketterl ist am Apparat, er bittet die Schratt im Namen des jungen Herrschers an das Totenbett Franz Josephs.

Kaiser Karl erwartet die Schratt bereits auf der großen Treppe des Schlosses, reicht ihr den Arm und geleitet sie ins Sterbezimmer. Der Sohn des letzten österreichischen Kaisers, Dr. Otto von Habsburg – das heutige Oberhaupt der Familie – bestätigt dieses für die damalige Zeit und die Umstände beachtenswerte Zeremoniell, wie er hier überhaupt erstmals zum Verhältnis Franz Josephs zu Katharina Schratt Stellung nimmt:

Mitglied
des Europäischen Parlaments

Pöcking, 27. April 1982.

    Ich stehe der Freundschaft Kaiser Franz Joseph -
- Frau Schratt aus heutiger Sicht positiv gegenüber.
Schließlich hat ja Kaiserin Elisabeth die beiden selbst
zusammengebracht, bzw. diese Freundschaft initiiert.
Ich selbst habe zwar Frau Schratt als kleines Kind noch
persönlich getroffen, kann mich aber nicht mehr an sie
erinnern. Eines weiß ich aber ganz gewiß : Sowohl mein
Vater, Kaiser Karl, als auch meine Mutter, Kaiserin Zita,
haben Frau Schratt sehr geschätzt und nur positiv von
ihr gesprochen.
    Es ist richtig, daß mein Vater Frau Schratt am
Arm zum Totenbett des verstorbenen Kaisers Franz Joseph
geführt hat. Das war Ausdruck seiner persönlichen Hochachtung gegenüber Frau Schratt.

OTTO VON HABSBURG

Stellungnahme Dr. Otto von Habsburgs für das vorliegende Buch

In den Gemächern Franz Josephs trifft Katharina Schratt auf die nächsten Angehörigen des verstorbenen Kaisers. Erzherzogin Marie Valerie, die ihr nicht immer gut gesinnt war, kommt ihr als erste entgegen und umarmt sie schluchzend.

Der Leichnam des Monarchen liegt auf dem einfachen Eisenbett. Die Freundin geht auf den toten Kaiser zu und legt ihm zwei weiße Rosen in die Hände – sie bleiben die einzigen Blumen, die mit in den Sarg gegeben werden.

Im Anschluß daran führt der junge Kaiser Karl die Schratt aus dem Sterbezimmer. Kaiserin Zita kommt in diesem Moment entgegen – und der junge Monarch stellt seine Frau der Schauspielerin vor.

Doch mit diesen zweifellos vielsagenden Gesten ist die außerordentliche Stellung der Katharina Schratt in der österreichisch-ungarischen Monarchie ein für allemal beendet. Mit dem Ableben ihres großen Gönners Franz Joseph hat die Schratt – auch inoffiziell – bei Hof keinerlei Status mehr. Schon als sie am nächsten Tag beim Fürsten Montenuovo anfragen läßt, wo sie sich beim Begräbnis einzufinden habe, wird ihr ausgerichtet: »Für die gnädige Frau ist kein Platz vorgesehen.«

Katharina Hryntschak: »Das hat die Tante sehr getroffen. Während des Begräbnisses am 30. November ist sie dann mit mir in der Villa gesessen und wir haben gemeinsam gebetet. Nach dem Begräbnis kamen Erzherzogin Marie Valerie und Franz Salvator in die Gloriettegasse, um ihr alles zu erzählen.«

Zu erzählen gab's viel. Die Menschen waren aus allen Teilen der Monarchie gekommen, um dem Mann Lebewohl zu sagen, der achtundsechzig Jahre lang (!) ihr Herrscher war, um sich vom »letzten Kaiser der alten Schule«, als der er sich selbst einmal bezeichnet hatte, zu verabschieden.

Der Leichnam Franz Josephs war schon am Morgen nach seinem Ableben von Schönbrunn in die Hofburg überführt worden, wo Tausende seiner Untertanen die ganze Nacht ausgeharrt hatten, um den Sarg zu sehen. Bis zum Tag des Begräbnisses pilgerte eine unübersehbare Menschenmenge in die Burgkapelle, wo Franz Joseph aufgebahrt lag.

Die sterblichen Überreste des Kaisers wurden dann am letzten Novembertag des Jahres 1916 beigesetzt. In einem achtspännigen Galaleichenwagen wurde der Sarg von der Hofburg in die Kaisergruft der Kapuzinerkirche überführt. Zehntausende Menschen säumten die Ringstraße, um den letzten Weg ihres Monarchen verfolgen zu können. Die Familie Habsburg, Regierung, der Hochadel, Generäle und Diplomaten, die Abgesandten der befreundeten Staaten folgten dem Leichenzug schweigend.

All das mußte die Schratt nun aus der Erzählung Marie Valeries erfahren, nachdem ihre Anwesenheit beim Begräbnis nicht erwünscht war. Doch die Schratt wußte, daß es noch ärger hätte kommen können. Denn ihrer Kollegin Olga Lewinsky – der Witwe des Hofschauspielers – sagte sie einige Tage nach dem Ableben Franz Josephs:

»Wenn der Franz Ferdinand noch lebte und Kaiser geworden wäre, hätte ich in der nächsten Stunde nach dem Tode des alten Kaisers schauen müssen, daß ich aus Wien weggekommen wäre, denn er hätte mich ›schmafu‹* behandelt.«

Mit dem Tod Franz Josephs war auch das Ende der Monarchie, das Ende des mehr als sechshundertjährigen Habsburgerreiches, besiegelt. Am deutlichsten drückte dies Dr. Karl Renner, der erste Staatskanzler der jungen Republik Österreich, gleich nach dem Umsturz aus: »Also, wenn der alte Kaiser noch gelebt hätte,« sagte er, »hätten wir uns das nicht getraut!«

Zwei Jahre sollte der Ausklang noch dauern, dann unterzeichnete Kaiser Karl, Österreichs letzter Monarch, nach heillos verlorenen Schlachten gegen die Entente, sein Manifest: »Ich verzichte auf jeden Anteil der Staatsgeschäfte.« Aus dem einstigen Weltreich Österreich wurde ein Kleinstaat.

Für Katharina Schratt ist – wie für so viele – mit dem Ende der Monarchie eine Welt zusammengebrochen. Hat sie doch aus nächster Nähe miterlebt, wie der alte Kaiser mit letzten Kräften verzweifelt versucht hat, sein Reich zusammenzuhalten.

---

* verächtlich, herablassend

Die pensionierte Schauspielerin sollte den Kaiser fast um ein Vierteljahrhundert überleben. Doch sie stand nicht in der neuen, realen Welt, sie hatte sich vollkommen zurückgezogen und lebte in den Träumen, in den Erinnerungen an die Zeit, da sie bei Hof aus- und einging.

Die Träume und Erinnerungen wurden allerdings immer wieder durch die harte Realität gestört. Ihre Hauptprobleme waren – wie ihr ganzes Leben lang, doch jetzt mehr denn je – die Finanzen. Es war niemand mehr da, der sich »als Ihr Finanz Minister betätigen,« ihr mit Geldsendungen helfen konnte und wollte.

»Wovon soll die Tante jetzt leben?«
Die Jahre ohne Franz Joseph

Die erste Schreckensmeldung war ihr schon wenige Tage nach dem Ableben des Kaisers überbracht worden. Ihr Name fand im Testament Franz Josephs keine Erwähnung. Zwar war sie in seiner letztwilligen Verfügung – unmittelbar nach dem Tod Rudolfs – mit 500000 Gulden bedacht, doch war dieses Testament im Laufe der Jahre durch mehrere Neufassungen revidiert worden.

»Zu dem Zeitpunkt, als die Testamentsverhandlungen stattfanden, hat mir Hofrat Hawerda gesagt, daß Seine Majestät die Tante im Testament unbedingt erwähnen wollte – daß sie auch in allen Testamentskonzepten vorkam – aber als es zur jeweiligen Schlußfassung kam, haben die Berater gesagt: ›Nein, das geht nicht, die Frau Schratt kann nicht im Testament des Kaisers vorkommen‹«,

erinnert sich Katharina Hryntschak, die dann auch zu Dr. Teltscher, dem Testamentsvollstrecker des Kaisers ging und fragte: »Wovon soll die Tante jetzt leben?« Doch der konnte nur antworten: »Gnädiges Fräulein, ich weiß es wirklich nicht.«
An Immobilien besaß sie die Villa in der Gloriettegasse und ein dreistöckiges Palais am Kärtner Ring 4, vis-à-vis der Oper. Dieses Haus hatte sie im Jahre 1908 erworben und in den Wintermonaten bewohnt. Ihre Stadtwohnung in der Elisabethstraße verkaufte sie. (In der Ischler »Schratt-Villa« war sie in all den Jahren nur Mieterin gewesen.) »Aber selbst mit den Häusern hätte die Tante nicht viel anfangen können,« erinnert sich die Nichte, »denn zum Zeitpunkt als der Kaiser starb, waren beide Grundstücke – in der Stadt und in Hietzing – durch riesige Hypotheken belastet, alles war schwer überschuldet, da hätte sie nicht viel bekommen«.
Die beiden Liegenschaften behielt sie also. Die Schratt hatte aber im

Laufe der rund dreißigjährigen Freundschaft mit Kaiser Franz Joseph nicht nur diese beiden Häuser, sondern, wie man weiß, auch Geschenke anderer Art erhalten.

Nun blieb ihr nichts anderes übrig als die Schmuckstücke und das antike Mobilar zu verkaufen. Wieder gab es ein böses Erwachen.

»Es war bekannt geworden, daß die Tante einen Teil ihres Schmucks verkaufen wollte. Von überall her kamen Juweliere, sogar aus Paris sind sie angereist, um die Stücke anzuschauen. Die Tante hat mich gebeten, mit ihr zu einem großen Treffen mit Juwelieren in die Stadt zu gehen, weil sie Angst gehabt hat, es könnte etwas wegkommen. Ich sehe heute noch vor mir, wie der Schmuck ausgebreitet wurde, die Fachleute aus halb Europa ihre Lupen an die Augen steckten und ihre Köpfe schüttelten. Aber nicht vor Begeisterung. Sondern weil sie entsetzt waren. Ein bekannter Wiener Juwelier, bei dem für die Tante sehr viel eingekauft wurde, hat den Kaiser hereingelegt; es waren viele nicht lupenreine Steine darunter – wiewohl Seine Majestät natürlich den Preis für einwandfreie Stücke gezahlt hatte.«

Bei diesem Treffen wurde allerdings nur ein Teil der riesigen Schmucksammlung gezeigt, die Schratt besaß noch weit mehr – und der Kaiser war natürlich nicht von allen Juwelieren »hereingelegt« worden. Es war jedenfalls genügend vorhanden, so daß Katharina Schratt ihren Lebensabend vom Verkauf dieser Gegenstände geruhsam verbringen konnte.

Vierundzwanzig Jahre lagen also vor ihr. Vierundzwanzig lange Jahre, in denen sich kein Mensch mehr »voll Sehnsucht« auf die Stunden mit ihr freute, denn diese waren »meine einzige Erheiterung, mein Trost,« der »immer in meinen Gedanken bei Ihnen« weilte, ihr immer wieder sagte, »wie lieb ich sie habe,« der immer wieder an »Freud und Leid, das wir theilten,« erinnerte, bei jeder Auseinandersetzung, auch der kleinsten »namenlos traurig« war und dessen »Gefühle immer die gleichen treuester Anhänglichkeit« blieben.

Nicht nur »der Sie innigst liebende Franz Joseph« war tot, auch viele ihrer Freunde. Fast alle großen Burgtheaterkollegen waren noch vor Ende der Monarchie von der Bühne des Lebens abgetreten. Zuletzt Alexander Girardi, den sie einmal geliebt. Er starb am 20. April 1918. Nach dem Tod von Johann Strauß, dem Ableben des Kaisers und zuletzt dem Hinscheiden Girardis, sagten die Wiener »Jetzt is' von der Monarchie wirklich nix mehr übrigblieben«. Die Monarchie sollte Girardi tatsächlich nur um ein halbes Jahr überleben.

Der große Komiker hatte übrigens – nach der Ehe mit Helene Odilon – noch einmal geheiratet und mit seiner zweiten Frau, der Stieftochter des vermögenden Klavierfabrikanten Ludwig Bösendorfer, zwanzig glückliche Jahre verbracht. Leonie Girardi, die ihm einen Sohn geschenkt hatte, verstarb nur wenige Wochen nach ihrem Mann.

Am längsten sollte Katharinas Freundschaft mit König Ferdinand von Bulgarien andauern, der, wann immer er Wien einen Besuch abstattete, auch zu ihr kam. Von den Mitgliedern der Familie Habsburg kümmerte sich in den Jahren der Republik nur mehr Gisela von Bayern, die älteste Tochter des Kaisers, um dessen Vertraute. Sonst gab es nur noch wenig Kontakte mit der Außenwelt. Die meisten Freunde waren also tot – wie verbrachte die Schratt diese vierundzwanzig Jahre? Die Nichte:

> »Sie hat eigentlich den ganzen Tag mit Puzzles gespielt, die waren ihr ganzes Glück, für dieses Spiel hat sie gelebt. Sie hatte ganz große Puzzles, bestehend aus mehreren tausend Steinen.«

Ihre Schwiegertochter Vera Kiss zersägte eigenhändig riesige Sperrholzplatten, nachdem sie darauf vorher Bilder aufgezogen hatte, damit sie Katharina Schratt dann wieder zusammensetzten konnte. Und Katharina Hryntschak reiste im Jahre 1922 sogar nach London, um in East End einen Mann aufzusuchen, der einer der berühmtesten Puzzleerzeuger seiner Zeit war, um für die Tante einzukaufen.

Sie legte also Puzzles und ging tagtäglich in die Kirche. Wenn die ältere Dame auch keinen Status mehr hatte, wenn es auch keinen

»Hof« mehr gab, an dem sie hätte verkehren können – so war »die Schratt« doch nach wie vor eine der populärsten Erscheinungen Wiens. »Wenn sie der Polizist an der Sirk-Ecke gesehen hat, ist er von seinem Platz bei der Oper weggegangen, um sie über die Straße zu führen,« erzählt die Nichte.

Manchmal – ganz selten – unternahm sie auch Reisen. Als sie im Frühjahr 1922 noch einmal an die geliebte Riviera – oder besser gesagt: ins noch viel mehr geliebte Monte Carlo – fuhr, wurden die Behörden vom »Außenministerium der Republik Österreich« ersucht, »der genannten den Grenzübertritt tunlichst zu erleichtern...« Heute würde man sagen, daß die Schratt auch zu Zeiten der Republik noch als »V.I.P.«, als »very important person« behandelt wurde. »Frau Katharina von Kiss-Ittebe-Schratt,« heißt sie in dem amtlichen Schreiben immer noch, obwohl die Adelstitel in Österreich längst schon verboten waren, weil ihr verstorbener Mann ungarischer Aristokrat war.

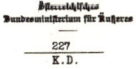

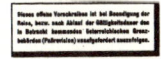

OFFENES VORSCHREIBEN.

Vorzeiger dieses, Frau Katharina von Kiss-Ittebe-Schratt,
versehen mit ungar Paß Nr A.353.361 d.d.31.Dezember 1921

reist in Begleitung von Wien

nach Paris,Nizza und zurück.

Die österreichischen Grenzbehörden werden hiemit ersucht, der Genannten den Grenzübertritt tunlichst zu erleichtern. sowie ihr nötigenfalls jeden Schutz und Beistand zu gewähren.

Wien, am 27.März 1922.

Für das Bundesministerium für Aeußeres:

Gültigkeitsdauer: z w e i Monate.

»Very important person«
Katharina Schratt

223

Im Jahre 1930 sollte Katharina Schratt dann noch einmal für Schlagzeilen in aller Welt sorgen. Ab dem Ende der Monarchie wurde sie von unzähligen Verlegern immer wieder bestürmt, ihre Memoiren zu veröffentlichen. Am hartnäckigsten war der amerikanische Pressekonzern Hearst. Ihr Verhältnis mit dem österreichischen Kaiser war zu schön, um der Öffentlichkeit vorenthalten zu werden. Doch trotz äußerst verlockender Angebote, sagte die Schratt immer »Nein«. Sie wollte das Geheimnis um ihre Verbindung mit dem Monarchen mit ins Grab nehmen.

Die Schratt gab die Einwilligung also nicht – doch der Hearst-Konzern druckte die «Memoiren» in einer groß aufgemachten Artikelserie seines *Chicago Evening* trotzdem so ab, als hätte sie diese selbst verfaßt. Der vielversprechende Titel lautete: »Mein Liebesleben mit Europas geheimnisvollstem und prächtigstem Herrscher – von Kathi Schratt, der Seelenfreundin Franz Josephs.«

»Chicago Evening«, USA 1930

43 Im Jahre 1900 kam es zum großen Bruch zwischen Franz Joseph und Katharina Schratt – die Schauspielerin ging auf Weltreisen. In Kairo ließ sie diese Witzfotografie anfertigen. Der Kaiser schrieb nach Ägypten: »Wenn es nur möglich wäre, Sie hier zurückzuhalten und Ihrem Nomadenleben ein Ende zu bereiten...«
44 Katharina Schratt in ihrer Hietzinger Villa

Und so wohnte die Vertraute des Kaisers:

45 Die Schratt-Villa in der Wiener Gloriettegasse im Nobelvorort Hietzing. Der Kaiser finanzierte den Kauf des ebenerdigen Hauses mit dem gepflegten Garten. Die Villa lag in unmittelbarer Nachbarschaft des Schönbrunner Schlosses.

46 Die Einrichtung der Villa war – der Zeit entsprechend – pompös und überladen.

47 Nach dem Tod des Kronprinzen bezog die Schratt nicht nur die Hietzinger Villa, sie mietete auch die Villa Felicitas in Bad Ischl, um dem schwer getroffenen Monarchen auch im Sommer näher sein zu können

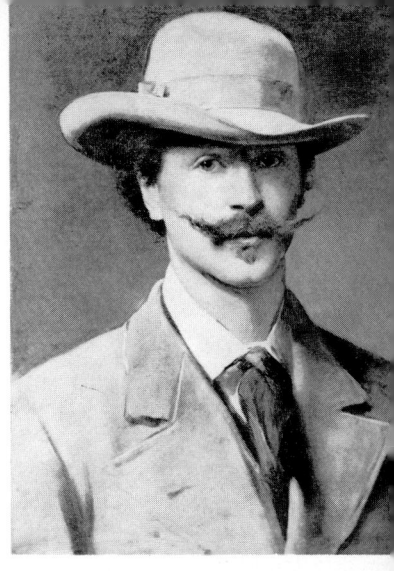

48/49 Anton von Kiss, der Sohn der Katharina Schratt, als Kind und als Offizier im Ersten Weltkrieg. Eines der berühmtesten Schrattporträts stammt von Heinrich von Angeli (50). Schratt-Nichte Katharina Hryntschak und ihr Sohn Peter Schratt vor dem Angeli-Bildnis der Tante (51)

Die drei prominentesten Kritiker der Katharina Schratt: Felix Salten (52), Karl Kraus (53), Hermann Bahr (54). Kraus und Bahr fanden unterschiedliche Worte über ihre »Maria Theresia« (58). Vier berühmte Schauspielerkollegen an der »Burg«: Adolf von Sonnenthal (55), Friedrich Mitterwurzer (56), Josef Kainz (57), Hugo Thimig (59). Durch Intervention der Schratt beim Kaiser blieb es Wiens Publikumsliebling Alexander Girardi (61) erspart, nach seiner Heirat mit Helene Odilon (60) ins Irrenhaus gesperrt zu werden

62 Nach dem Tod Franz Josephs stellte der junge Kaiser Karl
seine Frau Zita der Katharina Schratt vor und nicht umgekehrt.
Kenner des Hofzeremoniells sehen darin ein weiteres Indiz für eine
»Gewissensehe« zwischen Franz Joseph und der Schauspielerin

63 Franz Josephs Urenkel Dr. Michael Habsburg-Lothringen könnte eine »Gewissensehe« Kaiser–Schauspielerin »verstehen und akzeptieren«
64 Dr. Otto von Habsburg sieht die Verbindung heute positiv
65 Das Begräbnis des Kaisers

Katharina Schratt verstarb am 17. April 1940 im 87. Lebensjahr. Der Leichnam wurde in ihrer Stadtwohnung aufgebahrt (66/67). Gemeinsam mit ihrem Mann, dem Sohn und ihrer Schwiegertochter erhielt die Schauspielerin ein Grab am Hietzinger Friedhof (68)

KATHARINA KISS VON ITTEBE, GEB. SCHRATT
GEBOREN 11. SEPTEMBER 1853
GESTORBEN 17. APRIL 1940
BARONIN VERA KISS VON ITTEBE, GEB. LINDES
GEBOREN 9. APRIL 1869
GESTORBEN 15. MÄRZ 1941
ANTON KISS
VON ITTEBE
GEBOREN 30. AUGUST 1880
GESTORBEN 10. NOVEMBER 1970
NIKOLAUS KISS
VON ITTEBE
GEBOREN 14. SEPTEMBER 1832
GESTORBEN 20. MAI 1909

»Nicht weinen, sie hat es sich ja so gewünscht«
Der Tod der Katharina Schratt

Katharina Schratt entstammte einer langlebigen Familie. Sowohl
Vater als auch Mutter konnten ihren Aufstieg zur berühmten
Schauspielerin erleben. Ihr Bruder Heinrich wurde sechsundachtzig Jahre alt, der jüngere Bruder Rudolf gar zweiundneunzig. Dabei
war Rudolf Schratt nach einer Nervenkrankheit und diversen anderen Leiden bereits als junger Mann von den Ärzten aufgegeben
worden. Er ging im Alter von sechsundzwanzig Jahren als Inge-
nieur der Alpine Montan-Gesellschaft in Pension und blieb sein
langes Leben Privatier. Mit siebenundachtzig – nach dem Tod
seiner Frau – heiratete er ein zweites Mal.
Während Rudolf das Badener Elternhaus geerbt hatte und von der
Schwester sein Leben lang finanziell unterstützt wurde, half Katharina Schratt ihrem Bruder Heinrich bei der Gründung einer Existenz. Sie kaufte ihm ein dreihundertsechzig Hektar großes Gut im
Kärntnerischen St. Georgen am Längsee, das sich heute noch in
Familienbesitz befindet.
Katharina Schratt wurde genauso alt wie der Kaiser. Sie verstarb im
87. Lebensjahr. Ihre letzten Jahre verbrachte sie völlig zurückgezo-
gen, wobei sie die meiste Zeit in ihrer Acht-Zimmer-Wohnung am
Kärtner Ring lebte. Trotzdem führte sie bis zum Schluß sowohl den
Haushalt in der Stadt als auch jenen in Hietzing fast mit unverän-
dertem Personalstand.
Hin und wieder, aber äußerst selten, empfing sie den einen oder
anderen der wenigen noch lebenden Freunde, Verwandten oder
Kollegen. So erinnerte sich die Burgschauspielerin Hedwig Bleibtreu in einem Zeitungsinterview eines Besuchs bei der Schratt,
währenddessen ein junger Mann, der zur Bühne wollte, vorsprach.
Nachdem er einige Gedichte aufgesagt hatte, urteilte die Schratt:

»Ganz gut hat er das gemacht!« Die späte Konfrontation mit dem Theater animierte die längst pensionierte Schauspielerin im Anschluß daran, selbst Auszüge aus ihren Glanzrollen vorzutragen und Hedwig Bleibtreu vermerkte:

»Man vergaß, daß hier eine Künstlerin sprach, die längst von der Bühne Abschied genommen hatte.«

Katharina Schratt stand die letzten vierzig Jahre ihres Lebens nicht mehr im Rampenlicht, sie ließ sich lediglich einige Male – zuletzt im Jahre 1922 – dazu überreden, Lesungen zugunsten wohltätiger Organisationen zu veranstalten. Und für den Tierschutzverein war die leidenschaftliche Tierliebhaberin bis zum Schluß tätig. Als dieser in den zwanziger Jahren in arge finanzielle Not geraten war, empfing sie zehn Tage lang jeden, der eine Spende geben wollte, in ihrer Wohnung am Kärntner Ring. Die Wiener nahmen stundenlange Wartezeiten in Kauf, um bei der gnädigen Frau ihren Obolus abliefern zu können. Gemeinsam mit der Schratt beteiligte sich übrigens Leo Slezak an dieser Aktion.

Zu den wenigen Besuchern, die die älter werdende Schratt ansonsten empfing, gehörte Adolf Weisse, der seinerzeitige Direktor des Deutschen Volkstheaters, der sie als Maria Theresia engagiert hatte. Anläßlich ihres fünfundsiebzigsten Geburtstags schrieb er im *Neuen Wiener Journal*: »Sie trägt die betrübliche Wandlung ihrer Lebensverhältnisse ruhig, als heitere Philosophin, und freut sich um so mehr über Treue und Anhänglichkeit, die sie findet und sie erwidert um so herzlicher die Zuneigung der Freunde.«

Großnichte Johanna Nebehay:

»Selbst bei Einladungen im engeren Familienkreis ist es wie bei Hof zugegangen, jeder Gang war ein richtiges Zeremoniell, ich erinnere mich, daß selbst die Hundeschüsseln auf weißen Servietten serviert wurden. Die Konversation bei Tisch fand prinzipiell nur in französischer Sprache statt – was für meine Schwester und mich eine Qual war, weil wir kein Wort verstanden.«

1938, im Jahr ihres fünfundachtzigsten Geburtstags, wurde Österreich an das Deutsche Reich »angeschlossen«. Ihrer Erziehung und ihrem Lebensweg entsprechend war die Einstellung der Schratt klar gegen die Nationalsozialisten gerichtet. Sie sprach über dieses Thema jedoch nie. Ihre Nichte erinnert sich nur, daß der »Führer« von ihr als »der narrische Hitler« bezeichnet wurde. »Ich glaube, wenn sie ihm auf der Straße begegnet wäre, hätte sie ihn attakkiert.«

Je älter sie wurde, desto tiefer war ihre Religiosität. Neben den täglichen Besuchen verschiedener Wiener Kirchen, pilgerte sie auch mehrmals in der Woche in die Krypta der Kapuzinergruft, wo Kaiser Franz Joseph ruht.

Den Ausbruch des Zweiten Weltkriegs sollte sie nur um ein halbes Jahr überleben. Katharina Schratt schloß ihre Augen am Abend des 17. April 1940 für immer. Der Tod ereilte sie während sie sich in ihrem Badezimmer frisierte.

Der Leichnam der Katharina Schratt wurde im Schlafzimmer am Kärntner Ring aufgebahrt. Während die Schauspielerin bis ins hohe Alter relativ kräftig und gesund war, wurde sie in den letzten Wochen ihres Lebens schwach und müde. Als Todesursache vermerkte der Arzt Altersschwäche, sie litt nur kurze Zeit. Großnichte Johanna Nebehay, die nach dem Tod Katharina Schratts mit ihrer Mutter in die Wohnung kam und dort Toni von Kiss und dessen Frau Vera traf, erinnert sich:

»Vera hat mich in ein Nebenzimmer geleitet und zu mir gesagt: ›Nicht weinen, sie hat es sich ja so gewünscht.‹«

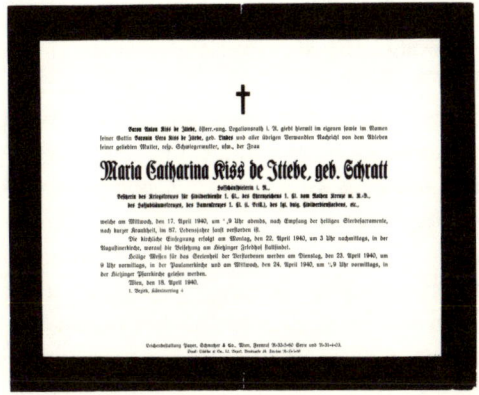

Die Zeitungen des »Deutschen Reichs«, aber auch die des »feindlichen Auslands«, meldeten den Tod der langjährigen Vertrauten des Kaisers in großer Aufmachung. Die Nazipresse erinnerte noch einmal an die »romantische Liebesgeschichte« und ausgerechnet der *Völkische Beobachter* leitete seinen Bericht mit den Worten ein: »Man darf heute offen darüber reden, kein habsburger Zensor verbietet es mehr...«

Da Katharina Schratt kein Testament hinterließ, wurde ihr Sohn Universalerbe. Anton Kiss starb 1970 im Alter von neunzig Jahren. Nachdem er bereits kurz nach Ende der Monarchie seinen diplomatischen Dienst quittiert hatte, konnte er jahrelang vom Vermögen seiner Mutter und nach deren Tod vom sukzessiven Verkauf des verbliebenen Schmucks, der Möbel und Liegenschaften leben. Nach 1940 verkaufte er sowohl das Palais am Kärntner Ring als auch das Haus in der Hietzinger Gloriettegasse. Die Villa, in der einst Kaiser Franz Joseph sein zweites Frühstück einzunehmen pflegte, wurde während des Zweiten Weltkriegs durch Bomben stark beschädigt. Der Kaufmann und Architekt Albrecht Hopf kaufte das Haus und begann es nach der Zerstörung originalgetreu wiederaufzubauen. Sein Sohn Hans Hopf und dessen Frau Hilde haben dieses Werk fortgeführt und sind die heutigen Besitzer.

Sechs Jahre nach dem Tod des Anton Kiss, wurde die noch verbliebene Familie Kiss-Schratt durch einen aufsehenerregenden Mordfall erschüttert. Der Stiefsohn von Toni Kiss, Nikolaus de Gros, kam auf tragische Weise ums Leben. Vera Kiss hatte den Knaben in ihre Ehe mit dem Schratt-Sohn gebracht und Katharina Schratt kümmerte sich jahrelang als Großmutter vorbildlich um ihn und kam für seine Erziehung, die er in einer Jesuitenschule erhielt, auf. Das Ordensleben in dem Klostergymnasium beeindruckte den jungen Mann dermaßen, daß er selbst Priester wurde. Als Fünfzigjähriger ließ er sich als Missionar in die Republik Tschad im Norden Zentralafrikas versetzen. Die Ereignisse des 23. Mai 1976 werden in einem Bericht des Jesuitenordens so beschrieben: »Alles blieb stehen an diesem Sonntag Morgen zwischen zwei Messen in der Kathedrale von Djamena. Nicolas de Gros hatte mit den Patres

Kommunion ausgeteilt und in der Sakristei sein Chorhemd ausgezogen. Er wollte in den bischöflichen Besitz zurückkehren, als er plötzlich hinter sich einen Tumult und Hilferufe hörte. Er kehrte zurück und sah Pater Vernet, der von einem Mann attackiert wurde, der schon zweimal mit einem Messer den Pater gestochen hatte. Nicolas stellte sich dazwischen und erhielt einen tödlichen Stich: die Halsschlagader durchtrennt, fiel er bewußtlos zusammen und starb.« Soweit zum tragischen – bis heute nicht restlos geklärten – Tod des Mannes, den die Schratt als ihren Enkelsohn betrachtet hatte.

Katharina Schratt selbst hatte in eine Epoche hineingelebt, in der sie längst nicht mehr zu Hause war. Zu sehr gehörte ihre Erscheinung zum eleganten Wien der Donaumonarchie, zu wenig paßte sie in die Zeit eines Krieges, in dem noch Atomwaffen eingesetzt werden sollten. Die »Gnädige Frau« konnte man sich nur an der Seite des alten Kaisers vorstellen. Doch der Kaiser war längst tot. Als die Wiener nun aus den Zeitungen erfuhren, daß auch die Schratt nicht mehr am Leben war, wunderten sie sich weniger über deren Tod als über die Tatsache, daß sie bis zum Vortag noch gelebt hatte.

Katharina Schratt war bereits als Legende von dieser Welt gegangen.

Meine Begegnungen mit Katharina Schratt
Nachwort von Peter Schratt*

Der erste Teil meiner Begegnungen mit Katharina Schratt bedeutet einen harmlosen Abschnitt in meinen Kindheitserinnerungen: Viele große Salons, angeräumt mit den kostbarsten Möbeln, Bildern, Statuen (meine Mutter sagte mir später, daß darunter auch einiger Kitsch gewesen sei), im Hintergrund die Stimme eines uralten Papageis, der immer »Mara, Mara, Mara!« rief (den Namen von Großtantes persönlichster Vertrauter), aus einem Nebenzimmer das zarte Geräusch von Tante Veras Laubsäge und an ihren Puzzle-Brettern eine »Tante Kathi«, die mir jedesmal, wenn ich zu ihr kam, Geleezuckerln und ziemlich viel Geld zusteckte. (Ja: Sie gab nicht, sie schenkte nicht, sie steckte zu.)

Die nächsten Begegnungen mit Katharina Schratt ereigneten sich Jahrzehnte später und waren voll von Unerwartetem und wurden etwas mich ungewöhnlich Berührendes, je mehr diese Persönlichkeit, die ja nicht mehr auf der Erde weilte, auf mich zukam, für die zu interessieren ich mich Jahrzehnte hindurch geweigert hatte.

Wenn man – so wie ich – den Familiennamen der Freundin (oder der Geliebten? oder gar der Frau?) eines echten Kaisers trägt und wenn diese Gefährtin eine echte Hofschauspielerin war und wenn man – so wie ich – mit dieser Künstlerin verwandt ist, ja, sie gar noch persönlich gekannt hat, so ist es für jeden, der alles dies erfährt, offenbar undenkbar, daß man etwas anderes sein könne, als ein heftiger Anhänger des Hauses Habsburg, zumindest ein ganz »Schwarzer«, »Rechter« und natürlicherweise ein großer Verehrer der Schratt und ein intimer Kenner ihres Lebens, wenn nicht gar

---

* Peter Schratt ist Schauspieler am Wiener Burgtheater und Großneffe von Katharina Schratt.

ihres Intimlebens. (Meine Proteste gegen diese »Anschuldigungen« werden, jedesmal milde lächelnd, nicht ernst genommen.)

Da ich – außer für Josef II. und für Erzherzog Johann – nie ein Interesse an Habsburgern und deren Häusern hatte, da ich die Schratt, nach allem, was ich über sie wußte, in keiner Hinsicht für wichtig empfand, da ich meine, daß eine Blutsverwandtschaft heutzutage keine wesentliche Bedeutung mehr hat und ich ein Leben lang von der Frage verfolgt wurde »Hammsieoderhammsienicht?«, hatte ich nie einen Anlaß gesehen, mich mit Katharina Schratt besonders zu beschäftigen.

Dieser Anlaß kam unerwartet, als mich vor wenigen Jahren das Österreichische Fernsehen einlud, ein längeres Interview über meine Großtante zu geben.

Um nicht ganz uninformiert zu sein – was mir niemand geglaubt hätte – begann ich, mir anzusehen, was über die Schratt für mich halt so erreichbar war: Kritiken, vor allem *bis* zu ihrem Engagement ans Wiener Burgtheater, Essays über sie, und dann – Bilder und immer wieder Bilder... Und dieses Mädchen, diese Frau begann auf einmal mehr und mehr Leben in mir zu gewinnen. Leben als eine Persönlichkeit, von der man heute nichts mehr weiß, reich an einer tiefen schönen Seele, erfüllt mit Begabungen, die auf ihre Umgebung eine ganz starke Wirkung, ja, einen Zauber ausgeübt haben müssen. Ihre schauspielerische Begabung allein war es sicher nicht, sondern das, was *durch* ihre Rollen, wenn sie spielte, von ihrem ureigensten, unvergleichbaren Wesen hindurchstrahlte – davon wurden alle, die sie auf der Bühne erlebt haben, tief angerührt.

Da war einmal, besonders auf den Bildern der reiferen Frau, eine Reinheit, eine Klarheit zu spüren, die jedoch tief in ihrer Seele zu liegen schien und nur den Schein davon in ihre Augen gesandt hatte. Um ihre Augenbrauen, auf den Jugendbildern, läßt sich eine Neigung zu starker Leidenschaftlichkeit vermuten, die sich nicht nur in der hellen Seite ihres Wesens ausleben will. Wie überhaupt in diesem Gesicht die größten Gegensätze gleichzeitig da sind: Zartheit und Derbheit, Kühnes und Zurückhaltendes, Edles und Primitives, froher Sinn und Traurigkeit, gütiges Nachgeben und entschlossene Härte, etwas Kleinbürgerliches und doch auch etwas Hoheitsvolles. Über die Fünfzigjährige schreibt Hermann Bahr, daß von ihren Melusinenaugen ein unirdischer Glanz ausgegangen sei und spricht gleich anschließend von dem sehr irdischen Ausdruck ihres Mundes.

Es scheint mir so gewesen zu sein, daß die ganz junge Schratt in ihrem *privaten* Dasein kaum die Möglichkeiten oder die Fähigkeiten besessen hat, die Gaben, die sie in dieses Leben mitgebracht hatte, auch im Leben zur Geltung bringen zu können. Und so gab ihr der Beruf, den sie mit aller Leidenschaftlichkeit ergriffen hatte, die einzigartige Möglichkeit, ihr Alter wenigstens ohne Neurosen erreichen zu können. In welchem anderen Beruf hat man denn die Möglichkeit, eine derartige Vielfalt von Seelenregungen ausleben zu können, ja zu müssen?

Wenn man heute von der Schratt spricht, hat man sich da nicht angewöhnt zu denken, daß sie wahrscheinlich eine eher mittelmäßige Schauspielerin war und als solche ohne ihre Beziehung zu Kaiser Franz Joseph kaum je Karriere gemacht hätte, geschweige denn berühmt geworden wäre? Auch ich erfuhr erst vor gar nicht langer Zeit, daß dies jedoch eine völlige Umdrehung der Tatsachen ist. Sicher würde man ohne ihre Verbindung mit dem Kaiser heute nur mehr wenig von ihr sprechen – von wievielen Schauspielern spricht man noch schon kurze Zeit nach deren Tod. Aber wenn man es schon tut, so sollte man doch auch von der heute kaum mehr vorstellbaren Anziehungskraft, der Popularität, der Beliebtheit der Schauspielerin Katharina Schratt, noch bevor sie ans Wiener Burgtheater kam, einiges wissen. (Und dann dauerte es erst noch geraume Zeit, bis sie den Kaiser näher kennenlernte.) Und ihr Privatleben sollte man als das betrachten können, was es war und wie es war: bürgerlich und unbürgerlich, künstlich und lebensvoll, trocken und künstlerisch, ein reiches und ein armes Leben, auf keinen Fall ein durchschnittliches Leben.

Und darum finde ich dieses Buch von Georg Markus so richtig und sinnvoll, da der Autor die ganze Katharina Schratt ohne Ungenauigkeiten, ohne Sentimentalitäten darstellt. Und nicht müde wurde, alles, was wir heute über sie wissen können, zusammenzutragen, um es uns nahe zu bringen. Und er überläßt doch das Urteil über diese sehr eigenartige, im Grunde unbekannte Persönlichkeit in so angenehmer Weise dem Leser selbst.

Ja, ihre unbekannte Persönlichkeit. Ob sie in ihrem Leben außerhalb der Bühne je Glück gefunden hat? Die Tatsache, daß sie ab der Mitte ihres Lebens immer große Schwierigkeiten hatte, in der Nacht Schlaf zu finden und die Beschäftigungen, mit denen sie ihr Leben zubrachte, lassen daran zweifeln.

Man hat doch, wenn man an die Schratt so vor sich hin denkt, etwa das Bild einer »moderaten Person« vor sich, auf Deutsch, einer maßvollen Persönlichkeit. Jedenfalls käme man kaum auf die Idee, sie als maßlos zu bezeichnen. Doch was ihr Spaß machte und womit sie ihrem Leben Sinn zu geben suchte, tat sie stark und heftig und ausgiebig.

Einer ihrer Brüder – es war mein Großvater – hatte schon in jüngeren Jahren bei sich beschlossen, nichts mehr zu arbeiten und nur zu leben. Daraufhin unterstützte ihn seine Schwester Kathi in gar nicht kleinlicher Weise so ausgiebig, daß er, meine Großmutter und meine Mutter ganz gut davon leben konnten. Das war die maßlos großzügige Seite. Andererseits wurde die gute Tante nicht müde, in unangenehmer Weise ständig darauf hinzuweisen, daß und wieviel sie half und ließ ihren keineswegs freundlichen Gedanken ihrem Bruder und seiner Frau gegenüber stets laut und ungehemmt ihren Lauf. Sie wurde ja »gezwungen«, Geld zu geben und so »durfte« sie sich benehmen, wie sie wollte.

Ob die Großtante in den Spielkasinos an der Riviera Riesensummen verspielte, wertvolle (auch wertlose, auf jeden Fall teure) Antiquitäten in der ganzen Welt in Unmengen sammelte, oder Kleider und Schmuck ohne Zahl (und ohne zu zahlen) sich zulegte – Maße irgendwelcher Art kannte sie dabei nicht.

Und so kam es, daß ihr Schuldenberg oft so hoch war, daß man zu Recht meinen mußte, vor dem Schuldturm bzw. der totalen Pfändung könne sie jetzt nur noch etwa ein Überirdischer erretten. Und der Katharina Schratt erschien tatsächlich ein solcher. Die Szene ist österreichisch, also kam er in Gestalt des Kaisers von Österreich. Und – rettete. Allerdings – ungewöhnlich für Himmlische – *jedesmal!* Doch bei Kathi Schratt ereignete sich eben vieles nicht in den allgemein üblichen Maßen.

Soll man sagen, was sie tat, tat sie maßlos?

Wenn sie Tiere hielt, so hatte sie nicht etwa mehrere, sondern gleich sieben Hunde *und* drei Papageien *und* einen großen Affen.

Trieb sie Mundhygiene, benützte sie pro Woche sieben Zahnbürsten, für jeden Tag der Woche eine und diese dreimal täglich.

Im Gesundsein war sie dann allerdings auch exzessiv: Sie besaß bis zu ihrem Tod mit siebenundachtzig Jahren keinen einzigen plombierten oder gar falschen Zahn.

Sie hatte auch sieben Kirchen, für jeden Tag der Woche eine, die sie allmorgendlich in einem festen Turnus zur Messe besuchte. Da es bekannt war, daß Wohltun ihr Wohltat bereitete, kannten die Bettler Wiens selbstverständlich diesen Turnus und erwarteten – sich und der Großtante zur Freude – jeden Morgen die Schratt an der »richtigen« Kirchentür, um dort von ihr oft gar nicht unbedeutende Geldbeträge, aber auch Kuchen und Brote in Empfang zu nehmen, denn die alte Dame schien noch etwas wie eine Ahnung davon zu haben, daß mit Geld *allein* keinem Armen wirklich geholfen wird.

Auch ich selber habe sie maßlos erlebt. Wann immer ich zu ihr kam – vormittags, nachmittags, abends – die Tante Kathi legte Puzzles. Durch Jahre hindurch. Die Größe dieser Zusammensetzspiele reichte vom Postkartenformat bis zu einer Fläche von über zwei Quadratmetern. Ein hohes Zimmer war rundherum an den Wänden bedeckt mit aufgestapelten Puzzleschachteln.

Zu Weihnachten wiederum kannte ihre Freigiebigkeit keine Grenzen. Über dreihundert Namen standen jedes Jahr auf ihrer Geschenkliste...

Aber auch ihre Verschwiegenheit war grenzenlos. Ihre wohl schönste Eigenschaft. So sehr es nach und nach geradezu ihr Hauptberuf geworden war, täglich des Kaisers Herz mit dem neuesten Stadt-

und Theatertratsch zu erfreuen, so sehr wußte sie bedingungslos zu schweigen, wenn es um etwas wirklich Persönliches eines Anderen (auch ihrer selbst) ging. Das war auch der Grund, warum so viele Menschen des unterschiedlichsten Herkommens – Erzherzoginnen wie Stubenmädchen, Kollegen und Staatsbeamte oder der Kaiser selbst – sich ohne Vorbehalt der Katharina Schratt anvertrauten.

Lebte sie ganz einfach *ihr* Maß?

Als ich die Fotos ihres mittleren Lebensalters angeschaut habe, bin ich immer wieder auf solche gestoßen, die mich haben anhalten lassen. Während man auf den meisten ihrer Bilder zwar noch wie Inseln ihres eigentlichen Wesens ihre unergründbaren Augen bemerken kann, sind im übrigen Gesicht nur mehr vage persönliche Formen wahrnehmbar. Sind sie von zuviel Angegessenem entstanden, durch ein sich Überwältigenlassen von den Bequemlichkeitskräften? Sie decken zu, was ich in ihrem Antlitz als Spiegel der Seele so gern entdecken möchte. Doch gibt es auch Fotos, die offensichtlich nach ihren zweimal jährlich erfolgenden Kuren aufgenommen wurden und auf denen ihr Körper wieder etwas durchlässiger geworden ist für ihr wahres Ich. Von diesen Bildern schaut mich eine Seele an, die so viel *will*, die so viel vorhat, aber in der doch gleichzeitig schon eine verborgene Trauer liegt, die die Hoffnung aufgegeben zu haben scheint, noch an die Oberfläche gelangen zu können und so die ganze Katharina zu offenbaren.

Auch scheint ihr nie der Mann begegnet zu sein, mit dem sie eine Verbindung in unmittelbarer erlösender Weise hätte erleben können.

Von den Attraktivitäten des Schauspielberufs, auch von seinen – äußeren – Schwierigkeiten, die er mit sich bringt, hört man viel. Eigentlich gar nicht bekannt ist, welch ungeheuere Gefahr er in sich trägt: das Vergessen auf die eigene innere Entwicklung. Eine Versuchung, der der Schauspieler (so er vielbeschäftigt ist) leicht erliegt, da er ja einen wesentlichen Teil seines Lebens an der Darstellung von Schicksalen anderer arbeitet und so von der Notwendigkeit der Arbeit an sich selbst ganz leicht abgelenkt werden kann (und sich ablenken läßt).

Katharina Schratt war begabt mit allem, was sie selbst und alle, die ihr begegneten, glücklich hätte machen können. Daß sie in ihrem privaten Leben kaum je dazu gelangte, auf eine freie Weise glücklich zu sein, mag daran gelegen sein, daß sie die starken Kräfte, die sie besaß, im Übermaß meist zur Befriedigung von äußeren Ansprüchen gebrauchte.

Ihr Herz scheint dabei immer einsamer geworden zu sein.

Anhang

Katharina Schratt und ihre Bühnenrollen

(soweit feststellbar)

Zusammengestellt von Peter Spiegel

* markiert das erste Auftreten von Katharina Schratt in dieser Rolle oder Inszenierung. Wenn nicht anders vermerkt, handelt es sich zugleich um die Premiere des Stückes in dem jeweiligen Theater.
K. S. = Katharina Schratt; der in Klammer gesetzte Name ist die Rollenbezeichnung.

1868

*16.3.1868
Dilettanten-Bühne, Leobersdorf
Eigensinn
Lustspiel in 1 Akt von Roderich Benedix
K. S. (Lisbeth, in Alfreds Diensten), Hr. von Schön, Louis Spring, Anna Fuchs

*27.8.1868
Stadt-Theater in Baden

(Aufführung in französischer Sprache)
Zündhölzchen zwischen zwei Feuer
Lustspiel in 1 Akt von M. Honoré. Deutsch von Georg Hill
K. S. (Georgine), Natalie Pfuntner, Friedrich Rüden
Le Bresilien
Lustspiel in 1 Akt von Henri Meilhac und Ludovic Halévy
K. S. (Ninette, femme de chambre), Natalie Pfuntner, François Novak, Josef Steineder

1871

*31. 3. 1871
Theater-Akademie, Wien
Die Farben
Ein Spiel in 1 Akt von Carl von Holtei
K. S. (Clara), Nina Weisse, Frl. Heller, Hr. Zelt

* 18. 4. 1871 Stadt-Theater in Baden (Benefizvorstel- lungen für Josef Mayer)	*Eigensinn* Lustspiel in 1 Akt von Roderich Benedix K. S. (Lisbeth), Josef Mayer, Amalie Loges *Die Geschwister* Schauspiel in 1 Akt von Johann Wolfgang Goethe K. S. (Marianne), Julius Nikolini, Hr. Uhlich
*15. 6. 1871 Stadt-Theater in Baden	*Feuer in der Mädchenschule* (Le feu au couvent) Lustspiel in 1 Akt von Théodore Barrière. Deutsch von Dr. August Förster K. S. (Marie), Rudolf Urban, Julius Nikolini, Hr. Uhlich
*6. 7. 1871 Arena in Baden	*Sie schreibt an sich selbst* Lustspiel in 1 Akt nach dem Französischen von Carl von Holtei K. S. (Julie), Josef Mayer, Carl Julius *Ein ungeschliffener Diamant* Posse in 1 Akt nach dem Englischen von Alexander Bergen K. S. (Margarethe), Carl Julius, Antonie Klerr
*9. 11. 1871 Theater-Akade- mie, Wien (Fest-Feier des Schiller-Verei- nes »Die Glok- ke«)	*Die Gustel von Blasewitz* Dramatisierte Anekdote in 1 Akt von Sigmund Schle- singer K. S. (Gustel), Hr. E. Lewinger, Julius Meixner, Hr. Klefeld *Don Carlos, Infant von Spanien* Ein dramatisches Gedicht in 5 Akten von Friedrich Schiller K. S. (Königin), Hr. E. Lewinger, Julius Meixner, Karl Ernst
1872 *11. 2. 1872 Theater-Akade- mie, Wien	*Die Gustel von Blasewitz* Dramatisierte Anekdote in 1 Akt von Sigmund Schle- singer K. S. (Gustel), Hr. E. Lewinger

Sie schreibt an sich selbst
Lustspiel in 1 Akt nach dem Französischen von Carl
von Holtei
K. S. (Julie), Hr. E. Lewinger, Hr. Wonwermans

Die schöne Müllerin (La meunière de Marly)
Lustspiel in 1 Akt von Melesville (= Josephe Anne
Honoré Duveyrier) und Charles Duveyrier. Deutsche
Bearbeitung: Louis Schneider
K. S. (Denise, die Müllerin), Hr. Freitag

*6. 4. 1872
Königliches
Schauspielhaus,
Berlin
(K. S.'s Antritts-
rolle in einer Re-
pertoire-Auf-
führung)

Die Geschwister
Schauspiel in 1 Akt von Johann Wolfgang Goethe
K. S. (Marianne), Gustav Berndal, Ludwig Dahn

*4. 5. 1872
Königliches
Schauspielhaus,
Berlin
(Repertoire-
Aufführung)

Die Gustel von Blasewitz
Dramatisierte Anekdote in 1 Akt von Sigmund Schle-
singer
K. S. (Gustel), Ludwig Dahn, Paul Dehnicke, Max
Pohl

*8. 5. 1872
Königliches
Schauspielhaus,
Berlin

Spielt nicht mit dem Feuer
Lustspiel in 3 Akten von Gustav (Henrich Gans Edler)
zu Putlitz
K. S. (Minchen), Gustav Berndal, Auguste Taglioni,
Ludwig Dahn

*26. 5. 1872
Königliches
Schauspielhaus,
Berlin

Die Jungfrau von Orleans
Eine romantische Tragödie, 5 Akte und ein Prolog von
Friedrich Schiller
K. S. (Louison)

*27. 5. 1872
Königliches
Schauspielhaus,
Berlin

Jugendliebe
Lustspiel in 1 Akt von Adolf Wilbrandt
K. S. (Adelheid)

*Mai 1872
Königliches
Schauspielhaus,
Berlin
(Repertoire-
Aufführung)

Sie hat ihr Herz entdeckt
Lustspiel in 1 Akt von Wolfgang Müller von Königs-
winter
K. S. (Hedwig)

*19. 6. 1872
Kursaal-Theater
in Ems
(K. S. als Gast
des Königlichen
Hof-Theaters,
Berlin)

Sie hat ihr Herz entdeckt
Lustspiel in 1 Akt von Wolfgang Müller von Königs-
winter
K. S. (Hedwig), Hr. Baumann, Fr. Posinger, Hr.
Grübel

Jugendliebe
Lustspiel in 1 Akt von Adolf Wilbrandt
K. S. (Adelheid)

*27. 6. 1872
Kursaal-Theater
in Ems

Erziehungsresultate oder Guter und schlechter Ton
Lustspiel in 2 Akten von Alexandre Benoit
Decomberousse
Deutsche Bearbeitung von Karl Blum
K. S. (Margarethe Western)

Ein ungeschliffener Diamant
Posse in 1 Akt nach dem Englischen von Alexander
Bergen
K. S. (Margarethe), Hr. Baumann, Frl. Eppner und
Ferdinand Zimmermann (vom Königlichen Hof-Thea-
ter, Berlin)

*31. 7. 1872 Stadt-Theater in Baden	*Erziehungsresultate* oder Guter und schlechter Ton Lustspiel in 2 Akten von Alexandre Benoit Decomberousse. Deutsche Bearbeitung von Karl Blum K. S. (Margarethe Western), Antonie Klerr, Hr. L. Koritz, Josef Mayer
	Die Gustel von Blasewitz Dramatisierte Anekdote in 1 Akt von Sigmund Schle- singer K. S. (Gustel), Hr. L. Koritz, Carl Tiefel
*2. 8. 1872 Stadt-Theater in Baden	*Dorf und Stadt* Schauspiel in 2 Abteilungen und 5 Akten von Charlotte Birch-Pfeiffer, unter freier Benützung der Erzählung »Die Frau Professor« von Berthold Auerbach K. S. (Lorle)
*September 1872 Königliches Schauspielhaus, Berlin (Repertoire- Aufführung)	*Uriel Acosta* Trauerspiel in 5 Akten von Karl Gutzkow K. S. (Baruch Spinoza)
*6. 10. 1872 Königliches Schauspielhaus, Berlin	*Das Käthchen von Heilbronn* oder Die Feuerprobe Ein großes historisches Ritterschauspiel in 5 Akten von Heinrich von Kleist K. S. (Käthchen)
*8. 11. 1872 Königliches Schauspielhaus, Berlin	*Ein Schritt vom Wege* Lustspiel in 4 Akten von Ernst Wichert K. S. (Bertha), Maximilian Ludwig, Ernst Krause, Theodor Liedke

1873

*4. 3. 1873
Wiener Stadt-
Theater
(Antrittsrolle)

Das Käthchen von Heilbronn oder Die Feuerprobe
Ein großes historisches Ritterschauspiel in 5 Akten von
Heinrich von Kleist
K. S. (Käthchen), Carl Arnau, Karl Salomon, Amalie
Charles, Franz Tewele

*4. 4. 1873
Wiener Stadt-
Theater

Die Geschwister
Schauspiel in 1 Akt von Johann Wolfgang Goethe
K. S. (Marianne), Karl Salomon, Julius Fiala

*16. 4. 1873
Wiener Stadt-
Theater

Das Urbild des Tartuffe
Lustspiel in 5 Akten von Karl Gutzkow
K. S. (Madeleine, Schauspielerin), Franz Tewele, Em-
merich Robert, Karl Schönfeld, Dr. Rudolf Tyrolt,
August Vaillant

*24. 4. 1873
Wiener Stadt-
Theater

Heine's junge Leiden
Charakterbild in 3 Akten von A. Mels (= Martin Cohn)
K. S. (Ottilie Heine, Bankierstochter), Volkmar
Kühns, Louise Schönfeld, Katharina Frank, Dr. Ru-
dolf Tyrolt

*26. 4. 1873
Wiener Stadt-
Theater
(Repertoire-
Aufführung)

Die Karlsschüler
Schauspiel in 5 Akten von Heinrich Laube
K. S. (Laura), Eduard Otter, Amalie Charles, Louise
Schönfeld, Emmerich Robert, Carl Arnau

*2. 5. 1873
Wiener Stadt-
Theater

Der Abschreiber (Le copiste)
Schauspiel in 1 Akt von Henri Meilhac
K. S. (Juliette, Schauspielerin), Adolf Glitz, Carl Ar-
nau, Rudolf Urban, Wilhelm Ernst Heinrich

*7. 5. 1873 Wiener Stadt- Theater	*Nathan der Weise* Ein dramatisches Gedicht in 5 Akten von Gotthold Ephraim Lessing K. S. (Recha), Eduard Otter (Theodor Lobe), Günther Pettera, Karl Salomon, Carl Arnau, Siegwart Fried- mann
*19. 5. 1873 Grazer Landes- theater (Gastspiel)	*Dorf und Stadt* Schauspiel in 2 Abteilungen und 5 Akten von Charlotte Birch-Pfeiffer, nach der Erzählung »Die Frau Profes- sor« von Berthold Auerbach K. S. (Lorle)
*20. 5. 1873 Grazer Landes- theater (Gastspiel)	*Wildfeuer* Drama in 5 Akten von Friedrich Halm K. S. (René)
*29. 5. 1873 Stadt-Theater in Baden (Gastspiel)	*Das Käthchen von Heilbronn* oder Die Feuerprobe Ein großes historisches Ritterschauspiel in 5 Akten von Heinrich von Kleist K. S. (Käthchen), Carl Arnau
*31. 5. 1873 Wiener Stadt- Theater	*Die Unverschämten* (Les effrontés) Schauspiel in 5 Akten von Emile Augier K. S. (Clemence), Theodor Lobe
*17. 6. 1873 Wiener Stadt- Theater	*Zähmung der Widerspänstigen* (The taming of the shrew) Lustspiel in 4 Akten von William Shakespeare. Aus dem Englischen übersetzt von Wolf Graf von Baudis- sin; Bearbeitung: Johann Ludwig Deinhardstein K. S. (Katharina), Leopold Grève, Eduard Otter, Lau- ra Schuberth, Theodor Bollmann, Dr. Rudolf Tyrolt

*13. 6. 1873
Wiener Stadt-
Theater

Christoph und Renata oder Die Verwaisten
Lustspiel in 2 Akten von Karl Blum, frei nach dem
Französischen von Auvray (Auguste Laurencin)
K. S. (Renata), Theodor Bollmann, Louise Schönfeld,
Mathilde Kühle

*4. 7. 1873
Wiener Stadt-
Theater

Die Gräfin Somerive (La Comtesse de Somerive)
Schauspiel in 4 Akten von Théodore Barrière und Adèle
Regnauld de Prébois
K. S. (Alice Valory), Adolf Glitz, Franz Tewele, Maria
Boissier, August Vaillant

*9. 7. 1873
Stadt-Theater in
Baden
(Gastspiel)

Die bezähmte Widerspänstige (The taming of the
shrew) = Zähmung der Widerspenstigen
Lustspiel in 4 Akten von William Shakespeare. Aus dem
Englischen ins Deutsche übersetzt von Wolf Graf von
Baudissin; Bearbeitung: Johann Ludwig Deinhardstein
K. S. (Katharina), Leopold Grève, Johannes Mayer,
Anna Kotaun

*14. 7. 1873
Wiener Stadt-
Theater

Feuer in der Mädchenschule (Le feu au couvent)
Lustspiel in 1 Akt von Thédore Barrière. Deutsch von
Dr. August Förster
K. S. (Marie), Leopold Grève, Theodor Bollmann,
Franz Tewele

*21. 7. 1873
Wiener Stadt-
Theater

Faust (Der Tragödie erster Teil)
von Johann Wolfgang Goethe. (Einrichtung: Alexander Strakosch)
K. S. (Margarethe), Karl Salomon (Theodor Lobe),
Siegwart Friedmann, Mathilde Wagner, Emil Schönfeld

*6. 8. 1873
Wiener Stadt-
Theater

Spiel nicht mit dem Feuer
Lustspiel in 3 Akten von Gustav zu Putlitz
K. S. (Alice van Molden), Adolf Glitz, Maria Boissier,
Theodor Lobe, Karl Salomon, Dr. Rudolf Tyrolt
(K. S. spielt später statt der Rolle der Alice die des
Minchen)

*30. 8. 1873
Wiener Stadt-
Theater

Die einzige Tochter (Pierwsza lepsza)
Lustspiel in 2 Akten von Aleksandar Graf Fredro. Aus
dem Polnischen von Alexander Rosen (= Johann Carl
Duschek)
K. S. (Pauline von Szumbatinski), Theodor Reusche,
Leopold Grève, Fanny Schäffel, Theodor Bollmann

*6. 9. 1873
Wiener Stadt-
Theater

Ein armer Edelmann (Le gentilhomme pauvre)
Schauspiel in 2 Akten von Philippe Dumanoir und
Edouard Lafarque. Deutsch von Alexander Bergen
(= Marie Gordon)
K. S. (Madeleine von La Fresnaie), Siegwart Fried-
mann, Carl Arnau, Rudolf Urban, Louise Schönfeld

*13. 9. 1873
Wiener Stadt-
Theater

Montjoye, der moderne Egoist (Montjoye)
Schauspiel in 4 Akten und 1 Nachspiel von Octave
Feuillet
K. S. (Cecile), Leopold Grève, Maria Boissier, Theo-
dor Bollmann, Günther Pettera

*29. 9. 1873
Wiener Stadt-
Theater

Diplomatische Fäden
Lustspiel in 3 Akten von Friedrich Wilhelm Hack-
länder
K. S. (Anna Helbach), Ernestine Wiehler, Theodor
Bollmann, Siegwart Friedmann

*9. 10. 1873
Wiener Stadt-
Theater

Das Waldfräulein
Lustspiel in 4 Akten von Marie von Ebner-Eschenbach
K. S. (Sarah Hochburg), Günther Pettera, Franz Tewele, Emil Schönfeld, Ernestine Wiehler, Siegwart Friedmann

*4. 11. 1873
Wiener Stadt-
Theater

Zwei Schüchterne (Les deux timides)
Lustspiel in 1 Akt von Antoine Marc-Michel und Eugène Labiche
K. S. (Cäcilie Thibaudier), Theodor Reusche, Dr. Rudolf Tyrolt, Theodor Bollmann, Mary Mery

*14. 11. 1873
Wiener Stadt--
Theater

Sappho
Trauerspiel in 5 Akten von Franz Grillparzer
K. S. (Melitta), Katharina Frank, Maria Boissier, Adolf
Glitz

*19. 11. 1873
Wiener Stadt-
Theater

König Richard III. (The tragedy of King Richard the
Third)
Trauerspiel in 5 Akten von William Shakespeare. Mit
Benützung der Schlegel'schen und Keller'schen Über-
setzung aus dem Englischen. Musik: Anton Emil Titl
K. S. (Richard, Herzog von York), Siegwart Fried-
mann, Alexander Senger, Leopold Grève, Theodor
Bollmann, Emil Schönfeld

*6. 12. 1873
Wiener Stadt-
Theater

Ein Engel
Lustspiel in 3 Akten von Julius Rosen
K. S. (Gertrud), Franz Tewele, Adolf Glitz, Emil
Schönfeld, Mathilde Kühle, Mathilde Wagner

*13. 12. 1873
Wiener Stadt-
Theater

Feenhände (Les doigts de fée)
Lustspiel in 5 Akten von Eugène Scribe. Deutsch von
Theodor Gassmann
K. S. (Frau von Berny), Adolf Glitz, Mathilde Kühle,
Ernestine Wiehler, Leopold Grève, Siegwart Fried-
mann

1874
*3. 1. 1874
Wiener Stadt-
Theater

Sakuntala
Schauspiel in 5 Akten, frei nach Kalidasa's altindischem
Drama, von Alfred Freiherr von Wolzogen
K. S. (Büßermädchen Priamwada), Katharina Frank,
Karl Salomon, Leopold Grève, Günther Pettera

*12. 1. 1874
Wiener Stadt-
Theater

Die Wahrheit lügt
Lustspiel in 3 Akten von Adolf Wilbrandt
K. S. (Agnes), Günther Pettera, Theodor Bollmann,
Mathilde Kühle, Franz Tewele

*18. 1. 1874 Wiener Stadt- Theater	*Die biedern Landleute* (Nos bons villageois) Lustspiel in 5 Akten von Victorien Sardou K. S. (Geneviève), Leopold Grève, Wilhelm Ernst Heinrich, Hugo Ranzenberg, Dr. Rudolf Tyrolt
*29. 1. 1874 Wiener Stadt- Theater	*Cato von Eisen* Lustspiel in 3 Akten von Heinrich Laube (nach einer Grundidee des Mexikaners Manuel Eduarde de Gorostiza) K. S. (Bertha von Eltvil), Karl von Bukovics, Franz Tewele, Dr. Rudolf Tyrolt, Theodor Reusche, Hermi- ne Albrecht
*17. 2. 1874 Wiener Stadt- Theater	*Schwere Zeiten* Lustspiel in 4 Akten von Julius Rosen K. S. (Therese Strunk), Theodor Reusche, Louise Schönfeld, Leopold Grève, Karl Schönfeld, Franz Te- wele
*10. 3. 1874 Wiener Stadt- Theater	*Serafine* (Séraphine) Schauspiel in 5 Akten von Victorien Sardou K. S. (Yvonne), Maria Boissier, August Vaillant, Erne- stine Wiehler, Leopold Grève, Adolf Glitz, Dr. Rudolf Tyrolt
*16. 3. 1874 Wiener Stadt- Theater	*Untröstlich* Original-Lustspiel in 1 Akt von Meier K. S. (Auguste), Mathilde Kühle, Leopold Grève, Wil- helm Ernst Heinrich, Franz Tewele
*26. 3. 1874 Stadt-Theater in Brünn (Gastspiel)	*Dorf und Stadt* Schauspiel in 2 Abteilungen und 5 Akten von Charlotte Birch-Pfeiffer, unter freier Benützung der Erzählung »Die Frau Professor« von Berthold Auerbach K. S. (Lorle), Emil Hevart, J. Karl Folnes, Hans Lort- zing, Heinrich Bergmann, Judith Schwarzenberg

*29. 3. 1874
Stadt-Theater in
Brünn
(Gastspiel)

Das Käthchen von Heilbronn oder Die Feuerprobe
Ein großes historisches Ritterschauspiel in 5 Akten von
Heinrich von Kleist
K. S. (Käthchen), Adolf v. Sonnenthal, Heinrich Berg-
mann, Eugen Witte

* März 1874
Stadt-Theater in
Brünn
(Gastspiel)

Aschenbrödel
Schauspiel in 4 Akten von Rochus Benedix
K. S. (Elfriede), Frl. Hermine Albrecht, Ernestine
Krzischek, J. Karl Folnes, Karl Ernst, Georg Stein-
müller

*10. 4. 1874
Wiener Stadt-
Theater

Der Königslieutnant
Lustspiel in 4 Akten von Karl Gutzkow
K. S. (Wolfgang Goethe), Eduard Otter, Louise
Schönfeld, Emil Schönfeld, Dr. Rudolf Tyrolt, Sieg-
wart Friedmann

*28. 8. 1874
Wiener Stadt-
Theater

Der Damenkrieg (Bataille de dames, ou Un duel en
amour)
Lustspiel in 3 Akten von Eugène Scribe und Ernest
Legouvé
K. S. (Leonie von Villegontier), Ernestine Wiehler,
Franz Tewele, Adolf Glitz, Leopold Grève

1875
November
1874 / Frühjahr
1875
April/Mai 1875
Armonia-Thea-
ter in Triest

Gastspiel am Deutschen Theater in St. Petersburg
Gastspiel von K. S. in Triest. Neben Rollen aus ihrem
Repertoire übernimmt sie auch neue Rollen:
Die Seiltänzerin (La cigalle)
Komödie in 3 Akten von Henri Meilhac und Ludovic
Halévy
K. S. (»Die Grille«)
Schwarzer Peter
Schwank in 1 Akt von Carl August Görner
K. S. (Rosa)

*20. 9. 1875
Wiener Stadt-
Theater
(Antrittsrolle im
neuem Engage-
ment)

Biegen oder brechen
Lustspiel in 4 Akten von Ernst Wichert
K. S. (Felicitas), Franz Tewele, Louise Schönfeld,
Adolf Glitz, Leopold Grève, Dr. Rudolf Tyrolt

*6. 10. 1875
Wiener Stadt-
Theater

Ein Fallissement (En fallit)
Schauspiel in 4 Akten von Björnstjerne Björnson (nor-
wegisch)
K. S. (Signe), Carl Arnau, Nina Weisse, Leopold
Grève, Dr. Rudolf Tyrolt, Eugen Zocher

*10. 10. 1875
Wiener Stadt-
Theater
(K. S. über-
nimmt die Rolle
in dieser Reper-
toire-Auffüh-
rung)

Böse Zungen
Lustspiel in 5 Akten von Heinrich Laube
K. S. (Hertha), Amalie Charles, Hermine Albrecht,
Leopold Grève, Carl Arnau, Ernestine Wiehler-Ty-
rolt, Dr. Rudolf Tyrolt, Karl Schönfeld

*16. 10. 1875
Wiener Stadt-
Theater

Die Frau ist zu schön (Madame est trop belle)
Lustspiel in 3 Akten von Eugène Labiche und Alfred
Duru
K. S. (Jeanne), Karl von Bukowics, Adolf Glitz, Leo-
pold Grève, Emil Schönfeld, Ernestine Wiehler-Tyrolt

*4. 12. 1875
Wiener Stadt-
Theater

Der Herr Präfect (Le panache)
Lustspiel in 3 Akten von Edmond Gondinet
K. S. (Cadisette), Karl von Bukowics, Leopold Grève,
Franz Tewele, Ernestine Wiehler-Tyrolt, Fanny
Schäffel

*25. 12. 1875
Wiener Stadt-
Theater

Epidemisch
Schwank in 4 Akten von Jean Baptiste Schweitzer
K. S. (Fähnrich Alfred von Seideneck), Leopold Grève,
Ernestine Wiehler-Tyrolt, Karl von Bukovics, Franz
Tewele, Louise Valberg, Dr. Rudolf Tyrolt

1876
*6. 1. 1876   *Die reiche Erbin*
Wiener Stadt-   Modernes Lustspiel in 2 Akten von Eduard von Bau-
Theater   ernfeld
                 K. S. (Georgine Brown), Franz Tewele, Wilhelm Frei-
                 herr von Hoxar, Frl. Recker, Adolf Glitz, Dr. Rudolf
                 Tyrolt

                 Ein altes Recht
                 Komödie in 1 Akt von Eduard von Bauernfeld
                 K. S. (Margareth), Franz Tewele, Wilhelm Ernst Hein-
                 rich, Theodor Lobe, Hanns Winand (als Gast)

*17. 1. 1876   *Der neueste Scandal* (Les scandales d'hier)
Wiener Stadt-   Komödie in 3 Akten von Théodore Barrière
Theater   K. S. (Julie Letellier, Vorleserin des Marquis Lipari), Em-
                 merich Robert, Adolf Glitz, Ernestine Wiehler-Tyrolt,
                 Dr. Rudolf Tyrolt, Siegwart Friedman, Louise Schönfeld

*28. 1. 1876   *Großstädtisch*
Wiener Stadt-   Schwank in 4 Akten von Jean Baptiste Schweitzer
Theater   K. S. (Hulda, Dienstmädchen), Leopold Grève, Erne-
                 stine Wiehler-Tyrolt, Dr. Rudolf Tyrolt, August Bas-
                 sermann, Theodor Bollmann, Frl. A. Flemming, Fan-
                 ny Schäffel

*21. 2. 1876   *Hanns Wurst, der traurige Küchelbäcker und sein*
Wiener Stadt-   *Freund in der Noth*
Theater   *Vier Jahrhunderte – historisches Lustspieltheater*, Epi-
                 sode von Gottlieb Prehauser
                 K. S. (Wirtschafterin Leni), Karl von Bukowics, Franz
                 Tewele, Hugo Ranzenberg, Louise Schönfeld

*4. 3. 1876   *Demi-Monde* (Le demi-monde)
Wiener Stadt-   Komödie in 5 Akten von Alexandre Dumas fils
Theater   K. S. (Marcelle von Sancenaur), Franz Tewele, Leo-
                 pold Grève, Carl Arnau, August Bassermann und Ma-
                 rie Geistinger als Gast

*20. 3. 1876 Wiener Stadt- Theater	*Citronen* Lustspiel in 4 Akten von Julius Rosen K. S. (Marie Scherr), Leopold Grève, Adolf Glitz, Franz Tewele, Dr. Rudolf Tyrolt, Hermine Albrecht
	Das Versprechen hinter'm Herd Scenen aus den österreichischen Alpen in 1 Akt von Alexander Baumann K. S. (Nandl, Almerin), Karl von Bukowics, Franz Tewele, Dr. Rudolf Tyrolt
*1. 4. 1876 Wiener Stadt- Theater (auch bei Gast- spiel im Deut- schen Theater in der Wollgasse, Budapest)	*Die Danischeff's* (Les Danicheff) Schauspiel in 4 Akten von Alexandre Dumas fils, P. de Corvin und Peter Newski K. S. (Anna), August Bassermann, Nina Weisse, Hugo Ranzenberg, Karl von Bukovics, Franz Tewele, Dr. Rudolf Tyrolt
*10. 4. 1876 Wiener Stadt- Theater	*Die Neuvermählten* (De nygifte) Lustspiel in 2 Akten von Björnstjerne Björnson. Aus dem Norwegischen ins Deutsche übersetzt von Wil- helm Lange K. S. (Laura), Karl von Bukovics, Adolf Glitz, Louise Schönfeld, Nina Weisse
	Der Seelenretter Lustspiel in 1 Akt von Hedwig Dohm K. S. (Lotte), Hugo Ranzenberg, August Bassermann
*21. 4. 1876 Wiener Stadt- Theater	*Therese Krones* Genrebild in 4 Akten von Carl Haffner. Musik: Adolf Müller sen. K. S. (Therese Krones), Dr. Rudolf Tyrolt, Carl Ar- nau, Leopold Grève, Adolf Glitz, Alfons Waldemar

255

*25. 6. 1876 *Minna von Barnhelm* oder Das Soldatenglück
Wiener Stadt-   Lustspiel in 5 Akten von Gotthold Ephraim Lessing
Theater   K. S. (Franziska), Leopold Grève, Nina Weisse

*17. 9. 1876 *Monaldeschi*
Wiener Stadt-   Tragödie in 5 Akten von Heinrich Laube
Theater   K. S. (Sylva), Emmerich Robert (als Gast), Leopold
          Grève, August Vaillant, Karl von Bukovics

*7. 10. 1876 *Der große Wurf*
Wiener Stadt-   Lustspiel in 4 Akten von Julius Rosen
Theater   K. S. (Friederike Kolberg), Karl von Bukovics, Franz
          Tewele, Leopold Grève, Frl. A. Flemming, Anna
          Scholz-Saar

*31. 10. 1876 *Der Verschwender*
Wiener Stadt-   Original-Zaubermärchen in 3 Akten mit Musik von
Theater   Ferdinand Raimund, Musik: Konradin Kreutzer
          K. S. (Rosa), Emmerich Robert, Dr. Rudolf Tyrolt,
          Leopold Grève

*11. 11. 1876 *O, diese Männer!*
Wiener Stadt-   Schwank in 4 Akten von Julius Rosen
Theater   K. S. (Franziska), Karl von Bukovics, Louise Schön-
          feld, Hermine Albrecht, Leopold Grève, Adolf Glitz,
          August Bassermann

*16. 12. 1876 *Hotel Godelot* (L'Hôtel Godelot)
Wiener Stadt-   Schwank in 3 Akten von Victorien Sardou und Henri
Theater   Crisafulli
          K. S. (Miette), Karl von Bukovics, Adolf Glitz, Theo-
          dor Bollmann, Franz Tewele, Louise Valberg

*29. 12. 1876 *Die Grille bei den Ameisen* (La cigalle chez les fourmis)
Wiener Stadt-   Lustspiel in 1 Akt von Eugène Labiche und Ernest
Theater   Legouvé
          K. S. (Henriette Chameroy), Adolf Glitz, Karl von
          Bukovics, Louise Schönfeld

1877
*13. 1. 1877   *Der Alpenkönig und der Menschenfeind*
Wiener Stadt-   Romantisch-komisches Märchen in 3 Akten von Ferdi-
Theater   nand Raimund
K. S. (Lieschen), Dr. Rudolf Tyrolt, Franz Tewele,
August Bassermann, Amelie Charles-Leitenberger,
Wilhelm Ernst Heinrich

*19. 2. 1877   *Er bezaubert*
Wiener Stadt-   Komödie in 3 Akten von Louis Leroy (französisch)
Theater   K. S. (Renée), August Vaillant, Emmerich Robert,
Franz Tewele

Frauen-Emancipation
Lustspiel in 1 Akt von Carl Sonntag
K. S. (Friederike), Theodor Bollmann, Mathilde Wag-
ner, Franz Tewele

*8. 3. 1877   *Freund Fritz* (L'ami Fritz)
Wiener Stadt-   Ländliches Sittengemälde in 3 Akten von Erckman-
Theater   Chatrian (= Emile Erckman und Alexandre Chatrian).
Musik: Ludwig Gothov-Grünecke
K. S. (Susel), August Bassermann, Theodor Lobe, Dr.
Rudolf Tyrolt, Leopold Grève

*24. 3. 1877   *Dora* (Dora)
Wiener Stadt-   Pariser Sittengemälde in 5 Akten von Victorien Sardou
Theater   K. S. (Dora), Louise Schönfeld, Nina Weisse, Leopold
Grève, Ernestine Wiehler-Tyrolt, Dr. Rudolf Tyrolt,
Adolf Glitz

*27. 4. 1877   *Schwarzer Peter*
Wiener Stadt-   Schwank in 1 Akt von Carl August Görner
Theater   K. S. (Rosa), Karl von Bukovics, August Bassermann

Feinde
Original-Lustspiel in 3 Akten von Julius Rosen
K. S. (Charlotte), August Bassermann, Hermine
Albrecht, Dr. Rudolf Tyrolt

257

*12. 5. 1877
Wiener Stadt-
Theater

Die Journalisten
Lustspiel in 5 Akten von Gustav Freytag
K. S. (Adelheid von Runeck), Marie Saldern, Hugo
Ranzenberg, Franz Tewele, Theodor Bollmann

*14. 5. 1877
Wiener Stadt-
Theater

Die Liebe auf dem Lande
Lustspiel in 2 Akten von August Wilhelm Iffland
K. S. (Margaretha), Leopold Grève, Mathilde Wagner,
Wilhelm Ernst Heinrich, August Bassermann, Fanny
Schäffel

(K. S. über-
nimmt die Rolle
von Maria Klä-
ger, die jene bei
der Premiere am
17. 10. 1873 in-
nehatte)

Mein Glücksstern (Mon étoile)
Lustspiel in 1 Akt von Eugène Scribe
K. S. (Hausmädchen Josseline), Wilhelm Ernst Hein-
rich, Adolf Glitz, Franz Tewele, Ernestine Wiehler-
Tyrolt

*8. 6. 1877
Wiener Stadt-
Theater

Der Pfarrer von Kirchfeld
Volksstück mit Gesang in 4 Akten von Ludwig Anzen-
gruber. Musik: Adolf Müller sen.
K. S. (Anna Birmeier, ein Dirndl aus St. Jakob in der
Einöd), Leopold Grève, August Bollmann, Dr. Rudolf
Tyrolt

*27. 9. 1877

Unsere Verbündeten
Lustspiel in 3 Akten nach dem Französischen von
Moreau
K. S. (Henriette Doley), Franz Tewele, Karl von Buko-
vics, Ludmilla Dietz, August Bassermann

*10. 10. 1877
Wiener Stadt-
Theater

In die Mode gebracht
Dramatischer Scherz in 1 Akt von F. Zell (= Camillo
Walzel) nach einem Stoff von Henri Meilhac
K. S. (Martha), Marie Saldern, Franz Tewele

*17. 10. 1877   *Größenwahn*
Wiener Stadt-   Lustspiel in 4 Akten von Julius Rosen
Theater   K. S. (Hedwig), August Bassermann, Wilhelm Ernst
                 Heinrich, Ludmilla Dietz, Louise Schönfeld, Hermine
                 Albrecht, Adolf Glitz

*12. 11. 1877   *Durch die Intendanz*
Wiener Stadt-   Preis-Lustspiel in 5 Akten von Elise Henle
Theater   K. S. (Hedwig), Adolf Glitz, Wilhelm Ernst Heinrich,
                 Hermine Albrecht, Albrecht Herzfeld, Leopold Grève

*23. 11. 1877   *Marmorherzen* (Les filles de marbre)
Wiener Stadt-   Schauspiel in 5 Akten von Théodore Barrière und
Theater   Lambert Thiboust
                 K. S. (Thea/Maria; Doppelrolle), Emmerich Robert,
                 Hugo Ranzenberg, Nina Weisse, Marie Saldern

*4. 12. 1877   *Es läutet* (Madame attend Monsieur)
Wiener Stadt-   Lustspiel in 1 Akt von Henri Meilhac und Ludovic
Theater   Halévy (französisch)
                 K. S. (Auguste Pidoux, Kammerfrau), Franz Tewele

*13. 12. 1877   *Neue Liebe*
Wiener Stadt-   Schauspiel von Gottlieb Ritter nach einem Stoff von
Theater   Alfonse Daudet (französisch) in 3 Akten
                 K. S. (Zia), Emmerich Robert, Theodor Lobe, Leopold
                 Grève, Dr. Rudolf Tyrolt, Louise Schönfeld

1878
*5. 1. 1878   *Das neue Kleid* oder Moralische Verpflichtungen
Wiener Stadt-   Posse in 5 Akten von O. F. Berg (= Otto Franz Ebers-
Theater   berg
                 K. S. (Minna), August Bassermann, Karl von Buko-
                 vics, Franz Tewele, Leopold Grève, Dr. Rudolf Ty-
                 rolt, Rosa Purkholzer

*1. 2. 1878 Wiener Stadt- Theater	*Die Seiltänzerin* (La cigalle) Komödie in 3 Akten von Henri Meilhac und Ludovic Halévy. Deutsch von Paul Blumenreich K. S. (»Grille«), Dr. Rudolf Tyrolt, August Basser- mann, Franz Tewele, Leopold Grève
*15. 2. 1878 Wiener Stadt- Theater	*Die neue Magd* Schwank in 1 Akt von M. A. Grandjean (= Moritz Engländer) K. S. (Resi), Wilhelm Ernst Heinrich, Ludmilla Dietz
	Eifersucht steckt an Lustspiel in 1 Akt von Théodore Barrière (französisch) K. S. (Camilla, Marcelly's Frau), Albrecht Herzfeld (als Gast), August Bassermann, Wilhelm Ernst Hein- rich
*8. 3. 1878 Grünes Tor, Wien	*Eine Singlektion* Eine Duo-Scene von Ludwig Gothov-Grünecke mit Musik K. S. (Die Schülerin) In dieser musikalisch-deklamatorischen Benefiz-Soirée trat auch Alexander Girardi mit einem »Komischen Vortrag« auf.
*11. 3. 1878 Wiener Stadt- Theater	*Im Rollstuhl* Dramatischer Scherz in 1 Akt (anonym) K. S. (Helene), Karl von Bukovics, Theodor Bollmann, Louise Schönfeld, Rosa Purkholzer
	Passionen Schwank in 1 Akt von Franz Heidrich, nach dem Französischen von Edouard Brisebarre K. S. (Adele von Foulon), Albrecht Herzfeld (als Gast), August Bassermann, Marie Marberg

*28. 3. 1878 Wiener Stadt- Theater	*Der Clubb* (Le club) Lustspiel in 3 Akten von Edmond Gondinet und F. Cohen K. S. (Agathe), Emmerich Robert, August Basser- mann, Dr. Rudolf Tyrolt, Leopold Grève, Helene Wewerka
*15. 4. 1878 Wiener Stadt- Theater	*Dilettanten* Lustspiel in 4 Akten von Julius Rosen K. S. (Katharina, verehelichte von Starke), Albrecht Herzfeld, August Bassermann, Karl von Bukovics, Hermine Albrecht, Amalie Charles
*29. 4. 1878 Wiener Stadt- Theater	*Der Unsichtbare* Schwank in 1 Akt von Emmerich von Bukovics K. S. (Rita, Stubenmädchen bei Sonneck), Karl von Bukovics, Amalie Charles, Leopold Grève
*13. 5. 1878 Wiener Stadt- Theater (Repertoire- Vorstellung) Übernimmt Rolle von Augu- ste Baudius-Wil- brandt (Gast)	*Miss Susanne* (Miss Suzanne) Lustspiel in 4 Akten von Ernest Legouvé. Deutsch von Dr. August Förster (und Bearbeitung) K. S. (Laurence), August Bassermann, Karl von Buko- vics, Leopold Grève, Helene Wewerka
Mai 1878	Gastspiel des Wiener Stadt-Theaters in Budapest
*27. 5. 1878 Wiener Stadt- Theater	*Ohne Vater und Mutter* (Les deux orphelins) Schauspiel von Eugène Cormon und Adolphe-Philippe Dennery K. S. (Gabriele), Theodor Lobe, August Bassermann, Wilhelm Ernst Heinrich, Jan Edgar
1.–13. 6. 1878	Gastspiel des Wiener Stadt-Theaters in Graz

15.–31. 6. 1878	Gastspiel des Wiener Stadt-Theaters in Prag

*10. 9. 1878
Wiener Stadt-
Theater

Lady Tartuffe (Lady Tartuffe)
Schauspiel in 5 Akten von Delphine de Girardin.
Deutsch von Heinrich Laube
K. S. (Jeanne), Karl von Bukovics, Gustav Kadelburg,
Louise Schönfeld, Wilhelm Ernst Heinrich, Dr. Rudolf
Tyrolt, August Bassermann

*18. 9. 1878
Wiener Stadt-
Theater

Hanns und Grete
Schauspiel in 5 Akten von Friedrich Spielhagen
K. S. (Grete), Jan Edgar, Dr. Rudolf Tyrolt, Wilhelm
Ernst Heinrich, Ernestine Wiehler-Tyrolt, Hugo Ran-
zenberg, Gustav Kadelburg

22. 10. 1878
Wiener Stadt-
Theater

Ja, so sind wir!
Schwank in 4 Akten von Julius Rosen
K. S. (Therese), Louise Schönfeld, Leopold Grève,
Gustav Kadelburg, Karl von Bukovics, Marie Marberg

*27. 10. 1878
Wiener Stadt-
Theater
(K. S. übernahm
die Rolle von
Auguste Wil-
brandt-Baudius,
die vorher
gastierte)

Auf den Brettern
Schauspiel in 3 Akten von Adolf Wilbrandt
K. S. (Therese Teinach), Adolf Mylius, Karl von Buko-
vics, Hugo Ranzenberg, Wilhelm Ernst Heinrich

*7. 11. 1878
Wiener Stadt-
Theater

Haus Fourchambault (Les Fourchambault)
Schauspiel in 5 Akten von Emile Augier. Deutsch von
Gottlieb Ritter (Theophil Zolling)
K. S. (Blanche), Dr. Rudolf Tyrolt, Ernestine Wiehler-
Tyrolt, August Bassermann, Katharina Frank, Leo-
pold Grève

*28. 11. 1878 *Vom Touristenkränzchen*
Wiener Stadt-   Schwank in 1 Akt von F. Zell (= Camillo Walzel)
Theater   K. S. (Julie), Dr. Rudolf Tyrolt, Hr. Neustätter

*8. 12. 1878   *Frauenlist* (Perfide comme l'onde)
Wiener Stadt-   Lustspiel in 2 Akten von Octave Gastineau. Deutsch
Theater   von Louis Gauthier
              K. S. (Stubenmädchen), Karl von Bukovics, Hermine
              Albrecht, Mathilde Wagner, Eugen Witte

              Ehemann auf Probe
              Lustspiel in 1 Akt von Betty Young
              K. S. (Emma von Falken), Leopold Grève, Ludmilla
              Dietz, August Bassermann

1879
*4. 1. 1879   *Prinz Friedrich*
Wiener Stadt-   Schauspiel in 5 Akten von Heinrich Laube
Theater   K. S. (Prinzessin Wilhelmine), Adolf Mylius, Nina
              Weisse, Theodor Lobe, Leopold Grève, Gustav Kadel-
              burg, Dr. Rudolf Tyrolt. (Ab 25. 1. 1880 spielte K. S.
              die Rolle der »Doris Ritter«.)

*11. 1. 1879 *Nervus rerum*
Wiener Stadt-   Schwank in 4 Akten von Julius Rosen
Theater   K. S. (Regina), Leopold Grève, August Bassermann,
              Gustav Kadelburg, Karl von Bukovics, Dr. Rudolf
              Tyrolt

*23. 1. 1879 *Zwischen zwei Stühlen*
Wiener Stadt-   Lustspiel in 2 Akten von Moritz Brée
Theater   K. S. (Ella), Wilhelm Ernst Heinrich, Hermine
              Albrecht, August Bassermann, Gustav Kadelburg,
              Leopold Grève, Karl von Bukovics

*15. 2. 1879 Wiener Stadt- Theater	*Die Wiener in Stuttgart* Komödie in 5 Akten von anonym K. S. (Edith, Bartach's Mündel), Dr. Rudolf Tyrolt, Hermine Albrecht, August Bassermann, Gustav Ka- delburg
24. 2. 1879 Wiener Stadt- Theater	*Der doppelt Miradour* (Les vieilles couches) Schwank in 3 Akten von Edmond Gondinet K. S. (Noemi), Karl von Bukovics, Hugo Ranzenberg, Leopold Grève, Gustav Kadelburg, Dr. Rudolf Tyrolt
*3. 4. 1879 Wiener Stadt- Theater	*Der Kopf auf dem Bilde* Lustspiel in 1 Akt von Sigmund Schlesinger K. S. (Clothilde, Bankiersfrau), Leopold Grève, Karl von Bukovics, Ernestine Wiehler-Tyrolt *Das Ei des Columbus* Lustspiel in 2 Akten von Julius Rosen K. S. (Ottilie, verehelichte Hamburger), Dr. Rudolf Tyrolt, Karl von Bukovics, Louise Schönfeld, Leopold Grève, Marie Marberg
*15. 4. 1879 Wiener Stadt- Theater	*Die Blume von Tlemcen* (La fleur de Tlemcen) Lustspiel in 1 Akt von Ernest Legouvé, nach »Les deux héritiers«, der Novelle von Prosper Mérimée K. S. (Julie), Louise Schönfeld, Leopold Grève, Fanny Schäffel
*24. 4. 1879 Wiener Stadt- Theater (Galaaufführung zum 25. Hoch- zeitsjubiläum des Kaiser- paares)	*Ein Sommernachtstraum* (A midsummer-night's dream) Märchenspiel in 5 Akten von William Shakespeare. Deutsch von August Wilhelm von Schlegel K. S. (Prolog-Sprecherin), Leopold Grève, Karl von Bukovics, Nina Weisse, Sophie Eckstein

*17. 9. 1879   *Aschenbrödel*
Arena in Baden   Schauspiel in 4 Akten von Roderich Benedix
(Gastspiel)   K. S. (Elfriede), Josef Mayer, Leopoldine Treumann

1880
*30. 1. 1880   *Mit dem Strome*
Wiener Stadt-   Lustspiel in 4 Akten von Marie von Ernest
Theater   K. S. (Lilla), August Bassermann, Siegwart Friedmann,
            Karl von Bukovics, Hermine Albrecht, Leopold Grève

*5. 2. 1880   *Rokoko* oder Die alten Herren
Wiener Stadt-   Lustspiel in 5 Akten von Heinrich Laube nach dem
Theater   Französischen
(Antrittsrolle im   K. S. (Marquise von Pompadour), Theodor Lobe,
neuen Gast-   Albin Swoboda, August Bassermann
engagement)

*23. 2. 1880   *Ein ungeschliffener Diamant*
Wiener Stadt-   Genrebild nach dem Englischen in 1 Akt von Alexander
Theater   Bergen
            K. S. (Margerethe Immergrün), Leopold Grève, Erne-
            stine Wiehler-Tyrolt, August Bassermann

12. 11. 1880   *Freund Fritz* (L'ami Fritz)
Wiener Stadt-   Ländliches Sittengemälde in 3 Akten von Erckman-
Theater   Chatrian (= Emile Erckman und Alexandre Chatrian).
(Repertoire-   Musik: Ludwig Gothov-Grünecke
Vorstellung mit   K. S. (Susel), Eugen Witte, Siegwart Friedmann, Theo-
neuer Beset-   dor Bollmann
zung; K. S.
nimmt ihre Rolle
von 1877 wieder
auf)

*20. 11. 1880   *Die kleine Mama* (La petite mère)
Wiener Stadt-   Lustspiel in 3 Akten von Henri Meilhac und Ludovic
Theater   Halévy
            K. S. (Brigitte), Friedrich Mitterwurzer (als Gast), Karl
            von Bukovics, Ernestine Wiehler-Tyrolt, Frl. M. Dora

*30. 11. 1880 Wiener Stadt- Theater	*Die Verschwörung der Hofdamen* Dramatisierte Anekdote in 2 Akten von Sigmund Schlesinger K. S. (Seraphine), Friedrich Mitterwurzer (als Gast), Dr. Rudolf Tyrolt, Ernestine Wiehler-Tyrolt, Siegwart Friedmann (als Gast)
*6. 12. 1880 Wiener Stadt- Theater	*Duelle* Sittenbild in 3 Akten von Emil Arten (= Marcelin Adalbert Reitler) K. S. (Bertha Dürenstein), Friedrich Mitterwurzer (als Gast), Siegwart Friedmann (als Gast), Anna Versing- Hauptmann, Rudolf Leyrer
*18. 12. 1880 Wiener Stadt- Theater (Neuinszenie- rung)	*Schwere Zeiten* Lustspiel in 4 Akten von Julius Rosen K. S. (Therese Strunk), Eugen Witte, Ernestine Wieh- ler-Tyrolt, Anna Versing-Hauptmann, Hermine Albrecht und Siegwart Friedmann (als Gast)
*21. 12. 1880 Wiener Stadt- Theater	*Der Ball zu Ellersbrunn* Lustspiel in 4 Akten von Karl Blum K. S. (Hedwig), Friedrich Mitterwurzer (als Gast), Wilhelm Ernst Heinrich, Dr. Rudolf Tyrolt, Ernestine Wiehler-Tyrolt
*30. 12. 1880 Wiener Stadt- Theater	*Ein Selbstmord* (Il suicidio) Schauspiel in 5 Akten von Paolo Ferrari (italienisch) K. S. (Clotilda Camporeggio), Friedrich Mitterwurzer (als Gast), Dr. Rudolf Tyrolt, Hermine Albrecht, Wil- helm Ernst Heinrich, Rudolf Leyrer
1881 *14. 1. 1881 Wiener Stadt- Theater	*Der Mann in der Flasche* Lustspiel in 4 Akten von Julius Rosen K. S. (Ursula), Friedrich Mitterwurzer (als Gast), Eu- genie Lenau

266

*22. 1. 1881
Wiener Stadt-
Theater

Die Goldprobe (La pierre de touche ou: L'héritier du comte)
Komödie in 5 Akten von Emile Augier und Jules Sandeau. Deutsch von Karl Saar
K. S. (Friedrike), Friedrich Mitterwurzer (als Gast), Marie Marberg, Dr. Rudolf Tyrolt

*4. 2. 1881
Wiener Stadt-
Theater

Ich bitte um's Wort
Schwank in 4 Akten von Oskar Blumenthal. Musik: Franz Roth
K. S. (Gretchen von Stolp), Friedrich Mitterwurzer (als Gast), Karl von Bukovics, Mathilde Wagner, Dr. Rudolf Tyrolt

*12. 2. 1881
Wiener Stadt-
Theater

Ein Lustspiel aus dem Leben
Lustspiel in 4 Akten von Wilhelm Mejo. Musik: Franz Roth
K. S. (Else), Karl von Bukovics, Friedrich Mitterwurzer (als Gast), Rudolf Leyrer

*30. 3. 1881
Wiener Stadt-
Theater

Die Grille
Ländliches Charakterbild in 5 Akten von Charlotte Birch-Pfeiffer, nach der Erzählung »La petite Fadette« von George Sand
K. S. (Fanchon), Karl von Bukovics, Mathilde Wager, Anna Versing-Hauptmann

*23. 4. 1881
Wiener Stadt-
Theater

Laurianne
Lustspiel in 3 Akten von Louis Leroy (französisch)
K. S. (Emmeline)

*19. 5. 1881
Deutsches Thea-
ter in der Woll-
gasse, Budapest
(Gastspiel)

Die kleine Mama (La petite mère)
Lustspiel in 3 Akten von Henri Meilhac und Ludovic Halévy
K. S. (Brigitte), Julius Epstein, Theodor Bollmann, Adolf Rott

1882

Februar 1882   Gastspiel am Thalia-Theater in New York
                      (Repertoire-Rollen: Cyprienne u. a.)

*20. 11. 1882   *Cyprienne* (Divorçons!)
Theater an der   Lustspiel in 3 Akten von Victorien Sardou und Emile de
Wien   Najac. Deutsch von Oskar Blumenthal
(Gastspiel)   K. S. (Cyprienne), Alexander Girardi, Karl Saar, Leo-
                      pold Grève, Leo Friedrich

1883

                      Gastspiele in Czernowitz, Riga u. a.
                      (Repertoire-Stücke: Cyprienne, Dorf und Stadt,
                      Aschenbrödel u. a.)

*10. 11. 1883   *Dorf und Stadt*
Burgtheater   Schauspiel in 2 Abteilungen und 5 Akten von Charlotte
(Antrittsrolle;   Birch-Pfeiffer, unter freier Benützung der Erzählung
Repertoire-Vor-   »Die Frau Professor« von Berthold Auerbach
stellung   K. S. (Lorle), Ernst Hartmann, Bernhard Baumeister,
                      Friedrich Mitterwurzer, Louise Schönfeld, Max Dev-
                      rient

*12. 11. 1883   *Das Käthchen von Heilbronn* oder Die Feuerprobe
Burgtheater   Ein großes historisches Ritterschauspiel in 5 Akten von
(Repertoire-   Heinrich von Kleist. Bearbeitung: Franz von Dingel-
Vorstellung)   stedt
                      K. S. (Käthchen), Friedrich Krastel, Konrad Hallen-
                      stein, Josef Lewinsky, Marie Straßmann, Fanny Wal-
                      beck, Jakob Schreiner

*17. 11. 1883   *Ein Glas Wasser* oder Ursachen und Wirkungen (Un
Burgtheater   ver d'eau, ou les effets et les causes)
(Repertoire-   Lustspiel in 5 Akten von Eugène Scribe. Deutsch von
Vorstellung)   Alexander Cosmar
                      K. S. (Anna, Königin von England), Adolf von Son-
                      nenthal, Stella Hohenfels, Ludwig Gabillon

*4. 12. 1883 Burgtheater (Repertoire- Vorstellung)	*Faust*, 1. Abend; Vorspiel auf dem Theater, Prolog im Himmel, des ersten Teiles erste Hälfte (einschließlich Hexenküche) Tragödie von Johann Wolfgang Goethe; eingerichtet von Adolf Wilbrandt für drei Abende K. S. (Raphael), Adolf von Sonnenthal, Josef Lewinsky, Hugo Thimig, Josefine Wessely
*6. 12. 1883 Burgtheater (Repertoire- Vorstellung)	*Faust*, 3. Abend: Der Tragödie zweiter Teil Tragödie von Johann Wolfgang Goethe. Eingerichtet von Adolf Wilbrandt für drei Abende K. S. (Raphael), Adolf von Sonnenthal, Josef Lewinsky, Anna Bauer, Stella Hohenfels
*19. 12. 1883 Burgtheater (Repertoire- Vorstellung)	*Rosenkranz und Güldenstern* Lustspiel in 4 Akten von Michael Klapp K. S. (Clarisse Kienborn), Ernst Hartmann, Marie Straßmann, Hugo Thimig, Ludwig Gabillon
1884 *13. 1. 1884 Burgtheater (Repertoire- Vorstellung)	*Ein Attaché* (L'attaché d'ambassade) Lustspiel in 4 Akten von Henri Meilhac. Deutsch von Dr. August Förster K. S. (Madeleine Palmer), Adolf von Sonnenthal, Ludwig Gabillon
*1. 2. 1884 Burgtheater (Neuinszenie- rung)	*Die Widerspänstige* (The taming of the shrew) Lustspiel in 4 Akten von William Shakespeare. Aus dem Englischen ins Deutsche übersetzt von Wolf Graf von Baudissin; Bearbeitung: Johann Ludwig Deinhardstein K. S. (Katharina), Carl Wilhelm Meixner, Ernst Hartmann, Anna Bauer, Hugo Thimig
*25. 2. 1884 Burgtheater (Neuinszenie- rung)	*Ein Erfolg* Lustspiel in 4 Akten von Paul Lindau K. S. (Gertrud, Hardens Tochter aus erster Ehe), Zerline Gabillon, Ludwig Julius Freund, Fanny Walbeck, Hugo Thimig

*24. 4. 1884
Burgtheater
(Repertoire-
Vorstellung)

Gleich und gleich
Lustspiel in 2 Akten von Moritz Hartmann
K. S. (Mathilde), Ernst Hartmann, Konrad Hallen-
stein, Zerline Gabillon, Ernestine Wetzel-Negro

*30. 4. 1884
Theater an der
Wien
(Gastspiel)

Der Verschwender
Original-Zaubermärchen in 3 Akten von Ferdinand
Raimund
K. S. (Rosa), Alexander Girardi, Josefine Wessely,
Emmerich Robert

*2. 5. 1884
Burgtheater
(Neuinszenie-
rung)

Das Tagebuch
Lustspiel in 2 Akten von Eduard von Bauernfeld
K. S. (Lucie), Adolf von Sonnenthal, Ernst Hartmann,
Josef Füller

*13. 5. 1884
Burgtheater

Die Welt in der man sich langweilt (Le monde où l'on
s'ennuie)
Lustspiel in 3 Akten von Edouard Pailleron. Deutsch
von Emmerich von Bukovics
K. S. (Miss Lucy Wattson), Emmerich Robert, Ernst
Hartmann, Stella Hohenfels, Ludwig Gabillon

*18. 9. 1884
Burgtheater
(Repertoire-
Vorstellung)

Die Karlsschüler
Schauspiel in 5 Akten von Heinrich Laube
K. S. (Laura), Josef Lewinsky, Konrad Hallenstein,
Charlotte Wolter, Max Devrient, Hugo Thimig

*2. 12. 1884
Burgtheater
(Repertoire-
Vorstellung)

Feenhände (Les doigts de fée)
Lustspiel in 5 Akten von Eugène Scribe. Deutsch von
Theodor Gaßmann
K. S. (Helene; K. S. spielte in einer von 9 Vorstellungen
statt der Helene die Rolle der Bertha)

1885

*21. 1. 1885 Burgtheater (Repertoire- Vorstellung)	*Hector* Schwank in 1 Akt von Gustav von Moser K. S. (Louise), Carl Wilhelm Meixner, Max Devrient, Hugo Thimig, Dr. Rudolf Tyrolt
*10. 2. 1885 Burgtheater	*Der Hexenmeister* Lustspiel in 4 Akten von Friedrich Gustav Triesch K. S. (Jenny; K. S. spielt ab 1896 die Rolle der Philippi- ne), Ernst Hartmann, Stella Hohenfels, Helene Hart- mann, Franz Krastel, Hugo Thimig
*27. 3. 1885 Burgtheater	*Schulröschen* Lustspiel in 5 Akten von Rudolf von Gottschall K. S. (Baronin Mathilde von Bergheim), Karl von Bukovics, Louisabeth Röckel, Stella Hohenfels, Bern- hard Baumeister, Robert Hübner, Max Devrient
*18. 4. 1885 Burgtheater (Repertoire- Vorstellung)	*Der Geizige* (L'avare) Komödie in 5 Akten von Jean-Baptiste Molière. Deutsch von Franz von Dingelstedt (auch deutsche Bearbeitung) K. S. (Elise), Josef Lewinsky, Konrad Hallenstein
*20. 5. 1885 Burgtheater	*Der Hüttenbesitzer* (Le maître de forges) Schauspiel in 5 Akten von Georges Ohnet. Deutsch von Eduard Mautner K. S. (Claire von Beaulieu), Louise Schönfeld, Robert Hübner, Stella Hohenfels, Adolf von Sonnenthal (Friedrich Mitterwurzer ab 1891), Max Devrient, Dr. Rudolf Tyrolt
*18. 6. 1885 Hofoper (Produktion sie- delt ins Burg- theater über)	*Der Verschwender* Original-Zaubermärchen in 3 Akten von Ferdinand Raimund K. S. (Rosa), Emmerich Robert, Dr. Rudolf Tyrolt, Josef Lewinsky (Carl Arnau), Bernhard Baumeister

*25. 8. 1885	*Er experimentiert*
Erzbischöfliches	Lustspiel in 1 Akt von Heinrich Hollpein
Schloß Kremsier	K. S. (Elise), Adolf von Sonnenthal, Bernhard Baumei-
(Festvorstellung	ster
zum Abschluß	
der Begegnung	
von Kaiser	
Franz Joseph	
mit Zar Alexan-	
der d. Großen	
von Rußland)	
*2. 10. 1885	*Er experimentiert*
Burgtheater	siehe oben. K. S. übernimmt ihre Rolle in den Reper-
(Repertoire-	toire-Vorstellungen des Stücks; statt Bernhard Baumei-
Vorstellung)	ster spielt nunmehr Konrad Hallenstein die Rolle des
	Julius
*4. 11. 1885	*Letzte Liebe* (Utolsó szerelem)
Burgtheater	Schauspiel in 5 Akten von Lajos Dóczi (ungarisch)
	K. S. (Julius von Momoszlai, genannt *Duczi*; ab 1887
	spielt K. S. die Rolle der Maria), Stella Hohenfels,
	Josefine Wessely, Emmerich Robert, Dr. Rudolf
	Tyrolt
1886	
*19. 2. 1886	*Die Rose vom Schlachtfeld*
Burgtheater	Lustspiel in 1 Akt von Sigmund Schlesinger
	K. S. (Dora), Louise Schönfeld, Friedrich Krastel,
	Anna Kratz, Ludwig Gabillon
*26. 2. 1886	*Der Veilchenfresser*
Burgtheater	Lustspiel in 4 Akten von Gustav von Moser
(Repertoire-	K. S. (Valeska), Ludwig Gabillon, Wilhelmine Mitter-
Vorstellung)	wurzer, Franz Krastel, Emil Ferrari, Hugo Thimig

*20. 3. 1886	*Ein Tropfen Gift*
Burgtheater	Schauspiel in 4 Akten von Oskar Blumenthal
	K. S. (Liddy), Helen Hartmann, Robert Hübner,
	Adolf von Sonnenthal, Max Devrient, Emmerich Ro-
	bert, Zerline Mitterwurzer, Bernhard Baumeister

*27. 3. 1886	*Der Kaufmann von Venedig* (The merchant of Venice)
Burgtheater	Schauspiel in 5 Akten von William Shakespeare. Aus
(Repertoire-	dem Englischen ins Deutsche übersetzt von August
Vorstellung)	Wilhelm von Schlegel. Eingerichtet von Joseph Schrey-
	vogel
	K. S. (Porzia, eine reiche Erbin), Josef Lewinsky,
	Franz Krastel, Konrad Hallenstein, Emmerich Robert,
	Hugo Thimig

*15. 9. 1886	*Rosenmüller und Finke*
Burgtheater	Lustspiel in 5 Akten von Karl Töpfer
(Repertoire-	K. S. (Ulrike), Hermann Schöne, Helene Hartmann,
Vorstellung)	Dr. Rudolf Hartmann, Max Devrient

*5. 10. 1886	*Maria und Magdalena*
Burgtheater	Schauspiel in 4 Akten von Paul Lindau
	K.S. (Elly), Max Devrient, Ludwig Gabillon, Zerline
	Mitterwurzer, Josefine Wessely, Hugo Thimig, Wil-
	helmine Sandrock

*20. 10. 1886	*Schach dem König*
Burgtheater	Lustspiel in 4 Akten von Hippolyt Schauffert
(Repertoire-	K.S. (Isabella Cope), Josef Ronneck, Georg Reimers,
Vorstellung)	Jakob Schreiner, Wilhelmine Sandrock, Fanny Wal-
	beck, Hugo Thimig, Sigmund Bleibtreu

1887

*25. 1. 1887	*Wenn man nicht tanzt*
Burgtheater	Lustspiel in 1 Akt von Sigmund Schlesinger
(Repertoire-	K.S. (Helene), Adolf von Sonnenthal, Fanny Walbeck,
Vorstellung)	Anna Kratz, Max Devrient, Hugo Thimig

*24. 2. 1887 Burgtheater (Repertoire- Vorstellung)	*Landfrieden* Komödie in 3 Akten von Eduard von Bauernfeld K.S. (Katharina), Friedrich Krastel, Josef Lewinsky, Wilhelmine Mitterwurzer, Dr. Rudolf Tyrolt, Fanny Walbeck, Josef Wiesner, Wilhelmine Sandrock
*27. 4. 1887 Burgtheater	*Die Nixe* Lustspiel in 3 Akten von Friedrich Gustav Triesch K.S. (Else), Ernst Hartmann, Stella Hohenfels, Carl Wilhelm Meixner, Ludwig Gabillon, Hugo Thimig
*2. 6. 1887 Burgtheater	*Haus Fourchambault* (Les Fourchambault) Schauspiel in 5 Akten von Emile Augier. Deutsch von Gottlieb Ritter (= Theophil Zolling). K.S. (Marie Letellier), Dr. Rudolf Tyrolt, Adolf von Sonnenthal, Stella Hohenfels.
*21. 9. 1887 Burgtheater	*Goldfische* Lustspiel in 4 Akten von Franz von Schönthan und Gustav von Kadelburg K.S. (Josephine von Pöchlaar), Franz Krastel, Konrad Hallenstein, Margarethe Formes, Hugo Thimig, Ernst Hartmann
*24. 10. 1887 Burgtheater	*Gräfin Lambach* Schauspiel in 4 Akten von Hugo Lubliner (= Hugo Bürger) K.S. (Susanne Norrissen), Ernst Hartmann, Robert Hübner, Stella Hohenfels, Josef Lewinsky, Georg Rei- mers
*29. 12. 1887 Burgtheater	*Der Marquis von Villemer* (Le Marquis de Villemer) Schauspiel in 4 Akten von George Sand. Deutsch von Adolf von Sonnenthal. K.S. (Caroline von Saint-Genaix), Louise Schönfeld, Adolf von Sonnenthal, Ernst Hartmann, Friedrich Louis Arnsburg

1888

*30. 1. 1888 *Galeotto* (El gran galeo)
Burgtheater   Vers-Drama in 3 Akten mit Vorspiel von José Echega-
ray y Eizaguierre. Aus dem Spanischen ins Deutsche
übersetzt von Paul Lindau.
K. S. (Julia), Adolf von Sonnenthal, Josef Lewinsky,
Emmerich Robert (später: Josef Kainz), Zerline Gabillon

*16. 2. 1888 *Ein verarmter Edelmann* (Le roman d'un jeune homme
Burgtheater   pauvre)
(Repertoire-   Schauspiel in 5 Akten mit Vorspiel von Octave Feuillet.
Vorstellung)   Deutsch von Albert Beckmann
K. S. (Marguerite), Ernst Hartmann, Anna Kallina,
Zerline Gabillon, Josef Altmann, Max Devrient

*27. 2. 1888 *Eine Lektion*
Burgtheater   Lustspiel in 1 Akt von Girolamo Rovetta. Aus dem
Italienischen ins Deutsche übersetzt von A. M. Zeltern
(= Seraphine von Blangy-Lebzeltern)
K. S. (Marquise Lucia von Tolosana), Max Devrient,
Franz Fiala

*4. 3. 1888 *Stahl und Stein*
Hofoper   Volksstück mit Gesang in 3 Akten von Ludwig Anzen-
(Wohltätigkeits- gruber
Vorstellung zu- K. S. (Pauli Eisner), Josef Lewinsky, Dr. Rudolf Tyrolt,
gunsten des Un- Robert Hübner, Sigmund Bleibtreu, Carl Arnau
terstützungs-
Vereines
»Schröder« für
hilfsbedürftige
Schauspieler,
Witwen und
Waisen der k. k.
Hof-Burgthea-
ter-Mitglieder)

*7. 3. 1888	*Der Fechter von Ravenna*
Burgtheater (Neuinszenie-rung)	Drama in 5 Akten von Friedrich Halm (= Eligius Freiherr von Münch-Bellinghausen) K. S. (Lycisca, ein Blumenmädchen), Emmerich Robert, Georg Reimers, Carl Arnau, Charlotte Wolter, Franz Krastel

*2. 6. 1888	*Der arme Hugo*
Burgtheater (Repertoire-Vorführung)	Lustspiel in 4 Akten von G. Friedrich (= Friedrich Herzog von Oldenburg) K. S. (Helene), Margarethe Formes, Konrad Hallenstein, Ludwig Gabillon, Hugo Thimig, Bernhard Baumeister

*14. 12. 1888	*Die Schulreiterin*
Burgtheater (Seit 14. 10. 1888 wurde im neuen Haus am Ring gespielt)	Lustspiel in 1 Akt von Emil Pohl K. S. (Lucie), Ernst Hartmann, Max Devrient, Friedrich Rüden

1889

*4. 5. 1889	*Im Bunde der Dritte*
Burgtheater	Charakterbild in 1 Akt von Paul Heyse K. S. (Cornelie Brand), Robert Hübner, Helene Hartmann, Emmerich Robert, Rosa Wagner

*18. 10. 1889	*Die wilde Jagd*
Burgtheater	Lustspiel in 4 Akten von Ludwig Fulda K. S. (Melanie Dalberg, Malerin), Ernst Hartmann, Konrad Hallenstein, Robert Hübner, Hugo Thimig, Hermann Schöne, Max Devrient

1890

*7. 1. 1890	*Die Journalisten*
Burgtheater (Repertoire-Vorstellung)	Lustspiel in 4 Akten von Gustav Freytag K. S. (Adelheid von Runeck), Ludwig Gabillon, Hugo Thimig, Georg Reimers, Margarethe Swoboda, Ernst Hartmann

*9. 1. 1890
Burgtheater
(Neuinszenie-
rung)

Schach dem König
Lustspiel in 4 Akten von Hippolyt Schauffert
K. S. (Isabella Cope), Carl Arnau, Jakob Schreiner,
Josef Lewinsky, Georg Reimers, Max Devrient, Hugo
Thimig

*17. 1. 1890
Burgtheater

Der Zaungast
Lustspiel in 4 Akten von Oskar Blumenthal
K. S. (Helene Golden), Adrienna Kola, Babette Rein-
hold-Devrient, Adolf von Sonnenthal, Hugo Thimig,
Ernst Hartmann

*12. 2. 1890
Burgtheater
(Neuinszenie-
rung)

Rosenkranz und Güldenstern
Lustspiel in 4 Akten von Michael Klapp
K. S. (Clarisse Kineborn), Ludwig Gabillon, Robert
Hübner, Adolf von Sonnenthal, Louisabeth Röckel,
Carl Arnau, Hugo Thimig, Georg Reimers

*13. 2. 1890
Burgtheater
(Neuinszenie-
rung)

Die Widerspänstige (The taming of the shrew)
Lustspiel in 4 Akten von William Shakespeare. Aus
dem Englischen ins Deutsche übersetzt von Wolf Graf
von Baudissin. Bearbeitung: Johann Ludwig Dein-
hardstein
K. S. (Katharina), Josef Lewinsky, Adrienne Kola,
Max Devrient, Ernst Hartmann, Hugo Thimig

*8. 3. 1890
Burgtheater
(Repertoire-
Vorstellung)

Der Königsleutnant
Dramatisches Zeitgemälde in 4 Akten von Karl
Gutzkow
K. S. (Gretel, Dienstmagd im Goethe'schen Haus),
Adolf von Sonnenthal, Wilhelm Arndt, Babette Rein-
hold-Devrient, Max Devrient, Olga Lewinsky, Her-
mann Schöne

*15. 3. 1890 (Neuinszenierung)	*Bürgerlich und romantisch* Lustspiel in 4 Akten von Eduard von Bauernfeld K. S. (Katharina von Rosen), Adolf von Sonnenthal, Hugo Thimig, Friedrich Louis Arnsburg, Babette Reinhold-Devrient, Hermann Schöne, Louise Schönfeld, Marie Bella
*16. 4. 1890 Burgtheater	*Der Kuss* (A csòk) Lustspiel in 4 Akten mit Vorspiel von Lajos Dóczi (ungarisch) K. S. (Maritta), Konrad Löwe, Ernst Hartmann, Emmerich Robert, Fanny Walbeck, Babette Reinhold-Devrient
*25. 4. 1890 Burgtheater (Neuinszenierung)	*Eine Lektion* Lustspiel in 1 Akt von Gerolamo Rovetta. Aus dem Italienischen ins Deutsche übersetzt von A. M. Zeltern (= Seraphine von Blangy-Lebzeltern) K. S. (Marquise Lucia von Tolasana), Max Devrient, Franz Fiala
*8. 5. 1890 Burgtheater	*Der Unterstaatssekretär* Lustspiel in 4 Akten von Dr. Adolf Wilbrandt K. S. (Lili von Helldorf), Louise Schönfeld, Ernst Hartmann, Jakob Schreiner, Stella Hohenfels, Robert Hübner
*21. 5. 1890 Theater an der Wien	*Die Näherin* Posse in 4 Akten mit Gesang von Louis Held. Musik: Karl Millöcker K. S. (Lotti Grießmayer, Näherin), Alexander Girardi
*24. 5. 1890 Burgtheater (Neuinszenierung)	*Feenhände* (Les doigts de fée) Lustspiel in 5 Akten von Eugène Scribe. Deutsch von Theodor Gaßmann K. S. (Helene; am 30. 11. 1893 spielt K. S. stattdessen die Rolle der Bertha), Louise Schönfeld, Robert Hübner, Jakob Schreiner, Stella Hohenfels, Max Devrient

*2. 6. 1890
Burgtheater
(Neuinszenie-
rung)

König Heinrich IV., 1. Teil (The history of King Henry
the Fourth, Part one)
Historische Tragödie in 5 Akten von William Shakespeare. Aus dem Englischen ins Deutsche übersetzt von
August Wilhelm von Schlegel. Bearbeitung: Franz von
Dingelstedt
K. S. (Lady Percy), Adolf von Sonnenthal, Ernst Hartmann, Friedrich Krastel, Franz Wagner, Georg Reimers, Bernhard Baumeister, Wilhelmine Sandrock

*7. 6. 1890
Burgtheater

Das Ende vor dem Anfang
Lustspiel in 1 Akt von Sigmund Schlesinger
K. S. (Dorothea Brockelmann), Josef Lewinsky, Bern-
hard Baumeister, Robert Hübner

*12. 6. 1890
Burgtheater
(Neuinszenie-
rung)

König Heinrich IV., 2. Teil (The history of King Henry
the Fourth, Part two)
Historische Tragödie in 5 Akten mit Prolog und Epilog
von William Shakespeare. Aus dem Englischen ins
Deutsche übersetzt von August Wilhelm von Schlegel.
Bearbeitung: Franz von Dingelstedt. Musik: Julius
Sulzer
K. S. (Lady Percy), Adolf von Sonnenthal, Ernst Hart-
mann, Karl Wagner, Anna Kallina, Hugo Thimig

*23. 10. 1890
Burgtheater

Ein Volksfeind (Et folkefiende)
Schauspiel in 5 Akten von Henrik Ibsen. Aus dem
Norwegischen ins Deutsche übersetzt von Josef Cala-
sanz Poestion
K. S. (Petra Stockmann, Lehrerin), Adolf von Sonnenthal, Josef Lewinsky, Friedrich Krastel, Helene Hartmann

*31. 10. 1890
Burgtheater
(Neuinszenie-
rung)

Der letzte Brief (Les pattes de mouche)
Lustspiel in 3 Akten von Victorien Sardou. Deutsch
von Heinrich Laube
K. S. (Susanne von Bric), Ernst Hartmann, Max Devrient, Hermine Albrecht (auch: Anna Kallina), Friedrich Louis Arnsburg.

*9. 11. 1890 Burgtheater (Neuinszenie- rung)	*Umkehr* Sittenbild in 4 Akten von Louis Leroy und François Joseph Reignier (französisch). Deutsch von Heinrich Laube K. S. (Gräfin Marie Augerolles), Max Devrient, Char- lotte Wolter, Ernst Hartmann, Adolf von Sonnenthal, Stella Hohenfels
*15. 11. 1890 Burgtheater (Repertoire- Vorstellung)	*Don Carlos, Infant von Spanien* Ein dramatisches Gedicht in 5 Akten von Friedrich Schiller K. S. (Elisabeth von Valois), Emmerich Robert, Josef Lewinsky, Olga Lewinsky, Rosa Wagner, Karl Wag- ner, Ludwig Gabillon
*25. 11. 1890 Burgtheater (Neuinszenie- rung)	*Das Käthchen von Heilbronn* oder Die Feuerprobe Großes historisches Ritterschauspiel in 5 Akten von Heinrich von Kleist. Bearbeitung: Franz von Dingel- stedt K. S. (Käthchen), Konrad Hallenstein, Friedrich Kra- stel, Josef Lewinsky, Fanny Walbeck, Jakob Schreiner, Marie Straßmann
1891 *29. 1. 1891 Burgtheater (Neuinszenie- rung)	*Ein treuer Diener seines Herrn* Tragödie in 5 Akten von Franz Grillparzer K. S. (Erny), Bernhard Baumeister, Emmerich Robert, Friedrich Krastel, Marie Pospischil, Anna Blaha
*14. 3. 1891 Burgtheater	*Die kleine Mama* (La petite mère) Lustspiel in 3 Akten von Henri Meilhac und Ludovic Halévy K. S. (Brigitte), Max Devrient, Robert Hübner, Anna Kallina, Christine Enghaus-Hebbel, Therese Hebbel, Eugen Witte

*15. 4. 1891
Theater an der
Wien
(Wohltätigkeits-
Matinee für Ei-
senbahner; ab
8. 5. 1891 im
Burgtheater)

Hexenfang
Phantastisches Lustspiel in 1 Akt von Hans von Hop-
fen, frei nach der Faustsage
K. S. (Marie, ein Bürgermädchen), Ernst Hartmann,
Hugo Thimig, Babette Reinhold-Devrient, Louisabeth
Röckel, Marie Pospischil

*11. 4. 1891
Burgtheater

Die Kronprätendenten (Kongsemnerne)
Historisches Schauspiel in 5 Akten von Henrik Ibsen
Aus dem Norwegischen ins Deutsche übersetzt von
Adolf Heinrich Strodtmann
K. S. (Königin Margrete), Georg Reimers, Emmerich
Robert, Josef Lewinsky, Louisabeth Röckel, Marie
Pospischil, Robert Hübner, Ernst Hartmann

*27. 4. 1891
Deutsches
Volkstheater
(Gastspiel; Be-
nefizvorstellung
Zum Besten des
Grabdenkmal-
fonds für Lud-
wig Anzen-
gruber)

Die Kreuzelschreiber
Bauernkomödie mit Gesang in 3 Akten von Ludwig
Anzengruber
K. S. (Josefa), Ludwig Martinelli

*8. 5. 1891
Burgtheater

Der Mann vom Wetterstein
Lustspiel in 1 Akt von Sigmund Schlesinger
K. S. (Adeline), Robert Hübner, Josef Lewinsky

*17. 6. 1891
Burgtheater
(Neuinszenie-
rung)

Flattersucht (La papillone)
Lustspiel in 3 Akten von Victorien Sardou (französ-
isch). Deutsch von Dr. August Förster
K. S. (Tante Camille), Hugo Thimig, Josef Altmann,
Max Devrient, Robert Hübner, Wilhelmine Sandrock

*5. 7. 1891
Burgtheater
(Neuinszenie-
rung)

Die alten Junggesellen (Les vieux garçons)
Sittengemälde in 5 Akten von Victorien Sardou.
Deutsch von Betty Paoli
K. S. (Rebecca), Max Devrient, Adrienne Kola, Adolf
von Sonnenthal, Babette Reinhold-Devrient, Eugen
Witte, Ludwig Gabillon, Hugo Thimig

*15. 10. 1891
Burgtheater

Der Mohr des Zaren
Lustspiel in 5 Akten von Richard Voss (frei nach Alek-
sandar Puschkin)
K. S. (Natalia Gawrilowna), Emmerich Robert, Bern-
hard Baumeister, Anna Bauer, Ernst Hartmann, Max
Devrient

*17. 11. 1891
Burgtheater

Liebesopfer (Dernier amour)
Drama in 4 Akten von Georges Ohnet
K. S. (Lucie Andrimont), Charlotte Wolter, Adolf von
Sonnenthal, Robert Hübner, Hugo Thimig, Josef Le-
winsky

*31. 12. 1891
Burgtheater
(Repertoire-
Vorstellung)

Aus der Gesellschaft
Schauspiel in 4 Akten von Eduard von Bauernfeld
K. S. (Gräfin Flora Feldern), Adolf von Sonnenthal,
Elisabeth Hruby, Anna Bauer, Olga Lewinsky, Robert
Hübner, Eugen Witte

1892
*2. 1. 1892
Burgtheater
(Die Vorpremie-
re fand am
13. 12. 1891 als
Wohltätigkeits-
matinée im Carl-
theater statt)

Eine Bekehrung
Lustspiel in 1 Akt von Charles de Courcy (franzö-
sisch). Deutsch von Emil Neumann
K. S. (Regine de Champnolin), Adolf von Sonnenthal,
Rudolf Sommer, Fanny Walbeck

*23. 4. 1892
Burgtheater
(Neuinszenie-
rung)

Die Königin von Navarra (Les contes de la Reine de
Navarre ou La Revanche de Pavie)
Lustspiel in 5 Akten von Eugène Scribe und Ernest
Legouvé. Deutsch von Bogumil Dawison
K. S. (Margarethe), Emmerich Robert, Robert Hüb-
ner, Friedrich Krastel, Max Devrient, Hugo Thimig

*19. 5. 1892
Burgtheater

Der sechste Sinn
Schwank in 1 Akt von Gustav von Moser und Robert
Misch
K. S. (Pepi Schönegger, Putzmacherin), Hugo Thimig
(auch Max Devrient), Fanny Walbeck, Josef Moser,
Babette Reinhold-Devrient, Robert Hübner (auch Hu-
go Thimig)

*24. 11. 1892
Burgtheater

Die Spinnerin am Kreuz
Schauspiel in 4 Akten von Franz Keim
K. S. (Agnes Blumauer), Josef Lewinsky, Jakob Schrei-
ner, Georg Reimers, Ferdinand Bonn, Fanny Walbeck,
Josef Moser

1893
*13. 2. 1893
Burgtheater
(Neuinszenie-
rung)

Verbot und Befehl
Lustspiel in 5 Akten von Friedrich Halm
K. S. (Marta), Hugo Thimig, Ernst Hartmann, Josef
Lewinsky, Anna Kallina, Ottilie Metzl

*13. 4. 1893
Burgtheater

Das Heirathsnest
Lustspiel in 3 Akten von Gustav Davis (= Gustav
David)
K. S. (Baronin Hilda von Sarna), Friedrich Krastel,
Karl von Zeska, Max Devrient, Anna Kallina, Marga-
rethe Kramm

*16. 4. 1893
Theater in der
Josefstadt
(Benefiz-Vor-
stellung für Lud-
milla Dietz an-
läßlich ihres
40jährigen Be-
rufsjubiläums)

Der Pfarrer von Kirchfeld
Volksstück in 4 Akten mit Gesang von Ludwig Anzen-
gruber. Musik: Adolf Müller sen.
K. S. (Anna Birmeier), Georg Reimers, Heinz Stöhr,
Ludmilla Dietz

*7. 7. 1893
Burgtheater
Repertoire-Vor-
stellung)

Die guten Freunde (Nos intimes)
Lustspiel in 4 Akten von Victorien Sardou. Deutsch
von Heinrich Laube
K. S. (Cécile Caussade), Bernhard Baumeister, Ottilie
Metzl, Max Devrient, Ferdinand Bonn

*3. 10. 1893
Burgtheater
(Neuinszenie-
rung)

Ein Schritt vom Wege
Lustspiel in 4 Akten von Ernst Wichert
K. S. (Ella von Schmettwitz), Max Devrient, Karl von
Zeska, Ernst Hartmann, Hermann Schöne, Josef
Moser

*28. 10. 1893
Burgtheater

Der Meineidbauer
Volksstück in 4 Akten mit Gesang von Ludwig Anzen-
gruber. Musik: Adolf Müller sen.
K. S. (Vroni), Josef Lewinsky, Ferdinand Bonn, Georg
Reimers, Jakob Schreiner, Hedwig Bleibtreu, Rudolf
Sommer, Wilhelmine Mitterwurzer

1894
*5. 2. 1894
Burgtheater

Niobe (Niobe)
Schwank in 3 Akten von Harry und E. A. Paulton. Aus
dem Englischen ins Deutsche übersetzt und freie Bear-
beitung: Oskar Blumenthal
K. S. (Statue Niobe), Alexander Römpler, Ferdinand
Bonn, Anna Bauer, Oskar Gimnig

*11. 3. 1894 Burgtheater (Neuinszenie- rung)	*Stahl und Stein* Volksstück in 3 Akten mit Gesang von Ludwig Anzen- gruber K. S. (Pauli Eisner), Carl Arnau, Josef Lewinsky, Ferdinand Bonn, Hedwig Bleibtreu
*25. 4. 1894 Burgtheater	*Das Examen* Lustspiel in 5 Akten von Heinrich Lee K. S. (Christel), Josef Lewinsky, Bernhard Baumeister, Hugo Thimig, Carl Arnau, Ludwig Gabillon, Max Devrient
*12. 5. 1894 Burgtheater	*Dora* (Dora) Sittengemälde in 5 Akten von Victorien Sardou. Deutsch von Arnold Hirsch K. S. (Dora), Olga Lewinsky, Georg Reimers, Louise Schönfeld, Wilhelmine Mitterwurzer
*22. 10. 1894 Burgtheater (Neuinszenie- rung)	*Minna von Barnhelm* Lustspiel in 5 Akten von Gotthold Ephraim Lessing K. S. (Franziska), Stella Hohenfels, Adolf von Sonnen- thal, Josef Lewinsky, Bernhard Baumeister
*10. 11. 1894 Burgtheater	*Hans Sachsens poetische Sendung* (1. Episode der *Hans-Sachs-Feier*) Schauspiel in 1 Akt von Johann Wolfgang Goethe K. S. (Ehrbarkeit), Adolf von Sonnenthal, Hugo Thi- mig, Bernhard Baumeister, Stella Hohenfels, Wilhel- mine Mitterwurzer (2. Episode: *Frau Wahrheit will niemand beherbergen*) Fastnachtspiel mit 3 Personen von Hans Sachs K. S. (Frau Wahrheit), Alexander Römpler, Fanny Walbeck

*9. 12. 1894
Carltheater
(Benefizvorstel-
lung zugunsten
des Maria
Theresia-Frau-
enhospitals)

Es läutet (Madame attend Monsieur)
Lustspiel in 1 Akt von Henri Meilhac und Ludovic
Halévy (Französisch)
K. S. (Kammerfrau Auguste Pidoux), Franz Tewele,
Therese Imro

*17. 12. 1894
Burgtheater
(Neuinszenie-
rung)

Ein Attaché (L'attaché d'ambassade)
Lustspiel in 4 Akten von Henri Meilhac. Deutsch von
Dr. August Förster
K. S. (Madeleine von Palmer), Alexander Römpler,
Ernst Hartmann, Karl von Zeska, Hugo Thimig, Max
Devrient

1895
*23. 5. 1895
Burgtheater
(Neuinszenie-
rung)

Der Sonnwendhof
Schauspiel in 5 Akten von Salomon Hermann Mosen-
thal
K. S. (Anna), Olga Lewinsky, Josef Lewinsky, Josef
Altmann, Georg Reimers

*14. 11. 1895
Raimundthea-
ter(Benefizvor-
stellung zugunst
der Anzengru-
ber-Beschrif-
tung im Rai-
mundtheater)

Der Pfarrer von Kirchfeld
Volksstück in 4 Akten mit Gesang von Ludwig Anzen-
gruber. Musik: Adolf Müller sen.
K. S. (Anna Birkmeier), Josef Lewinsky

*28. 11. 1895
Burgtheater

Der Herr Ministerialdirektor (Monsieur le directeur)
Lustspiel in 3 Akten von Alexandre Bisson und Albert
Carré. Deutsch von Ferdinand Groß
K. S. (Suzanne Mariolle), Hugo Thimig, Alexander
Römpler, Helene Hartmann, Friedrich Mitterwurzer,
Ernst Hartmann, Babette Reinhold-Devrient, Max
Devrient

* Dezember 1895 Carltheater (Wohltätigkeits-Vorstellung zum Besten des Mäd-chen-Unterstüt-zungs-Vereins)	*Einen Jux will er sich machen* Posse mit Gesang in 4 Akten von Johann Nepomuk Nestroy K. S. (Christopherl), Franz Tewele, Karl Blasel
*27. 12. 1895 Burgtheater (Neuinszenie-rung)	*Hans Lange* Schauspiel in 4 Akten von Paul Heyse K. S. (Dörte Lange), Bernhard Baumeister, Helene Hartmann, Hugo Thimig, Jakob Schreiner, Georg Reimers, Viktor Kutschera
1896 *11. 2. 1896 Burgtheater	*Der Dornenweg* Schauspiel in 3 Akten von Felix Philippi K. S. (Dorothea Bulau), Adolf von Sonnenthal, Charlotte Wolter, Bernhard Baumeister, Max Devrient, Ernst Hartmann
*7. 3. 1896 Burgtheater	*Der G'wissenswurm* Bauernkomödie mit Gesang in 3 Akten von Ludwig Anzengruber. Musik: Adolf Müller sen. K. S. (Horlacherlies), Ferdinand Bonn, Josef Lewinsky, Viktor Kutschera, Anna Kallina
1.–15. 7. 1896 Gärtner-Thea-ter, München (Gastspiel)	*Der Herr Ministerialdirektor* (Monsieur le directeur) Lustspiel in 3 Akten von Alexandre Bisson und Albert Carré. Deutsch von Ferdinand Groß K. S. (Suzanne Mariolle), Hugo Thimig, Ernst Hartmann
*3. 10. 1896 Burgtheater	*Morituri* 3. Episode: *Das Ewig-männliche* Ein Spiel in 1 Akt von Hermann Sudermann K. S. (Königin), Friedrich Krastler, Ernst Hartmann, Otto Treßler, Max Devrient, Camilla Gerzhofer

*21. 11. 1896   *Der Sohn des Kalifen*
Burgtheater   Dramatisches Märchen in 4 Akten von Ludwig Fulda
                  K. S. (Amine), Hugo Thimig, Adele Sandrock, Hed-
                  wig Bleibtreu, Josef Lewinsky, Georg Reimers, Fried-
                  rich Krastel, Adolf von Sonnenthal

1897
*7. 2. 1897   *O wie so trügerisch* (Bien folle qui s'y fie)
Burgtheater   Lustspiel in 1 Akt von Léon Tinseau (französisch).
                  Deutsch von Helene Majdansky
                  K. S. (Gräfin), Maria Littitz, Ferdinand Kracher, Karl
                  von Zeska

*13. 5. 1897   *Der Verschwender*
Raimund-Thea-   Original-Zaubermärchen in 3 Akten von Ferdinand
ter   Raimund
                  K. S. (Rosa), Alexander Girardi, Rudolf Schildkraut,
                  Rudolf Kneidinger, Ferdinand Rainer

ab 21. 7. 1897   *Der Unterstaatssekretär*
Gärtner-Thea-   Lustspiel in 4 Akten von Adolf Wilbrandt
ter, München   K. S. (Lili von Helldorf), Ernst Hartmann
(Gastspiel)

*29. 10. 1897   *Der Liquidator*
Burgtheater   Schwank in 4 Akten von Friedrich Gustav Triesch
                  K. S. (Lolo Dornwarth), Hugo Thimig, Elisabeth Hru-
                  by, Josef Lewinsky, Louise Brion, Camilla Gerzhofer,
                  Wilhelmine Mitterwurzer, Karl von Zeska

*18. 11. 1897   *Jugendfreunde*
Burgtheater   Lustspiel in 4 Akten von Ludwig Fulda
                  K. S. (Toni Leitenberger), Ernst Hartmann, Max Dev-
                  rient, Hugo Thimig, Georg Reimers, Anna Kallina,
                  Lotte Medelsky

1898
*30. 11. 1898   Das Vermächtnis
Burgtheater   Schauspiel in 3 Akten von Arthur Schnitzler
                       K. S. (Toni Weber), Ernst Hartmann, Otto Treßler,
                       Ferdinande Schmittlein, Irene Blaha, Stella Hohenfels,
                       Hedwig Bleibtreu

* Dezember   Der Pfarrer von Kirchfeld
1898   Volksstück in 4 Akten mit Gesang von Ludwig Anzen-
Kaiserjubi-   gruber. Musik: Adolf Müller sen.
läums-Stadt-   K. S. (Anna Birkmeier), Georg Reimers, Josef Lewins-
theater   ky, Armand Pohler, Amalie Schönchen, Heinz Stöhr
(Wohltätigkeits-
aufführung für
das Armeninsti-
tut der Josef-
stadt)

1899
*12. 2. 1899   Der Scheidungsschmaus
Burgtheater   Lustspiel in 1 Akt von Sigmund Schlesinger
                       K. S. (Leontine), Hugo Thimig, Karl von Zeska, Max
                       Paulsen (= Peter Petersen)

*1. 3. 1899   Paracelsus
Burgtheater   Schauspiel in 1 Akt von Arthur Schnitzler
                       K. S. (Justina), Emmerich Robert, Hugo Thimig,
                       Friedrich Krastel

*17. 12. 1899   Der Verschwender
Burgtheater   Original-Zaubermärchen in 3 Akten von Ferdinand
(Neuinszenie-   Raimund. Musik: Konradin Kreutzer
rung)   K. S. (Rosa), Josef Kainz (als Gast), Georg Reimers,
                       Max Devrient

1900
*19. 2. 1900   *Cyprienne* (Divorçons!)
Burgtheater   Lustspiel in 3 Akten von Victorien Sardou und Emile de
                     Najac. Deutsch von Oskar Blumenthal
                     K. S. (Cyprienne von Prunelles), Ernst Hartmann,
                     Arnold Korff, Otto Treßler, Anna Kallina

*3. 5. 1900   *Der Tartüff* (Tartuffe)
Burgtheater   Komödie in 5 Akten von Jean Baptiste Molière.
(Neuinszenie-   Deutsch in Versen von Ludwig Fulda
rung)   K. S. (Dorine), Josef Kainz, Hugo Thimig, Alexander
                     Moissi, Fanny Walbeck

*29. 6. 1900   Letzte Burgtheater-Vorstellung von K. S.:
                     Schach dem König (als Isabella)

1901
*21. 10. 1901   *Cyprienne* (Divorçons!)
Theater an der   Lustspiel in 3 Akten von Victorien Sardou und Emile de
Wien   Najac. Deutsch von Oskar Blumenthal
(Gastspiel)   K. S. (Cyprienne), Ernst Hartmann, Arnold Korff,
                     Julius Meixner, Otto Treßler, Lina Retty, Rudolf Retty

*28. 10. 1901   *Der Meineidbauer*
Theater an der   Volksstück mit Gesang in 3 Akten von Ludwig Anzen-
Wien   gruber
(Gastspiel)   K. S. (Vroni), Ludwig Martinelli, Arnold Korff, Ama-
                     lie Schönchen, Oscar Fronz, Josephine Joseffy

1903
*17. 10. 1903   *Maria Theresia*
Deutsches   Lustspiel in 4 Akten von Franz von Schönthan
Volkstheater,   K. S. (Maria Theresia), Viktor Kutschera, Arthur Rae-
Wien   der, Franz Tewele, Adolf Weisse, Camilla Gerzhofer
(Gastspiel)

22. 12. 1903
(Gastspiel)

Der Meineidbauer
Volksstück mit Gesang in 3 Akten von Ludwig Anzen-
gruber
K. S. (Vroni), Ludwig Martinelli, Franz Czasta, Lina
Gribl, Viktor Kutschera

1904
*27. 1. 1904
Deutsches
Volkstheater,
Wien
(Gastspiel)

Maria Theresia
Letzter Auftritt der Katharina Schratt

Quellenverzeichnis

Rosa Albach-Retty, So kurz sind hundert Jahre, Erinnerungen, aufgezeichnet von Gertrud Svoboda-Srncik, München, 1978

Heinrich Benedikt, Damals im alten Österreich, Wien/München, 1979

Erich Alban Berg, Als der Adler noch zwei Köpfe hatte, Graz, 1980

Günther Bondi, Geschichte des Brünner Deutschen Theaters, 1925

Jean de Bourgoing (Hrsg.), Briefe Kaiser Franz Josephs an Katharina Schratt, Wien, 1949

Burgtheater – Aufführungen und Besetzungen von zweihundert Jahren, Wien, 1976

Egon Caesar Conte Corti, Elisabeth, Die seltsame Frau, Salzburg, 1934

Ludwig Eisenberg, Großes Biographisches Lexikon der deutschen Bühne, Leipzig, 1903

Fürstin Nora Fugger, Im Glanz der Kaiserzeit, Wien, 1932

Anton Maria Girardi, Das Schicksal setzt den Hobel an, Der Lebensroman Alexander Girardis, Braunschweig, 1941

Ernst Haeusserman, Das Wiener Burgtheater, Wien/München/Zürich, 1975

Brigitte Hamann, Elisabeth, Kaiserin wider Willen, Wien, 1981

Brigitte Hamann, Rudolf, Kronprinz und Rebell, Wien, 1978

Hannelore Holub, Katharina Schratt, Dissertation, Wien, 1967

Eugen Ketterl, Der alte Kaiser, wie nur einer ihn sah, Wien, 1929

Karl Kraus, Die Fackel, München, 1968–1976

Heinrich Laube, Das Wiener Stadttheater, Leipzig, 1875

Helene Odilon, Das Buch einer Schwachsinnigen, Lebenserinnerungen, Berlin, 1909

Marcel Prawy, Johann Strauß, Weltgeschichte im Walzertakt, Wien/München/Zürich, 1975

Heinz Rieder, Kaiser Franz Joseph, Anekdoten, Graz/Wien/Köln, 1979

H. R. Schieferer, Die Geschichte des Wiener Stadttheaters 1872–1884, Dissertation, Wien, 1967

Gaby von Schönthan/Joseph Grumbach-Palme, Die Konditorei Zauner, Bad Ischl und das Salzkammergut, München, 1982

Georg Schreiber, Der Krone Glanz und Last, Geschichten zur Geschichte, Wien/Heidelberg, 1978

Hugo Thimig erzählt, Briefe und Tagebuchnotizen ausgewählt und eingeleitet von Franz Hadamowsky, Graz/Köln, 1962

Rudolf Tyrolt, Aus dem Tagebuch eines Wiener Schauspielers 1848–1902, Wien, 1904

Hans Wagner, Zweihundert Jahre Münchener Theatergeschichte, München, 1958

Stefan Zweig, Die Welt von gestern, Erinnerungen eines Europäers, Stockholm, 1944

Bertha Zuckerkandl, Österreich intim, Wien/München 1981

Archivmaterial stellten zur Verfügung: Nachlaß Katharina Schratt; Privatarchiv Peter Schratt; Handschriftensammlung der Österreichischen Nationalbibliothek, Wien; Archiv des Wiener Burgtheaters; Institut für Theaterwissenschaft der Universität Wien; Theatersammlung der Österreichischen Nationalbibliothek, Wien; Wiener Stadtbibliothek; Giselbert Angeli, Wien; Statistisches Zentralamt, Wien; Erzbischöfliches Palais, Wien; Institut für Kirchenrecht der Universität Wien

Bildnachweis:
Bildarchiv der Österreichischen Nationalbibliothek (32), Katharina Schratt-Nachlaß (2), Nachlaß Baron Kiss (4), Theatersammlung der Österreichischen Nationalbibliothek (2), Giselbert Angeli (1), Gerhard Bartl (6), ORF (1), Besitz Erbacher (2), Burgtheater-Archiv (1), Gerhard Klinger (1), Alexander Girardi-Archiv Hugo Wiener (1), F. W. Scheidl (1), Johanna Nebehay (7), Alfred Czermak (1), Foto Noe (1), Privat (5)

Personenregister

Adler, Friedrich 215
Adler, Victor 157, 215
Albach-Retty, Rosa 159, 199, 203
Albrecht, Erzherzog 209
Alexander III., Zar 26, 32
Andrássy, Gyula Graf 102
Angeli, Giselbert 32
Angeli, Heinrich von 32ff., 69f.,
    90, 162
Ascher, Anton 46, 48

Bahr, Hermann 178, 233
Baltazzi, Alexander Freiherr von
    112, 201
Batescu, Schauspielerin 31, 90
Bassermann, August 66
Baumeister, Bernhard 27, 133f.
Bell, Graham 117
Benedikt, Heinrich 21
Benedix, Heinrich 41
Berg, Alban 78f.
Berger, Alfred Freiherr von 127f.,
    210
Bezecny, Joseph Freiherr von 81
Binder-Krieglstein, Barbara 14
Binz, Johann Georg 39
Birch-Pfeiffer, Charlotte 60
Bleibtreu, Hedwig 225
Blumenthal, Oskar 99
Böhm, Maxi 125f.
Bösendorfer, Ludwig 222
Bombelles, Karl Graf 103
Bousta, Schauspielerin 51

Bramberger, Franz 123
Bratfisch, Josef 103, 111f., 138
Braun, Staatsrat 111
Burckhard, Max 31, 128f., 133,
    150, 178ff.
Busch, Wilhelm 171

Christomanos, Konstantin 167
Coccapani, Giovanni 9
Dänzer, Josef 112
Davis, Gustav 130
Dessoir, Ludwig 51
Devrient, Max 130, 148, 179
Dingelstedt, Franz von 46ff., 180
Dobrucka Edeltraut 10f.
Dragoni, Alfons de 46
Drasche, Dr. 200

Eibenschütz, Ilona 93
Eibenschütz, Johanna 93
Elisabeth, Kaiserin von Österreich
    17, 21, 24f., 27f., 31ff., 36, 62,
    72, 74, 76, 102ff., 110, 139f.,
    160ff., 164ff., 175, 183, 191, 204
Eulenburg, Philipp Graf 140, 178

Ferenczy, Ida von 32, 34f., 102ff.,
    108, 165, 170, 172
Ferdinand I., König von Bulgarien
    135ff., 196, 222
Festeties, Marie 165, 172
Förster, August 91, 98, 127
Fontane, Theodor 50

Formes, Margarethe 30
Franz I., Kaiser von Österreich 40
Franz Salvator, Erzherzog 102,
   183 f., 217
Franz Ferdinand, Erzherzog 162,
   212
Franz Joseph I., Kaiser (wegen der
   Häufigkeit des Vorkommens
   nicht ins Register aufgenommen)
Freud, Sigmund 146
Friedell, Egon 179
Friedrich, Erzherzog 209
Friedrich, Deutscher Kaiser 32
Fugger, Nora Fürstin 26, 71, 110,
   118, 207 f.

Gabillon, Ludwig 133
Gabillon, Zerline 31
Garfunkel, Leopold 86
Girardi, Alexander 60, 92, 138,
   143 ff., 181, 205, 222
Girardi, Leonie 222
Gisela, Erzherzogin 105, 166, 170,
   222
Grève, Leopold 46
Grillparzer, Franz 32
Gros, Nikolaus de 228
Gruscha, Anton Joseph 184

Habsburg, Otto von 18, 216
Habsburg-Lothringen, Michael 16
Haffner, Karl 58
Halm, Friedrich 55
Hamann, Brigitte 28, 36
Hartmann, Ernst 97, 99, 135
Hartmann, Helene 99
Hasenauer, Karl Freiherr von 97 f.,
   101
Hawerda von Wehrlandt, Franz,
   Hofrat 114, 156, 191 f., 196, 220
Hilbert, Egon 121
Hilbert-Heisler, Jenny 121

Hinterstoisser, Dr. 148 f.
Heine, Heinrich 28
Hoffmann, Josef 162
Hoffmann, Joseph 146
Hohenberg, Herzogin 212
Hohenfels, Stella 85, 90, 127 ff.
Hohenlohe, Konstantin Fürst
   97 ff.
Hohenwart, Karl Graf 130
Hopf, Hans 228
Hoyos, Josef Graf 103, 110
Hryntschak, Katharina 7, 29 f., 41,
   62, 76, 109, 116, 118, 124 f., 136,
   154, 157 ff., 161, 170, 215, 217,
   220, 222, 227
Hübsch, Ernst 6
Hülsen, Botho von 49 f.

Jauner, Franz 131 f.
Johann, Erzherzog 232
Josef, Erzherzog 209, 232

Kadelburg, Gustav 84
Kainz, Josef 60, 179 ff., 210
Kallina, Anna 22
Karl I., Kaiser 17 f., 215 f., 218
Karl Ludwig, Erzherzog 162
Ketterl, Eugen 115, 117, 120, 195,
   214
Kerzl, Joseph 212
Kierschner, Eduard 43 f.
Kiss, Ernö von 23 f., 69
Kiss, Nikolaus von (Ehemann) 17,
   23, 62, 64 f., 143, 160, 178, 210
Kiss, Toni von (Sohn) 5, 64, 139,
   147, 159 ff., 184, 227 f.
Kiss, Vera von 222, 227 f., 231
Kleist, Heinrich von 56
Klimt, Gustav 163
Knoll, August Maria 10 f.
Knoll, Norbert 11
Knoll, Reinhold 11, 13

Knoll, Wolfgang 11
Koch, Bürgermeister von Ischl 122
König, Joseph 90
König, Franz Dr., Kardinal 15
Kraus, Karl 128, 143, 176, 202f.,
    206, 210

Larisch, Marie Gräfin 126
La Roche, Carl 47
Laube, Heinrich 46ff., 53ff., 63f.,
    66, 68
Léchet, Charles 165
Leopold, Prinz von Bayern 170
Leser, Norbert 11, 18
Lewinsky, Josef 129, 175, 209
Lewinsky, Olga 22, 60, 218
Liechtenstein, Fürst 142, 169, 189
Lisi, Stubenmädchen 120
Löhner-Beda, Fritz 126
Loos, Adolf 162
Lothaller, Edeltraud 14
Lucheni, Luigi 164f.
Ludovika, Herzogin in Bayern 168
Ludwig II., König von Bayern 168,
    180
Lueger, Karl 162

Mailer, Hermann 112
Makart, Hans 63, 163
Marberg, Lilli 136
Marchet, Gustav 30
Marie, Prinzessin von Bourbon-
    Parma 137
Marie Valerie, Erzherzogin 17, 37,
    68, 72, 82, 94, 102, 104, 119,
    166f., 169f., 174, 183, 189, 217f.
Markus, Georg 233
Matsch, Franz 162
Max, Herzog in Bayern 167
Maximilian, Erzherzog, Kaiser von
    Mexiko 164
Mayer, Baron 111

Metternich, Pauline Fürstin 144,
    176, 177
Mittell, Frau 204
Mitterwurzer, Friedrich 133, 88,
    90, 180
Mitterwurzer, Wilhelmine 121
Mörsdorf, Klaus 15
Montenuovo, Alfred Fürst 116,
    169, 178f., 184f., 187, 215, 217
Moser, Kolo 162f.

Nahowski, Anna 78f., 114
Nahowski, Franz Josef 78
Nahowski, Helene 78f.
Nebehay, Johanna 193, 226
Nedbal, Johannes 15
Neuda, Max 54
Nikolaus II., Zar 162
Nötel, Louis 30
Nopcsa, Franz Baron 32, 103
Nüll, Eduard van der 163

Odilon, Helene 143f., 146, 222
Ohnet, Georges 80

Paar, Eduard Graf 103, 164, 168,
    213
Palmer, Eduard 86, 88f., 208
Payer, Julius 138
Pick, Gustav 138
Polzer-Hoditz, Arthur Graf 17
Potocka, Gräfin 157
Poulton, C. A. 131
Poulton, Harry 131
Princip, Gavrilo 212

Raimund, Ferdinand 181
Reimers, Georg 175
Reinhold, Babette 179
Renner, Karl 218
Ringel, Erwin 173f.
Robert, Emmerich 22, 33, 90

Rothschild, Albert Baron 146, 157
Rothschild, Baron 32
Rothschild, Julie Baronin 165
Rothschild, Louis Baron 157
Rudolf, Kronprinz 28, 92, 102 f.,
    108 ff., 112, 126, 162, 164, 167 f.,
    220

Sachs, Hans 162
Salten, Felix 197, 199
Schlenther, Paul 178 ff., 182, 184 f.,
    189 f.
Schlesinger, Siegmund 50
Schnitzer, Ignaz 175, 176
Schönerer, Frl. von 150
Schönfeld, Schauspielerin 31
Schönthan, Franz von 84
Schrammel, Johann 111
Schrammel, Josef 111
Schratt, Anton (Vater) 38 f., 43, 65
Schratt, Heinrich (Bruder) 38, 193,
    225
Schratt, Johannes Chrysostomus
    (Großvater) 39 f.
Schratt, Katharina (Mutter) 38
Schratt, Peter (Großneffe) 16
Schratt, Rudolf (Bruder) 38, 225
Schütz, Netti 120, 185, 188 f., 204
Schulz, Paul 21, 137
Schumann, Clara 93
Schwarzenberg, Felix Fürst 24
Scribe, Eugène 133
Seipel, Ignaz 10
Semper, Gottfried 97 f.
Shakespeare, William 56
Siccardsburg, August 163
Slatin Pascha, General 32
Slezak, Leo 226
Sonnenthal, Adolf von 22, 27, 55,
    58, 91, 99, 127, 134, 181, 209
Sophie, Erzherzogin 24, 173, 209
Sophie, Herzogin von Alençon 164

Spielhagens, Friedrich 58
Staniek, Heinrich 177, 200
Stanley, Henry Norton Sir 32
Stejskal, Franz, Ritter von 147
Stephanie, Kronprinzessin 28
Strakosch, Alexander 43, 46, 47
Strauß, Johann 181, 222
Strohmayer, Anton 112
Stürgkh, Karl Graf 215
Sztáray, Irma Gräfin 165

Taaffe, Eduard Graf von 130
Teltscher, Dr. 220
Tewele, Franz 180
Theuer, Wilhelm 86
Thimig, Hans 148
Thimig, Hugo 22, 31, 60, 68, 90,
    96 ff., 127 ff., 135, 148, 159,
    177 f., 180 f., 184 f., 209 f.
Tilgner, Victor 35
Tisza, Kolomán von 24
Trani, Mathilde Gräfin 169

Vernet, Pater 229
Vetsera, Mary 102, 104, 109, 112,
    126
Viktor Emanuel, König von Italien
    55
Victoria, Königin von Großbritan-
    nien und Irland 32

Wagner, Otto Dr. jun. 14
Wagner, Otto Dr. sen. 10 f., 14
Wagner, Otto 162
Wagner-Jauregg, Julius 146, 149
Wandruszka, Adam 75, 18
Walbeck, Fanny 177
Weiner, Felix 141 f.
Weisse, Adolf 226
Wessely, Josephine 26, 28, 60, 69,
    91
Wessely, Paula 60

298

Weyprecht, Karl 138
Widerhofer, Hermann von
   104f., 139, 201
Wilbrandt, Adolf 66, 80f., 86, 90f.,
   100
Wilczek, Hans Graf 137ff.
Wilhelm I., Deutscher Kaiser 32,
   52f., 55, 78, 91
Wilhelm II., Deutscher Kaiser 32

Windischgrätz, Alfred Fürst 130
Wlassak, Eduard von 178, 100
Wolter, Charlotte 26, 28, 55, 59f.,
   121

Zauner, Karl 124
Zita, Kaiserin 18, 215, 217
Zuckerkandl, Bertha 88, 119, 196
Zweig, Stefan 59f.

Inhalt

»Da Ihre Briefe so hübsch geschrieben sind . . .«
Vorwort
Seite 5

»Katharina Habsburg-Lothringen geb. Schratt«
Die Ehe mit dem Kaiser
Seite 9

»Selbst der Souffleur schaut aus wie ein Graf«
Erste Begegnungen mit Franz Joseph
Seite 20

»Der Kaiser hat sich besonders lang mit ihr unterhalten«
Elisabeth wird aktiv
Seite 25

»Auf den versprochenen Tratsch bin ich schon sehr neugierig«
Was für den Kaiser interessant war
Seite 29

». . . wie mich ihre Mittheilungen aus ihrer Jugend interesirten«
Die Kindheit der Schratt
Seite 37

»Der Direktor wollte mich küssen«
Die Schratt wird Schauspielerin
Seite 41

Zunächst betört sie Kaiser Wilhelm

ZUNÄCHST BETÖRT SIE KAISER WILHELM
Berlin und erste Gastspiele
Seite 50

DER SKANDAL MIT DER MASKE
Wiener Stadttheater und Petersburger Zwischenspiel
Seite 55

MIT DEN GLÄUBIGERN AUF FLITTERWOCHEN
Frau v. Kiss, Mutterfreuden, New Yorker Gastspiel
Seite 62

NUR BILLIGE ZIGARREN IM HAUS
Der Kaiser kommt!
Seite 70

».. . SO WERDEN SIE MIR HOFFENTLICH IM BETTE AUDIENZ ERTHEILEN«
Zum Thema Sexualität
Seite 74

»WIE RÜHREND HABEN SIE DIESE ROLLE WIEDERGEGEBEN«
Franz Joseph als »Kritiker«
Seite 80

»FRAU SCHRATT BITTET UM AUSZAHLUNG IRGENDEINER SUMME«
Schulden, Pfändungen, Probleme an der »Burg«
Seite 86

»DER HERR PAPA IST SCHON DA«
Bad Ischl
Seite 92

»IM BURGTHEATER HÖRT UND SIEHT MAN NICHTS«
Das neue Haus am Ring
Seite 96

»UND BETEN SIE FÜR DEN ARMEN RUDOLF«
Die Schratt und der Tod des Kronprinzen
Seite 102

»So an Sommergast haben mir seither nimmer g'habt!«
Der Kaiser im Nachthemd
Seite 114

»Im Ischler Walde so vor sich hinging, um nichts zu suchen und
zufällig die Schratt zu treffen« (Karl Kraus)
Wie man *nicht* Burgtheaterdirektor wurde
Seite 127

»Und wird mich bald in Ihrem Herzen verdrängt haben«
Beziehungen der Katharina Schratt zu anderen Männern und die
Eifersucht des Kaisers
Seite 135

»Vom Cocainwahn befallen, irrsinnig und gemeingefährlich«
Katharina Schratt, der Kaiser und der »Fall Girardi«
Seite 143

Geschichten aus Monte Carlo
Die teuren Leidenschaften der Kathi Schratt
Seite 154

»Sie wissen nicht, wie ich diese Frau geliebt habe«
Die Ermordung der Kaiserin Elisabeth
Seite 162

»Und man kniet auf allen vieren, wenn sie kommt«
Die Schratt nützt ihre Protektion
Seite 175

»Ich soll in meinen alten Tagen einsam weiter leben«
Abschied vom Burgtheater, Bruch mit dem Kaiser
Seite 183

»Der Gipfel der Geschmacklosigkeit«
Die Schratt als Kaiserin auf der Bühne
Seite 197

»Meine herzliche Theilnahme an dem Tod des armen Kiss«
Katharina Schratt wird Witwe
Seite 207

»Ich bin sehr müde und die Altersschwäche nimmt zu«
Der Kaiser stirbt
Seite 212

»Wovon soll die Tante jetzt leben?«
Die Jahre ohne Franz Joseph
Seite 220

»Nicht weinen, sie hat es sich ja so gewünscht«
Der Tod der Katharina Schratt
Seite 225

»Meine Begegnungen mit Katharina Schratt«
Nachwort von Peter Schratt
Seite 231

Anhang
Katharina Schratt und ihre Bühnenrollen
Seite 239

Quellenverzeichnis
Seite 293

Register
Seite 295

(F. Liszt)

... bemerkt auf Antwort
kann zu jeder Stunde
kommen. Sollten
E. M. wünschen ...
... nicht übernommen
... der ... ich
... Schuld — ...
... nur ...
Wort — ...
bemerkt auf Antwort
und ... die
Hände Euerer Majestät
allerunterthänigst
...
K. Schubert